NF

不合理だからうまくいく

行動経済学で「人を動かす」

ダン・アリエリー
櫻井祐子訳

HAYAKAWA NONFICTION

早川書房

7346

THE UPSIDE OF IRRATIONALITY

The Unexpected Benefits of Defying Logic at Work and at Home

by

Dan Ariely

Translated by
Yuko Sakurai
Published 2025 in Japan by
HAYAKAWA PUBLISHING, INC.
This book is published in Japan by
arrangement with
DAN ARIELY LLC.
c/o LEVINE GREENBERG ROSTAN LITERARY AGENCY
through THE ENGLISH AGENCY (JAPAN) LTD.

研究を愉快で刺激的なものにしてくれる師、研究仲間、学生たちに
そして長年の間にわたしたちの実験に協力してくれたすべての人に——
あなたたちこそが、この研究の立役者だ。力を貸してくれたことに心から感謝している

目次

不合理だからうまくいく

行動経済学で「人を動かす」

序章
先延ばしと治療の副作用からの教訓

あなたはどうか知らないが、わたしは、やるべきことを先延ばしにしたことが一度もないという人に、会ったためしがない。厄介ごとをあと回しにするのは、人類共通といっていい問題だ。意志の力や自制心を働かせようとどうがんばっても、改心するぞと何度心に固く誓っても、なかなか歯止めがかけられない問題なのだ。

だがわたしは、自分の先延ばし傾向に立ち向かう方法を、一つ身につけた。どうしてそんなことができたのか? それを説明するために、自分の体験について語らせてほしい。もう何年も前のことだが、わたしはおそろしい事故にあった。そばにあった巨大なマグネシウム発炎筒が爆発して、全身の七〇%に三度の大やけどを負ったのだ(わたしの第一作『予想どおりに不合理』にも、このときのことを書いた*)。おまけに、感染血液の輸血を受けたせいで、入院三週めには肝炎にかかってしまった。傷口に塩をすりこむとは、まさにこのことだ。もちろん、悪性の肝疾患にかかるのは誰にとっても大変なことだが、わたしが発症したのは、なんとも間の悪いタイミングだったのだ。そうでなくても相当ひどい状態だったのに、肝炎のせいで、合併症を併発するリスクは高まるわ、治療が遅れるわ、皮膚移植に何度も拒絶反応を起こすわで、踏んだり蹴ったりだった。そのうえ、わたしがかかったのがどの種類の肝炎なのか、医師たちにはわからなかった。A型でもB型でもないことはわかっていたが、型が特定できなかった。しばらくすると症状は治まった。それでも病気はときどきぶり返しては体を痛めつけ、回復を遅らせた。

この八年後の大学院生時代には、病状が悪化して、本当にこたえた。学生医療センターに入院して、何度も血液検査を受けた結果、ようやく診断がついた。少し前に発見、同定された、C型肝炎らしいというのだ。気分は最悪だったが、よいしらせだと思うことにした。何よりまず、自分が何にかかっているのかが、やっとわかった。それだけではない。当時インターフェロンという、まだ実験段階の新薬が、C型肝炎に有効な治療法として期待されていたのだ。インターフェロンの有効性を検証する実験研究に協力してくれないかと、医師に聞かれたので、二つ返事で承知した。肝線維症や肝硬変になったり、若死にしたりするくらいなら、研究に協力した方がいいにきまっている。

当初の手順では、週に三回、インターフェロンを自分で注射することになっていた。注射を打つたび、インフルエンザに似た症状が出ると教えられた。発熱、吐き気、頭痛、それに嘔吐だ。この警告が、いやになるほど当を得ていたことを、すぐに思い知らされた。だがわたしは、病気を絶対に治すんだと、固く心に決めていた。それからの一年半というもの、毎週月、水、金曜の夜になると、こんな儀式をとり行なった。帰宅したら、まず薬棚から注射針を取り出す。冷蔵庫を開けて、きまった量のインターフェロンを注射器につめる。そして針を腿に深く刺して、薬を注入する。それからおもむろに、でっかいハンモックに寝そべるのだ。このハンモックは、屋根裏みたいな学生用アパートに置いてあった、唯一おもしろみのある家具で、そこからはテレビがばっちり見えるのだった。そのうち必ず襲ってくる吐き気にそなえて、手の届くところにバケツを置き、寒気をしのぐための毛布も用意しておく。一時間もすると、吐き気と震えと頭痛が始まった。だがいつしか眠りに落ち、翌日の昼どきにもなれば、そこそこ立ち直って、授業や研究に戻ることができた。研究に参加したほかの患者と同じで、わたしも気分の悪さに苦しむだけでなく、先延ばしと自制という、人間につきものの問題にも四苦八苦しながら、ほとんどの時間をすごした。注射の日が来るたび、みじめでしようがなかった。注射してから、気分の悪い状態が、一六時間も続くことになる。それでも、治療を続ければ、最後には必ずよくなるという希望にしがみついて、なんとかふんばった。心理学でいう、「長期的なプラス効果」のため

＊記憶力ばつぐんの読者は、この話を覚えているかもしれない。

に、「目先のマイナス効果」に耐えるというやつだ。結局は自分のためになるとわかっているのに、目の前の課題にどうしてもとりくめないのは、だれもが身に覚えのあることだろう。たとえ良心がとがめても、よりよい未来（健康になる、昇進する、妻の感謝を勝ちとるなど）のために、いまいやなことをする（運動する、手強いプロジェクトにとりくむ、ガレージを片づける）のは避けたいと思うのが、人のつねだ。

一八ヶ月も続いた実験が終了したとき、治療は成功したと、医師たちに告げられた。しかも実験対象者の中で、言われたとおり毎回インターフェロンをきちんと打った患者は、わたしだけだったらしい。ほかの人たちはみんな、投薬をちょくちょくさぼっていたのだ。あの不快感を考えれば、無理もない（じっさい、医者の言いつけを守れないのは、ほんとによくある問題なのだ）。

ならわたしは、いったいどうやって、あの何ヶ月もの拷問を乗り切ったのだろう？　不屈の精神力のおかげ？　いやいや、地上に住むすべての人と同じで、わたしだって自制の問題をわんさと抱えている。注射の日が来るたびに、あの苦しみを逃れたくてたまらなかった。でもわたしには、つらい治療を耐えやすいものにするコツがあった。わたしにとって、そのカギは映画だった。わたしはひまさえあれば、一日一本は映画を見るほどの、大の映画好きだ。どんな症状が出るか医師が教えてくれたとき、それなら映画でやる気を奮いたたせようと決心した。それに、どっちみち副作用のせいで、それ以外のことはほとんどできないのだ。
注射の日が来ると、学校に行く途中でビデオショップに寄って、見たい映画を何本か借りる。そして、それを見たらどんなに楽しいだろうと、日がな一日想像にふける。家に帰ると、自分に注射する。そしてすぐにハンモックに飛び乗ってくつろぐと、ミニ上映会の始まりだ。こんなふうにして、注射するという行為と、とびきりの映画を堪能するという有意義な体験とを、結びつけたのだ。やがてつらい副作用が始まると、前向きな気もちはどこかへけし飛んでしまった。それでも、こんなふうに夜を過ごす計画を立てたおかげで、「注射すれば、不快な副作用ではなく、楽しい映画鑑賞が待っている」と自分に思わせることができ、その結果治療を続けることができたのだ（このときばかりは、ものおぼえの悪さが幸いした。なにしろ、同じ映画を何度見ても楽しめるのだ）。

この話の教訓？　大事だとわかっているのに、できることならやりたくないと思う仕事は、だれにでもあるということだ。じっとしていられないほどいい天気の日となれば、なおさらだ。確定申告のために領収書の山とにらめっこしたり、裏庭を片づけたり、ダイエットに励んだり、老後資金を貯めたり、わたしのように不快な治療を受けたりするのは、だれだっていやだ。もちろん、完全に合理的な世界の住人なら、先延ばしの問題に悩まされるはずもない。長い目で見てどんな利益があるかを計算して、目先の楽しみと比べ、いまちょっと我慢した方が得られるものが大きいと判断するだけだ。これができれば、自分にとって本当に大切なことに、いつも集中していられる。プロジェクトを仕上げたときの満足感を思い浮かべながら、仕事を片づける。ベルトの穴一つ分やせて、健康を満喫している自分を想像する。ある日医者に「病気が跡形もなく消えていますよ」と言われるのを夢見ながら、きちんと薬を飲み続ける。

　悲しいかなほとんどの人は、長期的な目標をめざすよりも、いまこの場で喜びを与えてくれることをやりたがる。* 何もしなくても、いつか時間もお金もできて、疲れやストレスから解放されるかのようにふるまう。人生の不愉快な一切合切がすっかり片づく、バラ色の時が、「そのうち」必ずやってくると思いこんでいる。そういうことを全部後回しにしていると、いつかジャングル化した庭や、追徴税、安楽な老後を送れないという現実、治療の失敗などに苦しむことになるのに。要するに、長期的な目標のために短期的な犠牲を払えないのは、だれにでもあることなのだ。

　こういったことすべてが、この本のテーマと何か関係があるのかって？　それが、大ありなのだ。

　合理的に考えれば、だれもがみな、自分にとっていちばん利益になるような決定だけを下すべきだ（キーワードは「べき」）。目の前にある、一つひとつの選択肢のちがいを見抜き、短期的、長期的にどんな価値があるのかを正確にはじき出して、自分にとっていちばん利益になるものを選ぶ。どんなジレンマに陥っても、曇りや偏見のない目で、状況を見きわめる。いつもこうやって、ラップトップを品定めするときのように、良い点悪い点を比較できるはずだ。病気になったが、有望な治療法がある？　なら医者の言いつけをしっかり守るべきだ。太りすぎた？　心を入れかえて、毎日数キロの散歩を欠かさず、焼き魚と野菜と水のほかはいっさい口にしないことだ。たばこを吸っている？　すぐにやめるべきだ。問答無用、言い訳は受けつけない。

たしかに、だれもがもっと合理的で、自分のやる「べき」ことをはっきり自覚していたら、どんなにいいだろう。でも残念ながら、そうは問屋が卸さない。そうでなければ、何百万、何千万人もの人が、スポーツクラブの会員資格をむだにし、運転中のメールで自分や他人の命を危険にさらし、［　　　　］している（好きな例を入れよう）現実を、どう説明するのか。

ここで、行動経済学の出番となる。行動経済学では、人間を完全に分別のある、計算高

＊自分だけは、目先の満足のために長期の利益を犠牲にしたことなどないと思うだろうか？　つれあいや友人に聞いてみよう。あなたに代わって、いくつか例を挙げてくれるはずだ。

いロボットのようには扱わずに、人間がじっさいにどうふるまうかを観察するのだ。その結果、人間は不合理だという結論が導かれることもしょっちゅうだ。

もちろん、合理的な経済学から学ぶべきことはたくさんある。しかし、人はいつでも最良の決断を下すだとか、たくさんのお金がからむときにはまちがいが起こりにくいとか、市場には自動修正作用があるといった経済学の前提の多くが、壊滅的な結果を招くことがあるのは、火を見るよりも明らかなのだ。

人間が完全に合理的な存在だという思いこみが、いかに危険かを実感してもらうために、運転を例にとって考えよう。輸送機関は、金融市場と同じで、人間が作ったしくみだ。だから、他人の重大で高くつくあやまちの例にはこと欠かない（わたしたちは、また別のバイアスのせいで、自分のまちがいには目をつぶるようにできている）。一般に、自動車メーカーや道路設計者は、人間が運転中いつも賢明な判断をするわけではないことを心得ている。だから、ドライバーや同乗者の安全を守ることを考えて、乗用車や道路を設計する。自動車の設計者やエンジニアが、シートベルトやＡＢＳ（アンチロック・ブレーキ・システム）、バックミラー、エアバッグ、ハロゲンライト、距離センサーその他もろもろを車に装備するのは、人間の限られた能力を補うというねらいがあってのことだ。同じように道路の設計者も、高速道路のへりに安全域をもうけ、そこを車で走ろうものなら、ブルルル……という、ものすごい音が出るように、刻みをつけている。ところが、これほどの安全措置が講じられているというのに、人は性懲《しょうこ》りもなく、運転中に（飲酒やメールを含む）ありとあらゆるあやまちを犯し続け、その結果事故や負傷を招き、果ては死に至ることさえあるのだ。

次に、二〇〇八年に起こったアメリカ金融市場の内部崩壊と、それが実体経済におよぼした影響について考えてほしい。これほど欠点だらけの人間なのに、なぜわたしたちは、同じ人間が生み出した金融市場については、外から手を打って、組織的な判断の誤りを阻止したり克服したりする必要はない、などと考えるのだろう？ 何十億ドルもの資金を管理、運用する人たちが、とんでもなく高くつくまちがいを犯さないように、安全対策を講じるでもないのは、いったい全体なぜなのだろう？

人的ミスという根本的な問題を、さらに深刻にしているのが、技術の発達だ。わたしたちは、技術進歩の恩恵を大いに受けているが、その反面、自分にとって本当にためになるような行動をとりにくくなっているのもたしかだ。たとえば携帯電話について考えてみよう。この便利な機器は、ただ電話ができるというだけではない。友人にメールを打って、電信送ることもできる。歩きながらメールを打つと、歩道ではなく電話に目がいくから、電信柱にぶつかったり、人と鉢合わせしたりする危険がある。これはばつは悪いが、命に関わるようなことではない。歩いているときに注意があちこちに向いても、それほどひどいことにはならない。だがここに車がからむと、悲惨なことになる。

同じように、農業技術の進歩が、肥満の蔓延にどんなふうに加担してきたか、考えてほしい。何千年もむかし、人類は大草原や密林で動物を狩り、食料を探し回ることで、カロリーを燃やしていたから、できるだけエネルギーを蓄える必要があった。脂肪や糖分を含む食料が目にとまったら、すぐさま足を止めて、できる限り腹に詰めこんだ。おまけに自然は都合のよい体内メカニズムを授けてくれた。じゅうぶんなカロリーを摂取してから、満腹だと感じるまでに、二〇分ほどかかるのだ。このしくみのおかげで、体脂肪を少々蓄えられるようになり、シカをしとめ損なうようなことがあっても、飢えずにすんだ。

では時計の針を、数千年先に進めてみよう。いまや先進国の人たちは、起きている時間のほとんどを、獲物を追う代わりに、イスにじっとすわったまま、画面を見つめて過ごしている。自分の手でトウモロコシや大豆を植え、育て、刈り入れなくても、農産物を買えばいい。食品メーカーはトウモロコシを、糖分や脂肪分を含む食品に変え、わたしたちはそれをファストフード店やスーパーマーケットで買い求める。このダンキンドーナツ的世界で、糖分と脂肪分をこよなく愛すわたしたちは、いとも簡単に数千カロリーを摂取できてしまう。それだけではない。朝食にベーコン、卵、チーズをはさんだベーグルをペロリと平らげたうえ、満腹を感じるまでの二〇分の時間差のおかげで、砂糖のたっぷり入ったコーヒーに、粉砂糖をまぶしたドーナツ半ダースという、余分なカロリーをとりこむことさえできるのだ。

要するに、わたしたちが進化の初期に身につけたしくみは、遠いむかしはとても理にかなっていたが、人間の進化は、技術の発達にはとうてい追いつけない。そんなわけで、かつては役に立った本能や能力が、いまでは邪魔になることも多い。愚かな決定をしても、何百年も前なら、ただ厄介ごとが増えただけだったのに、いまやわたしたちの生命に重大で深刻な影響がおよびかねないのだ。

人間の陥りやすいあやまちを理解していない設計者が新しい技術を開発したら、どうなるだろう。株式市場や保険、教育、農業、医療などの分野で、人間の限界を考えに入れない、新しい「改良型」システムが設計されるのだ（わたしはこれを「人間不適合技術」と呼んでいる。こういう技術は、そこらじゅうにある）。その結果、わたしたちは当然のようにまちがいを犯し、ときに派手な失敗をやらかすはめになる。

人間性にこのような側面があることを考えると、ちょっとやりきれない気もちになるかもしれない。でも、そんなふうに感じることはない。行動経済学は、人間の弱さを理解したうえで、わたしたちが誘惑を避け、自制を働かせ、いつか長期目標を実現する手助けをする方法を見つけようという学問だ。その方法は、人間に配慮した、現実的で有効なものでなくてはならない。人間がどんなとき、どんなふうに失敗するかを明らかにして、こうしたあやまちを乗り越えるための新しい方法を設計、発明、創造することができれば、社会全体にとって大きなプラスになる。ボーナスや勤労意欲などに関わる経営判断から、デートや幸福感といった、生活の最もプライベートな側面まで、人間のさまざまな行動を、駆り立てたり迷わせたりするのは、いったい何だろう。それについて多少なりとも理解を深めていけば、個人として、また社会全体として、お金や人間関係、資源、安全、健康などの問題について、主体的に決定を下せるようになる。

これこそが、行動経済学の本当の目標だ。人間が、じっさいはどのような原理で行動するのかを理解しようと努めれば、自分のバイアスに気づきやすくなり、それが自分にどういう影響をおよぼしているのかをよりはっきり自覚できるようになり、うまくいけば、賢明な決定ができるようになる。もちろん、どうがんばっても、いつでも適切な意思決定ができるようにはならないだろう。それでも、自分に影響をおよぼしている、さまざまな不合理な力を正しく理解することは、よりよい意思決定への第一歩として意味がある。それだけではない。発明家や企業、政策決定者は、さらに歩を進めて、人間にできることとできないことにもっと自然に見合ったやり方で、仕事や生活の環境を設計し直せるはずだ。

つきつめれば、これが行動経済学の目的ということになる。つまり、わたしたちの決定を左右する隠れた力を、さまざまな領域にわたって解き明かし、わたしたちの個人、企業人、社会人としての生活に影響をおよぼしている、よくある問題を解決する方法を見つけることだ。

これから読んでもらえればわかるように、この本では、わたしが長年にわたってきら星のような仲間たちと行なってきた研究をもとに、一つひとつの章を組んでいる（このすばらしい共同研究者たちについて、巻末に簡単な紹介を載せた）。それぞれの章で、職場から個人の幸福度に至るさまざまな領域で、わたしたちの判断を悩ませるバイアスのいくつかを、多少なりとも明らかにしようとした。

わたしと研究仲間は、なぜこれほどの時間とお金と労力をかけて実験をしているのか？社会科学では、実験は顕微鏡やストロボ光のようなものだ。実験はわたしたちに同時に影響をおよぼしている、いくつもの複雑な力を、拡大して見せ、光を当ててくれる。実験をすることで、人間の行動をコマ送りにして、何が起きるかを一コマごとに順序立てて説明できるようになる。さまざまな力を一つひとつ切り離していけば、それぞれの力を、もっとじっくりと、くわしく調べあげることができる。またわたしたちを動かしているものを、じかに的確に検証することができる。このようなことをとおして、わたしたち自身のバイアスの特徴や微妙な違いを、いっそう深く理解できるようになるのだ[*]。

もう一つ、強調しておきたいことがある。実験から教訓を得ても、その実験の制約された環境にしかあてはめなければ、せっかくの教訓がむだになってしまう。だから実験を、より一般的な原理の一例として考えてもらいたいのだ。実験は、わたしたちが現実の生活のさまざまな状況で、どのように思考し、どのような決定を下すかを理解する手がかりを与えてくれる。人間の本質が、じっさいのところ、どのように作用するのかがわかれば、その知識を仕事や私生活にも活かすことができる。

それぞれの章で、こうした発見がわたしたちの暮らしのほか、ビジネスや公共政策などに、どのような意味をもつのかについても考えてみた。その際、わたしたちの不合理な盲点を乗り越えるにはどうすればいいかということに、とくに重点をおいた。もちろん、ここでとり上げたのは、ほんのわずかな例でしかない。この本から、いや社会科学全般から本当の価値を引き出すには、読者であるあなたが、ちょっと時間をとって考えてみる必要がある。人間の行動をつかさどる原理は、自分の生活にどうあてはまるのだろうか。人間の本質について新しくわかったことを利用して、自分の行動を変えられるだろうか。これができるかどうかが、本当の冒険になる。

『予想どおりに不合理』を読んでくれた人は、本書が前作とどうちがうのか、知りたいところだろう。『予想どおりに不合理』では、わたしたちが、とくに消費者という立場で愚かな決定をしてしまう元凶である、いろいろなバイアスをとり上げた。あなたがいま手にしているこの本は、三つの点で前作とちがっている。

一つめの、いちばん目につく点として、まずタイトルからしてちがう。今回も、わたしたちの意思決定方法を調べるための実験をベースにしているという点では、前作と同じだが、不合理性の扱い方がちょっとちがう。「不合理」という言葉は、うっかりしたあやまちから狂気まで、いろいろな意味で使われるが、たいてい、よからぬ意味合いがこめられている。もしわたしたちが人間の設計を任されたら、たぶんなんとしてでも、不合理性をとり除こうとするだろう。『予想どおりに不合理』では、人間のもつバイアスの、不都合な面を掘り下げた。だが不合理には、表があれば裏もある。そしてその裏面は、実はけっこうありがたいものなのだ。わたしたちの不合理な能力が幸いすることもある。何より、わたしたちは不合理だからこそ、新しい環境に順応し、他人を信頼し、進んで努力を払い、子どもを愛することができる。こういった能力は、わたしたち人間のすばらしい、驚くべき、生まれながらの、それでいて不合理な本質と、表裏一体をなしている（じっさいの話、環境に順応することも、人を信頼することも、仕事を楽しむこともできなければ、とてもみじめな人生になってしまう）。こういう不合理な力の助けを借りてこそ、わたしたちは

＊実験をとおして、意外な、直感に反する事実が明らかになることもあれば、たいていの人がすでにもっている直感が裏づけられる場合もある。だが直感は、証拠にはならない。注意深い実験を行なってはじめて、人間の弱点について、わたしたちがもっている勘が正しいのか、正しくないのかを、本当の意味で解明できるのだ。

偉業を成し遂げ、この社会のしくみの中でうまく生きていけるのだ。本書の原題 *The Upside of Irrationality*（不合理の効用）には、わたしたちの不合理性が複雑なものだという意味をこめた。人間の本質を自由に設計できるとしたら、できればなくしてしまいたい部分と、何としてでも残しておきたい部分とがある。わたしたちのおかしなクセの、役に立つ点と立たない点の、両方を理解することが大切だ。そうして初めて、悪い面をとり除き、良い面を広げていける。

二つめのちがいだが、本書は二部構成になっている。第一部では、わたしたちが起きている時間の大部分をすごす、仕事の世界を舞台に、そこでの行動についてじっくり考える。わたしたちがまわりの人たち、環境、そして自分自身とどのように関わるかについても考えよう。わたしたちは、給料、上司、自分の作品やアイデア、不当に扱われたときの感情などに、どのように反応するのだろう？　よい結果を出したいという意欲を、本当に高めるものは何だろう？　わたしたちに目的意識を与えてくれるものは、いったい何だろう？　なぜ職場には、よそで発明されたものを毛嫌いする、「自前主義」バイアスがはびこっているのか？　なぜわたしたちは、不正や不公平に、こんなにも激しく反発するのだろう？

続いて第二部では、職場から離れて、わたしたちが人との関わりの中でとる行動について考える。わたしたちは周りの環境や、自分の体と、どのように関わるのだろう？　新しく出会った人、愛する人、遠くの困っている人に対して、どんなふうに反応するのだろう？　自分の感情を、どうとらえるのだろう？　そのほか、新しい状況や環境、恋人に、どのようにして順応するのか、オンラインデートがどういうしくみになっているのか（なぜうまくいかないのか）、被災者に対するわたしたちの反応は何によって決まるのか、ある瞬間にもっていた感情が、その後も長い間にわたって行動に影響を与え続けるのはなぜか、といったことを掘り下げてみた。

『不合理だからうまくいく』は、個人的な色合いが濃いという点でも、『予想どおりに不合理』とは大きくちがっている。もちろん実験に関して言えば、研究仲間とわたしは、できる限り客観的に実行し、分析しようと努めた。だが本書の大半、とくに第二部は、わたしがやけど患者として体験した、厄介な問題がベースになっている。重傷を負った人はたいていそうだが、わたしはケガをしたことで、精神的に大きな痛手を受けただけでなく、人生のいろいろな側面に対する考え方がガラリと変わった。この体験のおかげで、人とはちがったふうに人間行動をとらえるようになった。こういう状況に置かれたからこそ、それまで考えもしなかった疑問をもつようになり、その疑問はわたしの人生の核心をなし、主な研究対象になった。さらに大事なことに、ケガをしたからこそ、自分自身のバイアスのしくみについて、深く考え、研究するようになったのだ。本書で、そういった個人的な体験やバイアスについて書いたのは、自分がどういう思考プロセスを経て、いまのような関心や視点をもつようになったかを、多少なりとも明らかにしたいと思ったからだ。そうすることで人間の——つまりあなたやわたしの——本質を形作る、決定的な要素のいくつかを解き明かせたら、と願っている。

それでは、旅を始めるとしよう。

第一部　職場での理屈に合わない不合理な行動

第1章　高い報酬は逆効果

なぜ巨額のボーナスに効果があるとは限らないのか

あなたは、まるまるとした幸せな、実験用ラットだ。ある日、あなたがわが家と呼んでいる心地よい箱から、手袋をはめた人間の手でそうっとつまみ出され、あまり居心地のよくない、別の箱に移されてしまった。この箱は、迷路になっている。もともと好奇心旺盛なあなたのことだ。ヒゲをぴくつかせながら、箱の中をうろうろし始める。迷路に黒いところと白いところがあるのは、すぐわかった。鼻の向くまま、白いところを歩いてみる。何も起こらない。左に曲がって、黒いところに行ってみよう。中に入ったとたん、とてもいやな感じのショックが、前足に走った。

それから一週間というもの、あなたは毎日ちがう迷路に入れられる。迷路によって、危ないところと安全なところ、壁の色、ショックの強さがちがう。軽いショックがかかる部分が、赤く塗られている迷路もある。別の日は、とくにいやなショックがかかる部分に、水玉模様がついていた。安全なところが、白黒の格子模様だった日もある。来る日も来る日も、あなたは、いちばん安全な道を選んで、ショックを避けながら、迷路を進む方法を学ばなくてはいけない（迷路を安全に進む方法を身につけることで得られる報酬は、ショックを受けずにすむことだ）。あなたはどれくらいうまくやってのけるだろう？

今から一世紀以上前、心理学者のロバート・ヤーキーズとジョン・ドッドソンが、この基本実験を、形を変えて何度も行なった。* そのねらいは、ラットについて、二つのことを調べることにあった。一つは、ラットがどれだけ速く学習できるかということ。もう一つ、さらに重要なのは、ラットにどれくらいの強さのショックを与えれば、速く学習しようとするモチベーション〔動機づけ〕を高められるかということだ。ショックが強まるにつれて、ラットの学習意欲も高まるだろうことは、容易に想像できる。ショックがごく軽く、時たま痛みのない刺激があるだけでは、やる気は高まらず、ただうろうろするだけだろう。だがショックと不快感が強まるにつれて、まるで敵の砲火を浴びているように感じ、もっと速く学習しなければというモチベーションも高まるはずだと、研究者たちは考えた。この理屈でいくと、ラットの学習速度が最大になるのは、ショックがこの上なく強烈で、ラットがそれを何としても避けたいと思っているときだろう。

わたしたちはふつう、インセンティブ〔誘因〕の大きさと、良い成績をあげる能力との間には、関係があるはずだとすぐに決めつける。何かをやり遂げたいという思いが強ければば強いほど、その目標に到達するために、いっそう努力する。そして、労力を増やした分だけ、目標に近づいていくはずだ。この考え方は、筋が通っているように思える。なにしろ、証券マンや企業の最高経営責任者（CEO）に、べらぼうなボーナスが支給されるのは、この考えあってのことだ。巨額のボーナスを提示すれば、仕事への意欲が飛躍的に高まり、とてつもなく高いレベルの成績を残せるはずだというのだ。

モチベーションと成績（より一般的には行動）の因果関係について、わたしたちがもっている直感は、正しい場合もあれば、てんで的はずれな場合もある。じっさい、ヤーキーズとドッドソンの実験結果を見てみると、ほとんどの人が予想しそうなものもあれば、そうでないものもあった。ショックがとても弱いとき、ラットはあまりやる気を起こさず、そのため学習速度も遅かった。ショックがそこそこ強くなると、檻のしくみをできるだけ速くつきとめたい、という意欲が高まり、学習も速くなった。ここまでの結果は、モチベーションと成績について、わたしたちがふつうもっている直感と、ぴったり合っている。

だがここからがミソだ。ショックが非常に強くなると、ラットの成績は逆に下がってしまったのだ！　もちろん、ラットが何を考えていたのかはわからない。でもたぶんショッ

＊それぞれの章で紹介した学術論文の出典やその他の参考文献は、巻末にまとめて載せた。

クがいちばん強かったとき、ラットはショックをおそれるあまり、ほかのことにまったく集中できなかったのだろう。恐怖に身がすくんでしまい、檻のどこが安全で、どこがそうでないかを、ちゃんと覚えられなかった。そのため、自分の置かれている環境がどんなしくみになっているのかを、見抜くことができなかったのだ。

ヤーキーズとドッドソンの実験結果を見ると、労働市場での報酬とモチベーション、成績の間の関係は、本当はどうなっているのだろうと考えずにはいられない。なにしろかれらの実験は、インセンティブが諸刃《もろは》の剣になり得ることを、はっきり証明したのだ。わたしたちはインセンティブをたくさん与えられると、ある点までは学習意欲が高まり、その結果成績も上がっていく。しかしこの点を越えると、やる気が重荷になり、かえって課題に集中してとりくむ妨げになるのだ。これは、だれにとっても望ましくない結果だ。

もちろん現実世界では、電気ショックがインセンティブとして使われることはまずない。だがモチベーションと成績のこの関係は、報酬が電気ショックを避けることであれ、大金を稼ぐという金銭的なものであれ、どんな種類のモチベーションにもあてはまるのではないだろうか。ヤーキーズとドッドソンが、ショックの代わりにお金を使っていたら（ラットが、じつはお金を欲しがるものだとして）、こんな結果が出たにちがいない。ボーナスが少ないと、ラットはやる気を起こさず、成績もいまいちだ。ボーナスの水準がそこそこ高くなると、やる気が高まり、成績も上がっていく。ところが、ボーナスの水準がとても

下のグラフは、インセンティブ（報酬、ショックなど）と成績の関係を表わしたものだ。薄い灰色の直線は、インセンティブが高くなると、成績もそれにともなって一定の割合で向上していくという、単純な比例関係を表わしている。灰色の点線は、インセンティブと成績の間に、収穫逓減の関係（インセンティブを増やしていくと、成績は上がっていくが、その上がり方は徐々に小さくなっていくという関係）があることを示している。

濃い色の実線が、ヤーキーズとドッドソンの実験結果を表わしたものだ。モチベーションが低いとき、インセンティブを増やすことは、成績を上げるのに役立つ。ところが、もとのモチベーションの水準が上がっていくにつれて、インセンティブを増やすことは裏目に出て、かえって成績が下がってしまう。心理学者がよく言う「逆U字型関係」が生じるのだ。

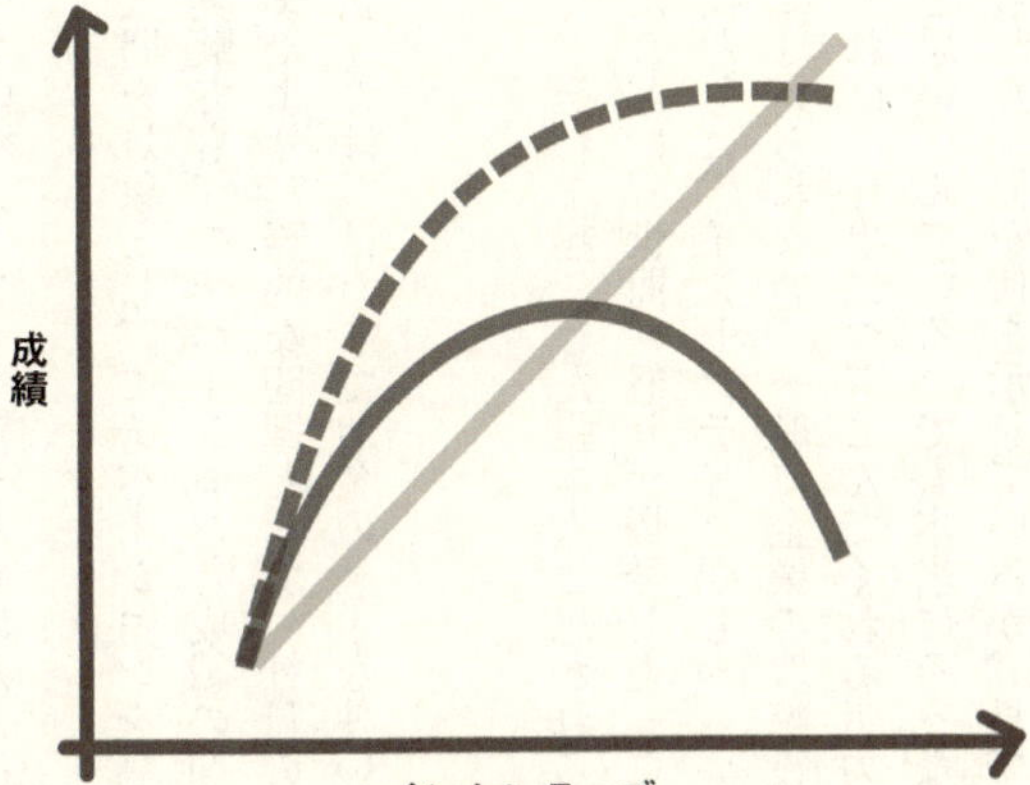

高くなると、ラットは「モチベーション過剰」になってしまう。だから、なかなか集中できなくなり、その結果、もっと少ないボーナスをもらうためにがんばっていたときよりも、かえって成績が下がってしまう。

それなら、ラットの代わりに人間を対象とし、モチベーションを高めるものとして電気ショックではなくお金を用いた実験でも、モチベーションと成績の間に、この「逆U字型関係」は見られるだろうか？　またより実際的な問題として、社員の成績を高めるために、べらぼうに高額のボーナスを支払うのは、はたしてお金の上手な使い方なのだろうか？

ボーナスの大盤振る舞い

二〇〇八年に金融危機が起こり、それを起こした張本人と思われる人たちに、その後も巨額のボーナスが支払われ続けたことに、世間の怒りが爆発した。このことを考えると、企業のCEOやウォール街の重役たちに、インセンティブがじっさいどんな影響を与えているのだろうと、疑問をもたずにはいられない。一般に企業の取締役会は、業績に応じた莫大なボーナスをCEOに提示すれば、仕事につぎこんでくれる労力が増えるから、その分、よい成果が得られるはずだと思いこんでいる。* でも本当にそうなのだろうか？　答えを出す前に、まずは実験から得られた証拠が何を示しているか、見てみよう。

金銭的報酬が、成績を上げる手段としてどれだけ有効かを調べるために、わたしはニーナ・メイザー（トロント大学助教）、ユーリ・ニージー（カリフォルニア大学サンディエゴ校教授）、ジョージ・ローウェンスタイン（カーネギーメロン大学教授）と組んで、ある実験を企画した。この実験では、実験協力者に良い成績をあげたときに与えるボーナスの金額を、数段階に分けた。そうすることで、インセンティブの水準のちがいが、成績にどのような影響をおよぼすかを計ろうとした。とくに調べたかったのは、巨額のボーナスが、一般に思われているように、成績の向上につながるのか、それともヤーキーズとドッドソンのラットの実験のように、かえって成績を下げてしまうのか、ということだ。

そこで、実験協力者の一部には、少なめのボーナス（かれらの通常の一日分の賃金に相当する金額）を稼ぐチャンスを与えることにした。また別のグループには、やや多めのボ

＊もちろん、ＣＥＯに莫大な給与を支払うのが合理的である理由を説明しようという試みは、これまでいくつもなされている。そのうちの一つで、とてもおもしろいが、絶対ありえない説を紹介しよう。この説によれば、重役が莫大な報酬をもらう理由は、それに見合う利益や業績をあげたからではないという。それだけたくさんのお金を支払えば、ほかの社員がいつかＣＥＯのような過大な報酬をもらうことを夢見て、仕事にやる気を出すようになるからだというのだ。何がおかしいかといえば、この論理をつきつめれば、ＣＥＯにばかばかしいほど高い給与を支払うだけでなく、理想の人生を送らせるために、友人や家族ともっと多くの時間を過ごさせ、ぜいたくな休暇にまで送り出さなくてはならなくなることだ。ＣＥＯになりたいと社員に思わせるには、これがいちばんだからだ。

ーナス（通常の二週間分の賃金に相当）を稼ぐチャンスを与えた。残りのラッキーな少数であり、実験の目的上、いちばん重要なグループには、莫大なボーナス（通常の五ヶ月分もの賃金に相当）を稼ぐチャンスを与えた。この三つのグループの成績を比べれば、ボーナスが成績を高める手段としてどれだけ有効なのかが、もっとよくわかるはずだ。

あなたはこう考えているにちがいない。「どこへ行ったら、この実験に参加できるんだろう……」わたしが法外な研究予算をもっていると誤解されないように、説明しておこう。わたしたちがやったのは、いまどきの多くの企業がやっていることだ。インドに業務を外注したのだ。インドの農村部では、平均的な人がひと月に使う金額は、およそ五〇〇ルピー（約一一ドル）。おかげで、大学の会計係のひんしゅくや怒りを買わずに、実験協力者に十分な金額のボーナスを提示することができた。

そんなわけで、実験をやる場所は決まった。次は課題を決める番だ。最初は、純粋に努力だけでできる課題にしようかとも考えた。たとえばランニング、スクワット、重量挙げなど。でも考えてみれば、ＣＥＯや重役は、この手の仕事をして、稼ぎを叩き出しているわけではない。そこで、創造力や集中力、記憶力、問題解決能力が求められる課題を、主に考えることにした。わたしたち自身と何人かの学生で、手あたりしだい、いろんな課題を試した結果、次の六つに決めた。

インドでの実験で使った６つのゲーム

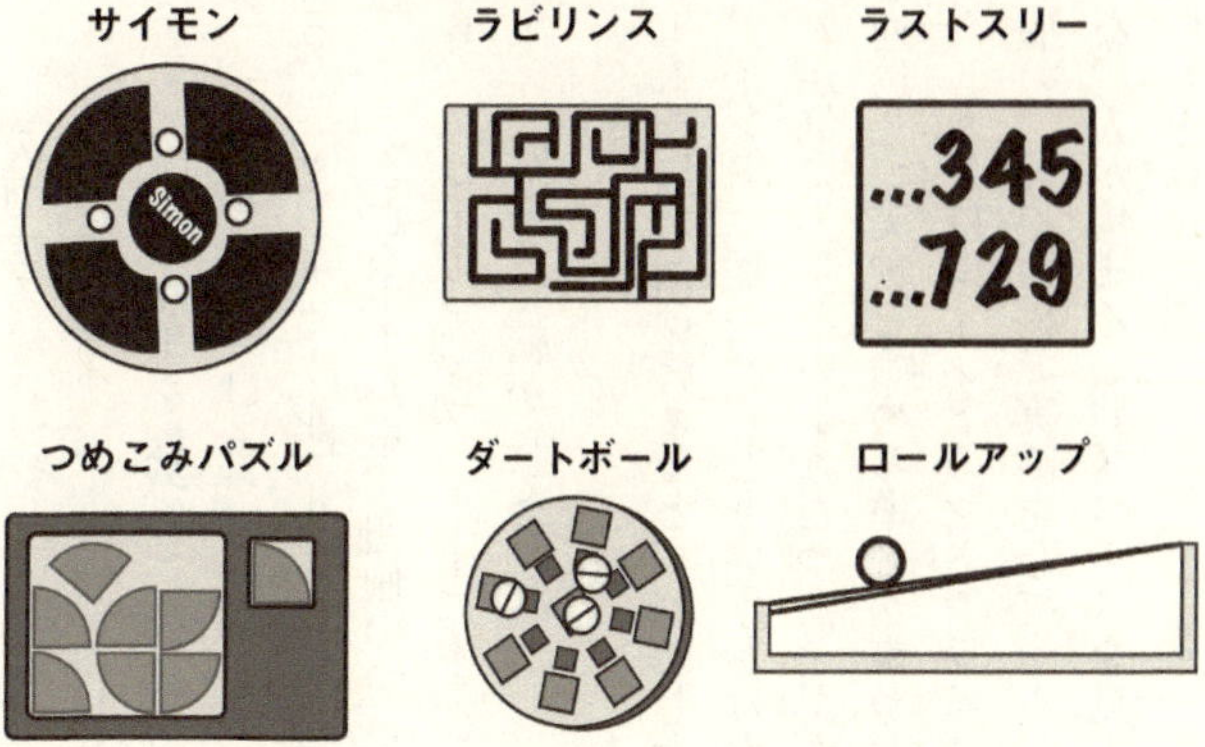

1. 「つめこみパズル」――九つの扇形を、正方形の枠の中におさめる、空間パズル。八つまでは簡単に入るが、九つ全部を入れるのは、ほとんど不可能と言ってもいい。

2. 「サイモン」――この色鮮やかなゲームは、一九八〇年代に流行った、よくある電子記憶ゲームだ。四色のボタンが光る順番を記憶して、そのとおりの順番でまちがえずにボタンを押す。覚えるボタンの数は、一つずつ増えていく。

3. 「ラストスリー」――その名が示すとおりの単純なゲーム。画面にランダムな数字が次々と現われ（たとえば二三、七、六五、四、など）、突然止まる。最後に現われた三つの数字を入力する。

4. 「ラビリンス」――二つのレバーを操作して、ゲーム盤の傾きを変え、迷路の中で小さな玉を転がしていくゲーム。穴を避けながら、玉をできるだけ進めてゴールに近づける。

5. 「ダートボール」――ダーツによく似たゲーム。マジックテープの凸側がついたテニスボールを、凹側のついた的《まと》に向かって投げてくっつける。

6. 「ロールアップ」――二本の棒をはさみのように動かして、小さな玉をスロープの上まで転がしていく。

ゲームを無事選び終えると、わたしたちはそれぞれのゲームを六個ずつ、巨大な箱につめて、インドに送った。どういうわけか、インドの税関の役人は、電池駆動型のサイモンゲームが気に入らないようだった。だが二五〇％の輸入関税を支払うと、ゲームは無事税関を通過し、実験を始める準備が整った。

わたしたちは南インドのマドゥライにあるナラヤーナン大学で、経済学部の大学院生を五人雇い、近くの村で実験をしてもらった。学生は村に出向いて、小さな病院や会議室のような、人が集まる公共スペースを見つけ、そこに作業場を設けて、実験に協力してくれる人たちを募った。

そのような場所のひとつ、村の公民館で、経済学修士課程二年生のラメシュが、仕事にとりかかった。公民館は完成前で、床はまだタイルが貼られず、壁もむき出しのままだったが、雨風や暑さはとりあえずしのげた。

ラメシュは部屋のあちこちに、六種類のゲームを配置した。そして最初の実験協力者を呼びこむべく、外に飛び出した。まもなく男が通りかかり、ラメシュはさっそく勧誘にかかった。「この中に、おもしろい課題をたくさん用意しました」とかれは説明した。「実験に参加してみませんか？」これじゃ、政府主催のあやしげな活動にしか聞こえない。男が頭を振って、通り過ぎようとしたのも、むりはない。でもラメシュはめげなかった。「実験をやるだけで、お金が稼げるんですよ。それに、そのお金は大学から出てるんです」そんなわけで、実験協力者第一号のニティンは回れ右をして、ラメシュの後について、公民館に入っていった。

ラメシュはニティンに、部屋のあちこちに置いた課題を全部見せた。「これが今日やるゲームです」とニティンに教えた。「所要時間は、まあ一時間ってとこかな。じゃ始める前に、いくら報酬がもらえるか、サイコロで決めましょう」ラメシュはサイコロを振り、四の目が出た。わたしたちの割付表にしたがって、ニティンは「中額ボーナス」の条件に割り振られた。つまり、かれが六つのゲームを全部やって稼げるボーナスの最高額は、六×四〇＝二四〇ルピーということになる。この金額は、インドのこの地方で平均的な人が稼ぐ、二週間分の賃金にあたる。

続いてラメシュは、ゲームの手順をニティンに説明した。「六つのゲームのそれぞれについて、まあまあの成績を『良』、すごくいい成績を『優』と決めています。それぞれのゲームで『良』の成績を出すと二〇ルピー、『優』だと四〇ルピーずつもらえます。でも『良』に届かないと、報酬はゼロになる。つまりあなたのもらえる報酬の総額は、成績に応じて、〇ルピーから二四〇ルピーまでってわけです」

ニティンがうなずくと、ラメシュはサイモンゲームをランダムに選んだ。このゲームでは、まず四色のボタンのうちの一つが点滅してブザーが鳴ったら、点滅したのと同じ色のボタンを押す。すると次に、さっきの色のボタンに続いて別の色のボタンが点滅するから、二つのボタンを続けて押さなくてはならない。こんなふうに、記憶するボタンの数が、どんどん増えていく。ニティンが順番をちゃんと記憶して、押しまちがえない限り、ゲームは続き、押すボタンの数は増えていく。だがニティンが一つでも順番をまちがえたら、そこでゲームは終了だ。正しい順番で押した最大の数が得点になる。一〇回やって、いちばんいい結果を選ぶ。

「このゲームの『優』と『良』は、こう決まってます」とラメシュは説明を続けた。「一〇回のうち一回でも、六つのボタンを連続して正しく押せたら『良』で、二〇ルピー。八つのボタンを正しく押せたら『優』で、四〇ルピーもらえます。一〇回やったら、次のゲームに移ります。ゲームと報酬のルールは、わかりましたね？」

　ニティンは、こんなにたくさんのお金を稼げる見こみに、色めき立った。「やるぞ」とかれは宣言し、ゲームは始まった。

　最初に点滅したのは、青いボタンだ。ニティンもすばやく青を押した。次は黄色いボタンが光った。ニティンは青、黄と押した。朝めし前だ。続く緑色も難なくクリアしたが、あいにく四つめのボタンで失敗してしまった。その後も、似たような出来だった。だが五回めには、七つのボタンの順序を正しく覚え、六回めはなんと八つまで行った。全体としてみればサイモンゲームは成功に終わり、ニティンは四〇ルピー稼いだ。

　続いて、つめこみパズル、ラストスリー、ラビリンス、ダートボール、ロールアップの順でやった。一時間ほどたったころ、ニティンは二つのゲームで『優』、もう二つで『良』の成績を記録していた。残りの二つは『良』に達しなかった。しめて一二〇ルピー、一週間分の賃金をちょっと超える稼ぎだ。そんなわけで、かれはホクホク顔で公民館を後にしたのだった。

　次の実験協力者はアプーブ。筋骨たくましい、髪が薄くなりかけた三〇代の男性で、双子の父親でもある。アプーブはサイコロで、一の目を出した。これはわたしたちの割付表では「少額ボーナス」条件だった。かれが六つのゲームを全部やって稼げる金額は、最大で六×四＝二四ルピー。日給にほぼ等しい金額だ。

アプーブは、ラストスリーから手をつけた。それからロールアップ、つめこみパズル、ラビリンス、サイモンと続き、締めはダートボールだった。成績は全般的によかった。三つのゲームが『良』、一つが『優』、つまりニティンと似たような成績だ。でも、不運なサイコロの目のせいで、一〇ルピーしか稼げなかった。それでもかれは、たった一時間のゲームでこんなに稼げたと、きげんよく帰っていった。

三人目の実験協力者、アヌーパムのために、ラメシュがサイコロを転がしたところ、五の目が出た。この数は、割付表で「最高額ボーナス」条件に割り当てられていた。ラメシュは、ゲームで『良』を出すごとに二〇〇ルピー、『優』なら四〇〇ルピーもの金額が支払われることを、アヌーパムに説明した。アヌーパムは、頭の中でそろばんをはじいてみた。六つのゲームかける四〇〇ルピーは、二四〇〇ルピー、なんと五ヶ月分もの収入じゃないか。ひと財産だ。アヌーパムは、自分の幸運が信じられないという面もちだった。

アヌーパムのためにランダムに選ばれた最初のゲームは、ラビリンスだ。* まず小さな鉄球を「スタート」の位置に置く。それから二つのレバーを操作してゲーム盤の傾きを変え、落とし穴を避けながら、玉を迷路に沿って転がしていく。「このゲームを一〇回やります」とラメシュは言った。「玉を七つめの穴より向こうに進めることができたら、『良』の成績で、二〇〇ルピーもらえます。九つめの穴を越えたら、『優』で四〇〇ルピーですよ。このゲームが終わったら、次のゲームに進みます。ここまで、質問はないですね？」

アヌーパムは、勢いこんでうなずいた。迷路の傾斜を変えるレバーを握りしめ、「スタート」の位置に置いた鉄球を、まるで獲物であるかのようににらみつけた。「これはとても、とても大事なんだ」と自分に言い聞かせた。「絶対にうまくやるぞ」かれは果敢に玉を転がしていった。ところが玉は、最初のわなにあっさり落ちてしまった。「まだ、九回もチャンスがある」自分を勇気づけるように、大声で言った。だがせっぱつまって手が震えていたために、細かい動きができず、結局失敗続きに終わってしまった。ラビリンスをしくじったいま、ひと財産できたらかなえようと思っていた、すばらしい夢の数々が、がらがらと音を立てて崩れ始めた。

次のゲームは、ダートボール。六メートルほど離れた場所から、マジックテープのついた的の中心をねらって、次々とボールを投げた。ソフトボールの投球のように、下から。クリケットのように、上から。しまいには、横投げまでした。何球かは的に当たりそうになったが、二〇球投げたうち、中心にくっついたのは一球もなかった。

つめこみパズルは、挫折の連続でしかなかった。四〇〇ルピー稼ぐには、たった二分間で、九つものピースをパズルにおさめなくてはならない（四分以内なら、二〇〇ルピー）。時間が矢のように過ぎていくなか、ラメシュは三〇秒ごとに、残り時間を読み上げた。

＊実験協力者は、一人ひとり異なる、ランダムな順序で、ゲームを行なった。ゲームの順序は、成績には影響しなかった。

「残り九〇秒！　……六〇秒！　……三〇秒！」哀れなアヌーパム。かれは焦りまくりながら、正方形の箱の中に、九つの扇形を無理やりおさめようと、指にますます力をこめたが、ついぞ報われなかった。

四分が過ぎた時点で、つめこみパズルゲームは打ち切りとなった。ラメシュとアヌーパムは、サイモンゲームに移った。アヌーパムはちょっといらついていたが、気をとり直して、目の前の課題に全力を尽くそうとした。

サイモンゲームの一回めは、二つで終わった。あまり期待がもてそうになかった。ところが二度めのトライでは、六つまで行った。アヌーパムの顔は、パッと輝いた。これで、少なくとも二〇〇ルピーはもらえる。それに、稼ぎを四〇〇ルピーにするチャンスが、あと八回も残っている。やっと何かを成し遂げたという思いを胸に、かれは集中力を高め、記憶力を最大限に高めようとした。だが続く八回のトライで、六つと七つを記録したものの、ついに八つには届かなかった。

ゲームが残り二つになったところで、アヌーパムは一息入れることにした。心を落ち着けるために深呼吸をして、ひと息ごとに「ホォーーーッ」と長い息をはいた。二、三分すると、ロールアップゲームをやる心の準備が整った。だが残念なことに、ロールアップも、ラストスリーも、失敗に終わってしまった。公民館を後にするとき、かれはもうかった二〇〇ルピーのことを思って、気をまぎらわせた。ちょこっとゲームをやっただけにしちゃ、いい稼ぎじゃないか。それでもかれのしかめっ面は、もっと稼げなかったことへの不満を表わしていた。

結果発表――ドラムの音、お願いします(ダラララ……)

何週間かして、ラメシュともう四人の大学院生が、村でのデータ収集を終えて、成績の記録を郵送してくれた。わたしはだれよりも早く、結果に目を通したかった。インドでの実験は、時間と労力をかけただけのことはあっただろうか? ボーナスの水準のちがいは、成績の水準のちがいをもたらしただろうか? ボーナスをいちばんたくさんもらえたはずの人たちは、成績が良かっただろうか、それとも悪かったのだろうか?

わたしにとって、データに初めて目をとおす瞬間は、研究生活の中でもとくにワクワクする経験の一つだ。超音波で自分の子どもの姿を初めて見るような、胸躍る経験とは言えないが、誕生日プレゼントを開けるより、ずっとすてきなことだ。じっさいわたしにとって、分析データに初めて目をとおすことには、どこか儀式的な意味がある。研究の道を歩み始めてまもないころは、何週間、ときに何ヶ月もかけてデータを収集してから、自分でデータを打ちこみ、統計分析のためにデータセットの書式を整えた。何週間、何ヶ月間も働いた末に、ようやくたどり着いた、発見の瞬間だから、きちんと祝いたかった。一息入れて、自分のためにワインか紅茶を一杯用意する。そうして初めて腰をどっかり下ろして、それまでとりくんできた実験というパズルにとうとう解が見つかる、魔法の瞬間を祝ったものだ。

近ごろではこの神秘的な瞬間は、そうちょくちょく訪れない。わたしはもう学生ではないし、ありとあらゆる務めで予定が埋まっていて、自分で実験のデータを分析するひまがないのだ。そんなわけで、いつもはデータ分析に最初に目をとおす役目は、学生や研究仲間に任せ、この報われる瞬間を、体験してもらっている。でもインドからデータが到着すると、わたしはどうしてももう一度、この瞬間を味わいたくてたまらなくなった。そこでニーナにかけ合ってデータセットをもらい、わたしが目をとおしている間は絶対に見ないでくれと頼みこんだ。ニーナが快諾してくれたので、わたしはワインやらなにやらとりそろえて、データ分析の儀式を復活させたというわけだ。

結果はどうだったか。その前に、あなたも考えてほしい。三つのグループの人たちの成績は、どうだったのだろう？　中額のボーナスを目の前にぶら下げられた人たちは、少額のボーナスを提示された人たちより、成績が良かったのか？　大金を当てこんだ人たちは、中額の人たちより成績が良かったのか？　では、結果を言おう。少額ボーナス（一日分の賃金に相当）を稼ぐチャンスを与えられた人たちと、中額ボーナス（二週間分の賃金に相当）を提示された人たちは、成績にそれほどちがいがなかった。少額の報酬でさえ、かれ

下のグラフは、３つのボーナス条件の人たちが、６つのゲームで出した成績を、まとめたものだ。「優の割合」の実線は、それぞれの条件で、優のレベルの成績を達成した人の割合を表わしている。「稼ぎ」の点線は、それぞれの条件の人たちが、最高報酬の何％をじっさいに稼いだかを示している。

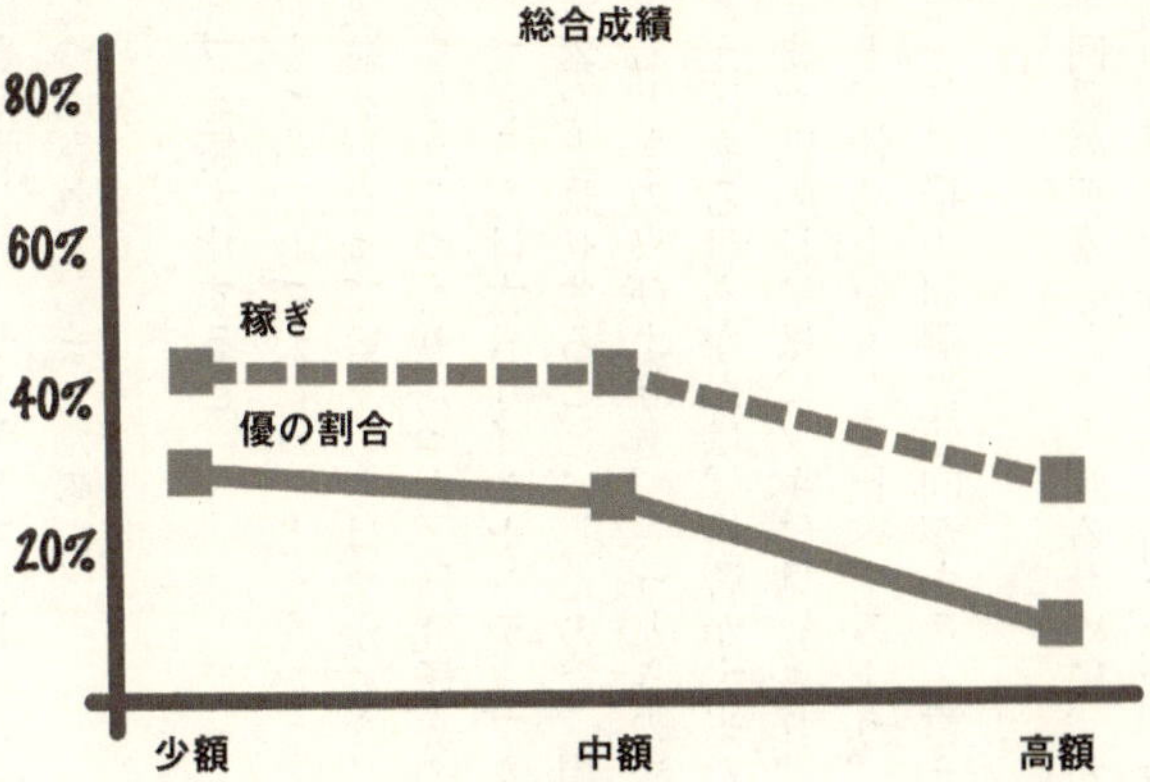

らにとっては十分大きな金額だったから、モチベーションをめいっぱい高める効果があったのだろうと、わたしたちは結論づけた。それなら、とてつもなく大きな（通常のレートで、五ヶ月分の賃金にも相当する）ボーナスがかかっていたときの成績は、どうだったか？　次のグラフからもわかるように、少なくともこの点に関して言えば、人間がラットと非常によく似ていることを、実験データははっきり示している。いちばん多く稼ぐチャンスがあった人たちが、いちばん成績が悪かったのだ。このグループの人たちが、「良」または「優」の成績を出した確率は、少額、中額ボーナスのグループの三分の一以下だった。高額ボーナス条件の人たち

は、あまりにも緊張して、ヤーキーズとドッドソンの実験のラットと同じように、プレッシャーに押しつぶされてしまったのだ。

インセンティブを極大化すると

ここで、ひとつ告白しておこう。じつをいうと、わたしたちは最初、いま説明したようなやり方で実験を行なっていたのではなかった。当初の予定では、実験協力者にさらに大きなストレスを与えるつもりだった。研究予算の制約上、わたしたちが自由に使える限られた金額で、できるだけ大きなインセンティブを与えたかった。そこでこの実験に、「損失回避」の要素を上乗せすることにしたのだ。* 損失回避とは、わたしたちが何か（たとえばお金）を得るときの喜びよりも、失うときの痛みの方を強く感じるという、単純な考えをいう。たとえばある日あなたは、投資が大当たりして、資産が五％も増えたことに気づいたとする。また別の日には、ツキに見放され、資産が五％も目減りしてしまった。この幸せな気もちと、惨めな気もちを比べてみよう。利益の喜びよりも損失の痛みを強く感じるなら、あなたには損失回避の傾向があると言える（ご心配なく、ほとんどの人がそうなのだ）。

実験に損失回避の要素をとり入れるために、わたしたちはどうしたか？　少額ボーナス条件の実験協力者に、実験を始める前に二四ルピーを前払いした（六×四ルピー）。中額ボーナス条件の人には二四〇ルピーを（六×四〇ルピー）、高額ボーナス条件の人には二四〇〇ルピー（六×四〇〇）を前払いした。それから、こう伝えた。全部のゲームで『優』の成績をとったら、このお金を全額持っていていい。でも『良』の成績しかとれないゲームがあれば、そのゲームの賞金の半額を返してもらい、『良』の成績にさえ届かないゲームがあれば、そのゲームの賞金を全額返してもらう、と。こうすれば、実験協力者がなんとか損失を回避しようとして、ただお金を稼ぐだけのときよりも、必死になるのではないかと考えたのだ。

実験者のラメシュは、別の村で、この形式の実験を二人の実験協力者に対して行なったのだが、実験を最後まで進めることはできなかった。なぜか？　この実験に特有の問題が起きたからだ。実験協力者第一号が公民館にやって来ると、ラメシュはまず、実験で稼げる最大の金額を、全額前払いした。それは五ヶ月分の賃金に相当する、二四〇〇ルピーだった。実験協力者はどの課題もうまくこなせず、全額返還の憂き目にあった。この時点でわたしたちは、ほかの協力者も似たようなパターンを示すのではないかと予想した。そしてやはり次の協力者も、課題をどれひとつとして満足にこなせなかった。かわいそうに、

＊損失回避は、ダニエル・カーネマンとエイモス・トベルスキーが提唱し、大きな影響を与えた概念で、今ではさまざまな領域に応用されている。ダニーはこの理論で、二〇〇二年にノーベル経済学賞を受賞した（トベルスキーは残念ながら一九九六年に亡くなっていた）。

かれは緊張のあまり、ずっと震えどおしで、意識を集中できなかった。ところがこの男は、わたしたちの決めたルールに従わず、セッションが終わるとお金を持ち逃げしてしまったのだ。ラメシュは、かれを追いかける気にもなれなかったという。考えてみれば、だれがあの哀れな男を責められるだろう？　このできごとをきっかけに、実験に損失回避の要素を含めるのは、うまく行かないかもしれないと考え、報酬を支払うのは最後にしたのだ。

実験協力者に前払いをしたかった理由は、ほかにもある。企業が幹部にボーナスを支給する際、幹部に与える心理的効果を再現したかったのだ。前払い方式には、企業幹部が毎年当てにしているボーナスと、同じような心理的効果があるように思えた。かれらの頭の中では、いまやボーナスは、もらうのがあたりまえで、正規の報酬の一部になっている。まだもらってもいないお金の使い道を考える人も多い。ボーナスがなければ支払えないような住宅ローンを組んで新しい家を買う計画を立てたり、世界一周旅行を予定するなど。こういう計画を立てると、報酬を前払いで受けとった実験協力者と同じように、損失回避の考え方をするようになるのではないだろうか。

頭を使う仕事と体を使う仕事

高い報酬が成績に悪影響をおよぼすといっても、限度があるはずだと、わたしたちは思っていた。考えてみれば、高額ボーナスを与えれば、状況を問わず、必ず成績が悪くなるというのは、ちょっとありえない話だ。それに、課題で要求される知力のレベルが、成績の伸びを制限する要因（心理学者のいう「調整変数」）のどれかに影響を与えるのは、当然のように思われた。つまり、高い認知スキルが求められる課題ほど、高すぎるインセンティブが裏目に出るのではないだろうか。それに、高い報酬が好成績につながる可能性が高いのは、認知スキルを使わない、機械的能力が要求される課題なのではないか。たとえば、もし今から二四時間以内に跳びはねる回数に応じて報酬がもらえるとしたら、あなたはどうする？　何度もぴょんぴょん跳ぶだろう。報酬が高ければ、もっとたくさん跳ぶだろう。莫大な報酬がもらえるときに、跳ぶペースを落としたり、まだ跳ぶ元気があるのに休みをとったりするだろうか？　そんなことはないはずだ。課題がとても単純で機械的なら、やる気満々の状態が逆効果になるとは考えにくい。

わたしたちが実験にいろいろな種類の課題をとり入れたのも、すべての課題で莫大な報酬が成績の低下をもたらしたことにいささか驚いたのも、こんなふうに考えていたからだ。たしかにサイモンやラストスリーのような、頭を使う課題については、そういう結果が出るだろうと思っていた。でもダートボールやロールアップのような、機械的性質が高いゲームでも、同じようにはっきりした影響が見られるとは、思ってもみなかったのだ。どうしてそうなったのか？　一つの可能性として、機械的な課題について、わたしたちが直感的に思っていることが、まちがっていたのかもしれない。つまり、こういうタイプの課題でも、非常に高いインセンティブは逆効果になるのかもしれない。もう一つ考えられることとして、わたしたちが認知的要素が低いと思っていた課題（ダートボールとロールアップ）は、じつはけっこう頭を使う課題だったのかもしれない。もしそうだとしたら、実験には純粋に機械的な課題を含める必要がある。

このような考えから、わたしたちは次の実験を考えた。そこそこ頭を使う課題（簡単な計算問題）と、完全な単純作業の課題（キーボード上の二つのキーをすばやく連打する）を比べることにしたのだ。この実験では、ＭＩＴの学生諸君に協力を求めた。実験のねらいは、単純作業の課題と、多少頭を使う課題とで、ボーナスの水準と成績との関係がどうちがうかを調べることだった。だがわたしの限られた研究予算では、インドでの実験に見合うほどのボーナスを、学生に提示することはとてもできない。そこで、どうしたか。学生が金欠になる学期末まで待ってから、二〇分ほどの課題に、六六〇ドルという報酬を提示したのだ。何度かパーティを開いても、おつりが来るだけの金額だ。

この実験計画は四つの部分に分かれていて、実験協力者全員に、四つの実験条件のすべてで課題をやってもらった（この設定は、社会科学では「被験者内デザイン」と呼ばれる）。くわしく言うと、認知的課題（簡単な計算問題）を二回やってもらい、そのうちの一回では少額ボーナスを、もう一回は高額ボーナスを提示した。また機械的課題（キーを叩く）についても、一回は少額ボーナス、もう一回は高いボーナスを約束して、合わせて二回やってもらった。

この実験から、何がわかっただろう？　あなたの予想どおりかもしれないが、大きなインセンティブがおよぼした影響は、二種類の課題でちがっていた。目の前の課題が、キーボード上の二つのキーを叩くだけのときは、ボーナスが高いほど成績も良かった。ところが、基本的な（簡単な計算という形の）認知スキルが多少なりとも要求されたとたん、高いインセンティブは成績に悪影響をおよぼしたのだ。これは、インドでの実験の結果と一致していた。

結論は明らかだった。高額のボーナスを約束することは、単純な機械的作業に関する限り、成績を高める効果がある。ところが、頭を使わなくてはならない課題では、かえって逆効果になることがあるのだ。企業が重役に莫大なボーナスを支払うのは、ふつう後者に当てはまる。部長がレンガ積みの仕事をして報酬をもらっているのなら、高額ボーナスを通じてやる気を引き出そうとするのもいいだろう。しかし、企業買収や合併について考えをめぐらせたり、手のこんだ金融商品を編み出したりする仕事に、ボーナスという形のインセンティブを与えるのは、わたしたちが思っているよりずっと効果が薄いかもしれないのだ。それどころか、とてつもなく高額のボーナスは、悪影響さえ与えかねない。

簡単に言ってしまえば、お金を使ってやる気を高める方法は、諸刃の剣になるということだ。認知スキルが求められる課題なら、少額ないし中額の実績給を与えるのもいいだろう。だがインセンティブが大きくなりすぎると、そっちに気をとられて、報酬のことで頭がいっぱいになるかもしれない。これがストレスになって、結果的に成績が下がってしまうおそれがあるのだ。

さてここで合理的な経済学者は、実験結果は現実の役員報酬には当てはまらないと反論するだろう。そしてこんなことを言うにちがいない。「いやいや、現実の世界では、過剰な報酬が問題になることはない。雇用主や賃金委員会は、成績が下がってしまうことをちゃんと見越しているから、モチベーションを空回りさせるようなボーナスを支給するわけがない」と。そしてこう言い張るだろう。「雇用主は文句なしに合理的で、どんなインセンティブが従業員の成績を高めるか、高めないかを、知り尽くしている*」

まったく理にかなった議論だ。たしかに、わたしたちは過剰なボーナスが悪影響をおよぼすことを直感的に知っているから、そんなボーナスをむざむざ提供するはずがないというのは、可能性としてはあり得る。だがその一方で、人間のほかの多くの不合理な面と同様、金銭的ボーナスを含むさまざまな要因がわたしたちにおよぼす影響は、まだはっきりわかっていないということも、大いにあり得るのだ。

一般に、人は高額ボーナスが与える影響について、どんな直感をもっているのだろう。それを調べるために、スタンフォード大学ＭＢＡ課程のおおぜいの学生に協力してもらった。まず学生たちに、インドでの実験について、説明した。そして少額、中額、高額のボーナス条件で、それぞれどんな成績が出たかを予測してもらったのだ。結果を知らない「事後予測者」たち（実験が終わった後で予測したから、こう呼ぶ）は、報酬が高いほど、成績も良かったはずだと予測した。つまりかれらは、巨額のボーナスが成績に与える影響については、読みを外したのだ。

この結果を見て、わたしは考えた。どうやら高いボーナスが逆効果になることは、人が自然に直感でわかるものではないようだ。そして、こと報酬という問題に関しては、直感的な推論に頼るのではなく、厳密な実証的調査を行なう必要がありそうだ。だが企業や取締役会が、報酬を設定するとき、直感に頼るのをやめて、代わりに実験データを活用するようになるとは思えない。じっさい、わたしはときどき企業幹部に研究の成果を披露する機会があるのだが、かれらは自社の報酬制度にどれほどの効果があるのかについて、ほとんど何も知らず、考えることもないうえ、報酬制度を改善する方法にも驚くほど関心がないようなのだ。[†]

＊企業が合理的だと信じこんでいる経済学者は、象牙の塔の外に出て働いたことが一日もないのではないかと、わたしは勘ぐっている。

†自分の直感を全面的に信頼している人たちを擁護すると、報酬と成績の関係は、そう簡単に解明したり、研究できるものではない。

「特別な人たち」は例外？

いまから数年前、まだ二〇〇八年の金融危機が起こる前のことだが、わたしはエリート銀行家の集団に招かれて、講演をしたことがある。会場は、大手投資銀行ニューヨーク支店の豪華な会議室。食べ物とワインは申し分なく、窓からの眺めも壮観だった。このときは当時手がけていた、さまざまなプロジェクトについて話したのだが、インドとＭＩＴで行なった、高額ボーナスに関する実験も、その一つだった。高いボーナスは逆効果を招くことがあるという説を一席ぶつと、全員がごもっともとばかりに、大きくうなずいた。ところが、この部屋のみなさんにも同じ心理効果が働いているとほのめかしたとたん、空気はがらっと変わった。かれらがムッとしているのが、手にとるようにわかった。ボーナスが、自分たちの仕事ぶりに悪影響を与えるなんてナンセンスだ、とかれらは頭ごなしにはねつけた。

そこで、ちょっとちがう方向から攻めることにした。聴衆の一人に立ってもらって、年度末が近づくたびに、職場の雰囲気がどう変わるか、聞いてみたのだ。「一一月と一二月の間は」とかれは言った。「仕事はほとんどはかどらないね。ボーナスや、その使い道のことで、みな頭がいっぱいだから」そこでわたしは、目前に迫ったボーナスに気をとられると、仕事がおろそかになることをわかってもらおうとしたのだが、かれらはとりつく島もなかった。酒が回っていたせいなのか。いや、そうではない。自分たちがボーナスをもらいすぎているかもしれないとは考えたくなかったのだろう（多作の作家でジャーナリストのアプトン・シンクレアも、こう言っている。「何かを理解しないことで給料をもらっている人に、その何かを理解させるのは、至難のわざだ」と）。

当然とも言うべきか、銀行家たちに実験結果を教えても、自分たちは「超」特別な存在だから関係ないと言わんばかりだった。ふつうの人とはちがって、追いつめられたときこそ、本領を発揮するというのだ。どう見ても、ふつうの人と変わらないように思えたが、もしかしたら本当にそうなのかもしれない。そこで、ぜひ確かめたいから、研究室に来てくれと誘った。だが多忙で高給取りの銀行家のことだ。とても実験に参加してくれるよう口説き落とせそうになかったし、ましてやかれらがやりがいを感じるほど高いボーナスを払えるはずもなかった。

高額報酬で働く、高い技能をもった専門職は、大きなプレッシャーにさらされたとき、じっさいにどんな成績をあげているのだろう？　ラチェリ・バーカン（イスラエルのベングリオン大学上級講師）とわたしは、これを調べようとした。銀行家を試すことはできないから、別のデータを使って調べられないだろうかと考えた。わたしはバスケットボールには疎いが、ラチェリはめっぽうくわしく、クラッチプレーヤーを研究してはどうかと提案してくれた。バスケットボールのクラッチプレーヤーというのは、試合終了間際に、ボールを鮮やかにゴールに沈める、花形選手のことだ。クラッチプレーヤーは、ほかの選手とはケタちがいの報酬をもらっている。そのうえ、試合の残り数分、数秒間という、ストレスとプレッシャーが最高潮に達するときに、とくにめざましい活躍をするという定評がある。

わたしたちは強豪として有名な、わがデューク大学男子バスケットボール部の名コーチ、マイク・シャシェフスキー（通称「コーチK」）の力添えを得て、プロコーチに集まってもらい、NBA（アメリカのプロバスケットボール・リーグ）のクラッチプレーヤーを選び出してもらった（だれがクラッチプレーヤーで、だれがそうでないかという点で、コーチたちの見方はほぼ一致した）。次にわたしたちは、選び出したクラッチプレーヤーの一人ひとりについて、NBAシーズンを通して最も大事な二〇試合を選び、そのビデオを見た（「大事」な試合は、試合終了時点で得点差が三ポイント以下だった試合とした）。それぞれの試合について、まず前半の最後の五分間という、プレッシャーがそれほどないときに、クラッチプレーヤーが何点得点したかを記録した。それからこの数字を、試合の残り五分間という、勝敗がかかり、ストレスが最高潮に達したときの得点数と比べた。同じ試合に出場していたその他の「ノンクラッチ」プレーヤー全員についても、同じようにして得点数を記録した。

その結果、何がわかっただろう？　ふつうの選手は、ストレスが低いときも高いときも、得点数はほとんど変わらなかった。ところがクラッチプレーヤーは、試合の残り五分間になると、得点数がぜん増えたのだ。ここまでの結果は、クラッチプレーヤーが、そしてひいては銀行家が、特別な存在だということを裏づけているように思えた。高い専門的技能をそなえた人は、プレッシャーにさらされたときにこそ本領を発揮するという説は、本当なのかもしれない。

しかし――そう来ると思ったろう？――試合の残り五分間に、NBAのクラッチプレーヤーが得点数を増やす方法は、二つある。シュートの成功率を上げる（精度を高める）か、成功率はそのままにシュートの数を増やす（技術を高めるのではなく、回数を増やす）かだ。そこでじっさいのところ、シュートの精度が高まったのか、回数が増えただけなのかを、個別に調べてみた。結果、どうだったか。クラッチプレーヤーは、試合終了間際に技術が向上したのではなく、シュートの回数が増えただけだったのだ。かれらのシュートの成功率が、最後の五分間に上がったわけではなかったし（つまり精度が向上したわけではない）、ほかの選手の成功率が下がったわけでもなかった。

さてあなたはいまこう思っているだろう。クラッチプレーヤーは、試合終盤になるとガードが厳しくなるから、思ったほど成績が上がらないのだと。もちろん、それもぬかりなく確かめてある。クラッチプレーヤーがファウルされた回数と、フリースローの成功率を調べたのだ。すると、ここでも同じパターンが見られた。厳重にガードされたクラッチプレーヤーは、ファウルされた回数と、フリースロー・ラインからシュートした回数は増えたが、シュートの成功率は変わらなかった。クラッチプレーヤーがとびきり優秀な選手だということは、もちろん疑う余地もない。だがわたしたちの分析を見る限り、通説とは裏腹に、試合の最後のいちばんの勝負どころでかれらの成功率が上がるわけではなかったのだ。

もちろん、NBAプレーヤーを、銀行家と同列に考えることはできない。NBAは、金融業界より、ずっとえり抜きの集団だ。プロバスケットボール選手になれるほどの才能がある人は、ほんのひと握りだが、銀行家はたくさんいる。それに前に見たとおり、高いインセンティブがよい結果を生みやすいのは、認知スキルよりも、身体能力が要求される仕事だ。NBAプレーヤーは、当然どちらの能力も駆使しているが、バスケットボールの試合は（少なくとも銀行業務に比べれば）、知的活動というよりは、身体活動に近い。こうしたことを考え合わせると、肉体作業を伴わない、より繊細で複雑な能力が求められる仕事をしている銀行家が、ここいちばんの勝負どころで決める、「クラッチ」能力を発揮するのは、さらにむずかしいということになる。そのうえ、バスケットボール選手でさえ、追いつめられたときに能力が高まるわけではないことを考えれば、銀行家がここぞというときに好成績を叩き出すとは、なおさら思えない。

ボーナス減額勧告

二〇〇四年に業界紙《アメリカン・バンカー》がニューヨーク・パレス・ホテルで主催した、毎年恒例の授賞晩餐会の席で、ある連邦議会議員が、莫大なボーナスの是非を問うスピーチを行なった。当時、下院金融委員会に名を連ねる民主党の有力議員だった、マサチューセッツ州選出のバーニー・フランクは、「お招きにあずかり、厚く御礼申し上げます」的な、よくいるおべっか使いの演説者とはまるでちがった。開口いちばん、こうぶちかましたのだ。「銀行を経営するみなさんは、それほどの報酬をもらいながら、さらにボーナスまで上乗せされなければ、正しいことができないというのですか？」この問いかけに、場内は静まり返った。そこでかれは、たたみかけるように言った。「金に釣られなければ、自分の職務さえ果たせないっていうんですか？　わからないなあ。そういう行動が、平社員にどんなメッセージを伝えていると思いますか？　みなさんは組織の要として、トップに立っている。そのみなさんが、そんな給料じゃ足りない、もっと報酬をもらわなければ、職務を全うできない、と宣言してるようなものじゃないですか」

予想どおり、かれが一席ぶった後、二つのことが起こった。いや、起こらなかったというべきか。一つには、だれ一人として、この問いかけに答えた人はなかった。二つめは、スタンディングオベーションは起こらなかった。だがフランクの発言は、核心をついている。そもそもボーナスは、株主の金から支払われているのに、高額の報酬制度の効果は、よくわかっていないのだ。

スピーチ初級講座

じつのところ、ここいちばんというときに、実力を発揮できないどころか、失敗してしまうという経験は、だれにでもある。たとえばＳＡＴ（大学進学適性試験）のような、全国共通テストの成績を考えてみてほしい。模擬試験の成績と本番の成績は、どれくらいの点差があっただろう？　あなただってご多分に漏れず、模試の方が本番より良かったのではないか？　本番では「良い得点をあげなければ」というプレッシャーが裏目に出て、かえって成績が下がってしまったと考えられる。

同じことが、人前でのスピーチについても言える。スピーチの練習をするとき、ほとんどの人は、職場で練習する分には全然あがらない。ところがいざ、おおぜいの人の前に立つと、計画どおりに行くとは限らない。いいところを見せようという過剰な気負いがわざわいして、失敗することがあるのだ。スピーチ恐怖症が、恐怖度で言えばクモ恐怖症にひけをとらないのも無理はない。

わたしも教授という仕事柄、ほかならぬこの気負いのせいで、これまで何度も失敗している。かけだしの研究者だったころは、人前で話すのが苦手でしようがなかった。当時ある学会で発表したとき、並みいる教授陣を前に、どうしても身ぶるいが止まらなかったことがある。映し出されたスライドの重要部分を、レーザーポインタで指し示そうとするたびに、ポインタの光が巨大なスクリーン中を暴れまわり、おかしなライトショーになってしまった。もちろん、そのせいでますますあがってしまい、結局レーザーポインタなしで、発表しなくてはならなかった。それでも時と経験を重ねるうちに、少しずつだが人前でうまく話せるようになり、最近ではそう失敗することもなくなった。

ところが、だ。ここ何年も、スピーチでとくに困るようなことはなかったのに、ついこの間、ぶざまな失敗をしてしまった。人前に出るプレッシャーが大きすぎて、研究仲間もたくさん集まる大きな会議で、講演をしくじってしまったのだ。フロリダ州オーランドで開かれた会議のあるセッションで、わたしは三人の研究仲間と、順応に関する最新研究を報告することになっていた。ちなみに順応とは、人が新しい環境に慣れるプロセスをいう（この現象は、第6章でくわしくとり上げる）。わたしはこの分野でいろいろ研究をやっているが、このときは研究結果を報告するかわりに、自分が肉体の損傷に順応した体験談や、そこから学んだ教訓を、一五分ほど語る予定だった。何度か練習したし、話す内容もちゃんと頭に入っていた。テーマがふつうの学会講演で話す内容に比べて、個人的な色合いが濃いという点を除けば、これまでのほかの講演とそう変わりはなかった。ところがふたを開けてみると、計画とはまるでちがう現実が待っていた。

わたしは落ち着いて話し始め、まず講演の目的を説明した。ところが、病院での体験を語り始めたとたん、自分でもぎょっとすることに、涙ぐんでしまい、気がつくと一言も話せなくなっていたのだ。あせったわたしは、聴衆と目を合わせないようにして、舞台の端から端まで一分ほどかけて歩きながら、何とか気を落ち着けようとした。それからもう一度試してみたが、だめだった。そこでまた歩き回ってから、もう一度話そうとしたが、やはり口を開いたとたん、泣き出しそうになった。

わたしにははっきりわかっていた。聴衆がいたせいで、感情的な記憶が押し寄せてきたのだ。そこで急きょ予定を変えて、個人的な話は抜きにして、自分の研究について話すことにした。これが奏功して、どうにかこうにか発表を終えることができた。だがこの経験は強烈な印象を残した。感情がプレッシャーと組み合わさると、スピーチ能力がこれほど阻害されることを、わたしはまったくといっていいほど予測できなかったのだ。

わたしの人前での失敗にヒントを得て、ニーナ、ユーリ、ジョージとわたしは、別の実験を考案した。今回の実験のねらいは、人前に出るプレッシャーという要素が、どのような影響を与えるかを調べることだった。

実験では、シカゴ大学の学生八人ずつに、三問ひと組のアナグラム（文字の並び順を変えて、別の言葉にする遊び）を、一三組解いてもらい、正答した数に応じて報酬を支払った。たとえば、左の意味のない単語の文字を並べ替えて、意味のある単語を作ってみよう（側註を見ないでやること）＊。

1. SUHOE
あなたの答え〔　　　　　〕

2. TAUDI
あなたの答え〔　　　　　〕

3. GANMAAR
あなたの答え〔　　　　　〕

実験協力者は一三組の問題のうち八組は、人目のない作業スペースで、一人っきりで解いた。残りの五組は、立ち上がって部屋の前まで歩いていき、ほかの実験協力者から丸見えの、大きな黒板で解いた。こうやって人前でアナグラムを解くときには、よい成績をとることが、とくに大切だった。成績に応じて、報酬がきまるだけでなく（これは一人っきりで解くときと同じだ）、仲間の賞賛という社会的報酬を勝ちとれる（または人前で失敗して恥をかく）かどうかがきまったからだ。では人前で解いたとき、つまりよい成績をとることがより重要だったときと、一人のとき、つまりよい成績を出したいという社会的モチベーションがなかったときとでは、どちらの方がたくさんアナグラムを正答しただろうか？　もうわかるだろう。そう、一人で解いたときの正答数は、人前で解いたときの二倍近かったのだ。

これに関連する例として、精神分析学者で、強制収容所を生き延びたヴィクトール・フランクルが、社会的プレッシャーが緊張を高めるという現象について説明している。フランクルは著書『〈生きる意味〉を求めて』（春秋社）で、慢性的吃音症（どもり）の患者について書いている。この気の毒な男性は、どんなにがんばっても、吃音を直すことができなかった。じっさい、かれが人生で吃音が出なかったのは、たった一度だけ、一二歳の時のことだった。ある日かれはお金をもたずに市電に乗ってしまった。そこで、吃音に苦しんでいることで車掌の同情を引いて無賃乗車を見逃してもらおうとして、わざと吃音で話そうとした。ところが、このときばかりは、「つっかえずに話そう」という動機づけがなかったために、吃音で話せなかったのだ！　これと関連して、フランクルは発汗恐怖症の患者について、こうも言っている。「かれは汗をかくのではないかと思うと、（発作をおそれる）予期不安だけで、ぐっしょり汗をかいた」言い換えれば、患者は汗をかきたくないという、強い社会的動機づけをもっていたからこそ、皮肉なことに、ますます汗をかいた。経済学用語で言えば、「パフォーマンスが低下した」のだ。

ちなみに社会的プレッシャーで緊張して失敗するのは、なにも人間だけではない。わたしたちの仲間の動物たちも、同じような試練にさらされている。われらが嫌われ者、ゴキブリもそうだ。ゴキブリは、とりわけ興味深い研究で堂々主役を務めた。一九六九年にロバート・ザイアンス、アレグザンダー・ハインガートナー、エドワード・ハーマンは、ゴキブリがいろいろな課題をこなす速さが、二つの条件の下でどうちがうかを調べた。一方の条件では、ゴキブリは仲間から離され、一匹だけにされた（「単独」条件）。もう一方の条件では、仲間のゴキブリ一匹という観客がいた。この「社会的」条件では、ゴキブリが課題をこなすのを、観客のゴキブリが、プレキシガラスの窓からじっと見つめていた。二

＊答えは順に、HOUSE　AUDIT　ANAGRAMだ。もう一問、お楽しみ問題をどうぞ（意味を変えずに、文字の順番だけ変える、という条件つきで）。
OLD WEST ACTION（懐かしの西部劇）――あなたの答え〔　　　　　　〕（答えは七七ページ）

匹はお互いを見ることも、においを嗅ぎ合うこともできたが、直接触れることはできなかった。

さて、ゴキブリがとりくんだ課題は、二つあった。一つはわりあい簡単な、まっすぐな通路を走り抜けるというもの。そしてむずかしい方の課題は、少々複雑な迷路を進むというものだった。予想どおり（まあ、ゴキブリについて、何か予想をもっているとしてだが）、ゴキブリたちは通路を走り抜けるという単純な課題では、ほかのゴキブリが見ていたときの方が、課題をこなす速度がずっと速かった。ほかのゴキブリが目の前にいたせいで、がぜんやる気が高まり、おかげでよい結果が出せた。ところがやや複雑な迷路の課題では、観客の存在がかえって邪魔になって、思うように前に進めず、単独で同じ課題をやった時より、ずっと時間がかかってしまったのだ。社会的プレッシャーも、ここではよい方向に働かなかった。

ゴキブリもあがることを知ったからといって、親近感はわかないかもしれない。それでもこの実験は、いいところを見せたいという強い思いが、裏目に出がちなことを、はっきり示している（それに、人間とゴキブリに、何か重要な共通点があることも暗示している）。結局のところ、よい結果を出したいという過剰なモチベーションは、電気ショックによっても、高い報酬、社会的プレッシャーによっても引き起こされる。そしてどの場合でも、実力以上にがんばらなくてはならない正念場では、人間もその他の動物も、思うような成績が出せないようなのだ。

ではどうするか？

こうした研究結果から、報酬やインセンティブの最適な水準を探しあてるのは、とてもむずかしいことがわかる。ヤーキーズとドッドソンが提唱した逆U字型の関係は、たいていの場合にあてはまるように思える。だが成果を左右する要因は、もちろんほかにもある。たとえば課題の性質（難易度）や、本人の性格（結果を気にするか、ストレスを感じやすいか）、課題にとりくんだ経験（どれだけ練習を積んでいるか、どれだけ楽にこなせるか）などが考えられる。どっちにしろ、二つのことはわかった。最適な報酬制度を設計するのは至難のわざで、高い報酬がすばらしい成績に結びつくとは限らないということだ。

ここではっきりさせておきたいのだが、こういう結果が出たからといって、仕事や貢献に対して報酬を支払うのはやめるべきだと言っているわけではない。だが、報酬をどのように与えるかによって意図しない強力な影響が生じることがあるのは、まちがいない。企業の人事部が報酬計画を設計するとき、ふつう二つのねらいがある。職務にふさわしい人材を引きつけることと、社員にベストを尽くそうという意欲をもたせることだ。この二つの目的が大事だということ、そしてこれらの目的を達成する上で給与が（これからの章でとり上げるように、各種手当、誇り、意味などとともに）重要な役割を果たしていることについてては、疑問の余地はない。問題は、どのような報酬を与えるべきかということなのだ。報酬によっては、たとえば巨額のボーナスなどは、過剰な緊張を引き起こし、それがストレスとなって、成績にひびくことがある。

高い報酬は、どんなふうにして行動を変え、成績に影響をおよぼすのだろう。これを実感するために、ちょっと頭の中で考えてほしい。いまから七二時間以内に、とびきり独創的な研究プロジェクトのアイデアをもってきてくれたら、大金、そう、一〇万ドルを支払おう。これを聞いて、あなたの行動はどう変わるだろうか？　たぶん、いつもの予定を変更するだろう。電子メールなんか放っておくし、フェイスブックをチェックしたり、雑誌をぼんやり眺めたりするのもやめる。きっとコーヒーをがぶ飲みして、寝る間も惜しんで考えることだろう。ひょっとすると、オフィスで徹夜するかもしれない（わたしも時々やるが）。要するに、働く時間を増やすのだ。でもこういうことをやったからといって、創造力が高まるのだろうか？

仕事時間が増えるという以外に、あなたの思考プロセスは、この勝負どころの七二時間に、どう変わるだろう。創造性と生産性を高めるには、どうすればいいのだろう？　まぶたをきつく閉じる？　山頂を思い浮かべる？　唇をきゅっとかみしめる？　深呼吸をする？　いや、瞑想か？　そうすれば、雑念を追い払える？　タイプ打ちが速くなる？　とことん突きつめて考えられる？　こういうことをやって、本当に高い成果が得られるのだろうか？

これはただの思考実験だが、大金をちらつかされても、労働時間は増えこそすれ（だからこそ単純な機械的作業がからむ場合には、高い報酬がとても効果的なのだが）、創造性は高まらないことが、わかってもらえただろうか。高い報酬はむしろ、逆効果を生むこともある。金銭的なインセンティブが、脳が生み出すものの質に与える影響は、そう単純ではないからだ。おまけに、最高の結果を出さなければとせっぱつまっているとき、わたしたちが自分の精神活動のどれだけを直接コントロールしているのかは、まったくわかっていないのだ。

次にこれを考えてほしい。あなたは重大な救命手術を受けることになった。医療チームにとてつもなく高い成功報酬を約束すれば、手術が成功する確率が格段に高まると思うだろうか？　手術の最中に、外科医と麻酔医が、ボーナスが手に入ったらヨットを買って…なあんて夢想することにならないだろうか？　たしかに、ボーナスをなんとしてでも手に入れたいという意欲は、確実に高まるだろう。でも、それが手術の成功に、本当に結びつくのか？　それよりも、目の前の課題に、精神力のすべてを注ぎこんでほしくないか？心理学者ミハイ・チクセントミハイが「フロー」と呼ぶ状態、つまり目の前の課題に完全に没頭、集中し、それ以外のことが目に入らない状態にあるときの方が、ずっと高い能力を発揮できるのではないか？　あなたはどうだか知らないが、わたしなら断然、思考力や集中力、認知スキルが求められる大事な仕事は、フローの状態にある医師に任せたい。

生へのこだわりは諸刃の剣

ショーン・コネリーとリチャード・ギアが主演した一九九五年の映画『トゥルーナイト』を見た人はいるだろうか？　この映画は、「はりきりすぎが裏目に出る」という問題に対処するには、こんな過激な方法もあると教えてくれる。リチャード・ギア扮するサー・ランスロットは、決闘で日銭を稼ぐ、さすらいの剣士だ。映画の最初の方で、ランスロットは剣術の道場を開いて、腕試しに来た村人たちに、気の利いたアドバイスをしている。ランスロットは、自分よりうまい剣士はいないのかと、呼びかける。金貨でジャラジャラ鳴っているこの袋を勝ちとろうという者はいないのか？

とうとう金髪長身のマークという男が、意を決して名乗りを上げた。二人はしばし激しくぶつかり合うが、そこはやはりランスロットが、マークの剣を目にもとまらぬ速さでとり上げてしまう。マークはうろたえた。いったいどんな技を使ったのか、何か秘訣があるのか。ランスロットはにこやかに微笑み、それが自分の流儀なのだ、秘訣などなにもないと答える（後でわかるように、精神的な秘訣はあるのだが）。どういう手を使ったのか教えてほしいとつめ寄るマーク。ランスロットはしばらく黙っていたが、三つのアドバイスを与えた。一つ、対戦相手をよく観察して、動き方や考え方を知ること。二つ、試合の勝敗を分ける瞬間を見きわめ、そこで本気を出すこと。ここまで、マークは俺にもできるとばかりに、喜々として微笑み、うなずきながら聞いている。だが最後の助言は、そう簡単には従えないものだった。ランスロットは熱心に聞き入る弟子に、「生死を気にしているようではだめだ」と、言い放った。驚いてかれの顔を見つめるマーク。ランスロットは寂しそうに微笑み、中世のカウボーイのように、夕日の中へと去っていくのだった。

このアドバイスから考えるに、ランスロットが負け知らずなのは、その時々のストレスを意識的に排除する方法を身につけたからなのだろう。生死を顧みなければ、戦いを妨げる邪念がなくなる。戦いを生き抜くことにこだわらなければ、心を曇らせ、能力を左右するものはなくなり、集中して反射神経を研ぎ澄ませて戦えるのだ。

ささいな決定と重大な決定について一言

わたしのような研究者が行なう実験は、ほとんどが模擬実験だ。おまけに大半が、短期間で終わり、それほど大きな利害がからまない、単純な意思決定に関わる実験だ。伝統的な経済学者は、わたしたちの模擬実験が導く答えが気にくわないものだから、そんな結果は現実の世界には当てはまらないと、しょっちゅう文句をつけてくる。「もっと大きな利害がからみ、人々がもっと真剣にとりくむような重大な決定では、まったく違う結果が出るはずだ」と。でもこの言い分を真に受けると、まさに生死に関わる決定が下される緊急救命室に運びこまれる患者は、いつでも最高の治療を受けられるということになる（そのとおりだという人は、あまりいないと思う）。経験的証拠がないのだから、模擬実験がこんな批判を受けるのも、無理はない。それに、単純な模擬実験の結果に限らず、どんな結果についてもうのみにせず、健全な懐疑心をもつのはよいことだ。そうは言っても、なぜ単純な決定や行動の根底にある心理メカニズムが、もっと複雑で重大な決定の根底にあるものと同じでないと言いきれるのか、わたしには納得できない。

そう考えると、本章で紹介したさまざまな研究の結果を見る限り、不合理かつ望ましくない行動をとろうとする人間の性向は、より重大な決定がからむとき、一層強まる可能性がある。インドでの実験でも、さほど大きくないインセンティブを与えられた実験協力者は、標準的な経済理論がこうなるだろうと予測するとおりの行動をとったが、インセンティブがいちばん高い、ここいちばんの大事な場面では、標準的な経済理論が予測するような行動をとらなかったのだ。

以上を考え合わせると、わたしたちはひょっとすると、努力すればするほど合理的でなくなるのだろうか？　もしそうなら、過剰なストレスを与えずに効果的に報酬を与える方法とは、どんなものだろう？　簡単な方法がひとつある。ボーナスの金額を抑えるのだ。でもわたしが出会った銀行家たちが、喜んで受け入れるとは思えない。もうひとつ、実績給を廃止して、固定給にするという手もあるが、これには不都合な点もある。過剰なモチベーションの弊害はたしかになくなるが、実績給のよい面まで帳消しになってしまう。もっといいのは、実績給の、意欲を高める要素を残しながら、無意味なストレスを軽減することだ。たとえばボーナスを何度かに分けて、少額ずつ支給するとか、ボーナスの算定基準を長くして、過去一年間だけでなく過去五年間の業績に応じて支給するなど。こうすれば、たとえば算定期間の五年めに入った人は、（過去四年間の実績から）もらえるボーナスが八割方わかっているから、その年の成績をそれほど気にせずにすむ。

最高の成果を引き出すためにどんなやり方をとろうと、報酬、モチベーション、成績の関係について、さらに理解を深める必要があることは、はっきりしている。そして、わた

＊六九ページの問題の答え——CLINT EASTWOOD（クリント・イーストウッド）

したち人間の風変わりで不合理な面を考慮に入れることも、忘れてはいけない。

追伸——この章を、銀行家の友人たちに捧げたい。銀行家の給料について、わたしがどんな説をぶっても「喜んで」聞いてくれるうえ、まだ口をきいてくれるのだから。

第1章のまとめ

- 一般に報酬が高くなるほど成績も上がるように思われるが、高すぎる報酬は、逆効果になる場合がある。とくに単純な課題よりも、認知スキルが要求される課題の場合に、この傾向が強い。
- 金銭的報酬だけでなく、だれかに認められるといった社会的報酬についても同じことが言える。
- ここいちばんの正念場で、モチベーション過剰が裏目に出て、力を発揮できないという、人間の不合理性をふまえたうえで、最高の成績を生み出す工夫をしよう。

第2章
働くことの意味
レゴが仕事の喜びについて教えてくれること

この間カリフォルニアから乗った飛行機で、エリートビジネスマン風の三〇代の男性と隣り合わせた。わたしが席に着くと、にっこり微笑みかけてきたから、最近の飛行機は座席が狭いだとか、もろもろの不愉快ごとについて、おきまりの不満を語り合った。iPhoneの電源をオフにする前には、二人そろってメールをチェックした。飛行機が離陸すると、世間話を始めた。会話はこんな感じだった。

かれ　iPhone、どうですか?

わたし　いろんな点で気に入ってますよ。でも気がつくと、いつもメールをチェックしている……信号待ちでも、エレベーターでも。

かれ　そうなんですよねえ。ぼくもiPhoneにしてから、メールしている時間がずっと長くなっちゃって。

わたし　こういう技術のおかげで、仕事の効率がほんとに上がってるんでしょうかね。

かれ　おや、どんなお仕事をされてるんですか？

飛行機に乗って、隣に座った人と話し始めると、お互いまだ名前も素性も知らないのに、必ずと言っていいほど、仕事は何ですかと聞かれたり、逆に自分から教えてくれることも多い。もしかしたら、とくにアメリカに顕著な風潮なのかもしれないが、旅先で見かける人たちは――少なくともわたしが会話をする相手は――趣味や家族や政治的イデオロギーについて語るよりも、まずまっ先に、自分がどんな仕事をしているのかを語ることが多いようなのだ。

このとき隣り合わせた男性は、ＳＡＰの営業部長で、自分の仕事のことをくわしく教えてくれた。ＳＡＰは経営管理ソフトウェアの大手企業で、ここのソフトウェアを使って事務管理システムを運用している企業はとても多い（わたしがこの技術についていくらか知っていたのも、ＭＩＴがＳＡＰに乗り換えたせいで、わたしの哀れな悩めるアシスタントが、このシステムを使わざるを得なくなったからだ）。会計ソフトの問題点や利点について語るのは、正直気乗りがしなかったが、お隣さんの熱意についつい引きこまれてしまった。仕事が好きで仕方がないような、そんな印象を受けた。仕事が、かれのアイデンティティ（人格）の中核をなしているのだ。かれにとっては、生活のなかでも、仕事がとくに重要な位置を占めているのだろう。

アイデンティティと仕事が、深く結びついていることを、ほとんどの人が直感的に知っている。子どもたちは将来の仕事を考えるとき、「いくら稼げるか」ではなくて、「何になりたいか」（消防士、先生、お医者さん、行動経済学者など）、という点から考える。アメリカの大人の間では、初対面の相手と交わす言葉として、時代遅れの「はじめまして」よりも、「お仕事は何ですか？」が一般的になりつつある。つまり仕事が、自分らしさの重要な一部分になっているのだ。もはや仕事は、住まいを確保し、食べていくための手段というだけではない。自分の仕事に、誇りと生きがいを感じている人が多いように思われる。

仕事とアイデンティティが、これほど深く結びついているのにひきかえ、一般に経済学の基本的な労働市場のモデルは、労働者を迷路に入れられたラットのように扱う。仕事はわずらわしいものだから、ラット（人）はできるだけ労力をかけずに食料を手に入れ、できるだけ長い間満腹でいさえすれば満足するという前提なのだ。だがもし仕事がわたしたちに意味までも与えてくれるのなら、そのことは、人がなぜ働きたいと思うのか、その理由を知る手がかりにならないだろうか？　また、仕事への意欲と、仕事の意味、仕事の生産性の関係はどうなっているのだろう?

仕事から意味を奪う

あれは二〇〇五年のことだった。わたしがMITの研究室で、例によって例のごとく論文の査読にとりくんでいたとき、*ドアをノックする音が聞こえた。顔を上げると、茶色い髪におかしなヤギひげをはやした、見覚えのある丸顔の若者が立っていた。知っているのに、どうしても名前が思い出せない。そこでとりあえず、部屋に招き入れた。しばらくして、そうだ、デイヴィッドだと思い出した。何年か前にわたしの授業をとっていた、あの思慮深く洞察力にすぐれた学生じゃないか。また会えて、とても嬉しかった。

コーヒーを淹れて一息つくと、どういうわけでMITに舞い戻ってきたんだい、とたずねた。「ちょっとリクルートのために」とかれは言った。「新しい人材が必要になったもので」それから卒業後の数年間何をしていたのか、話してくれた。デイヴィッドはニューヨークの投資銀行で、やりがいのある仕事についていた。高い給料と、すばらしい特典つきの――なにしろ洗濯までやってくれるという――仕事を楽しみ、人がひしめく大都会での暮らしを気に入っていた。そのうえ、聞けばワンダーウーマンとマーサ・スチュワートを合わせたような女性とつき合っているという。まあ、つき合い始めてまだ二週間というから、無理もない。

「ほかにも、まだ話したいことがあるんです」とかれは言った。「何週か前のちょっとしたできごとで、行動経済学の授業を思い出したものですから」

その年のはじめ、かれは近々予定されていたある合併のために、一〇週間もかけてプレゼンテーションを準備した。データを分析し、見栄えのいいグラフや予測図を作り、パワーポイントのプレゼンテーション資料に磨きをかけた。深夜まで残業することもざらだった（それにしても、パワーポイントがなかった時代、銀行家やコンサルタントはいったい何をしていたのだろう？）。そのかいあって、われながら満足のいくものができあがった。かれはやる気もちで、パワーポイントのファイルを上司にメールで送った。重要な合併会議でプレゼンテーションをじっさいに担当するのは、この上司だった（デイヴィッドは地位が低いため、会議には出席できなかった）。

何時間かして、上司から返事が来た。「すまないデイヴィッド。昨日判明したのだが、合併は中止になった。だがきみのプレゼンテーションには、目を通させてもらったよ。じつに見栄えのする、すばらしい資料じゃないか。よくやってくれた」デイヴィッドは自分

＊研究者は論文を仕上げると、学術誌に投稿する。編集者は、それを何人かの査読者に送りつけて、批評的判断を求める。そしてそれをもとに、なぜその論文がものにならず、掲載されないのかという理由を論文の著者に申しわたすのだ。査読は、われわれ研究者が自らに課している苦しみの一つであり、また個人的には、学者生活に意味を見つけられない元凶の一つだと思っている。

の作った資料が、けっして日の目を見ないことを知った。他意はないことはわかったし、自分の仕事が輝きを放ったことも知っていた。上司は、大げさにほめたてるタイプではなかったからだ。だがどんなにほめられても、こんな結果になってしまったことに、心をかき乱された。今までの努力が、何の役にも立たなかったのだ。これをきっかけに、かれは仕事にわだかまりを感じるようになった。あれほど時間をかけたプロジェクトなのに、もうどうでもよくなった。その時とりくんでいた別のプロジェクトにも、前ほどの熱意をもてなくなった。じっさい、この「むだ働き」の経験をとおして、デイヴィッドの仕事全般へのとりくみ方や、銀行に対する考え方は大きく変わった。あの時を境に、仕事で役に立てて嬉しいという気もちが、何をやってもむだという、満たされない気もちに変わってしまった。

「おかしいと思いませんか?」とデイヴィッドは話し続けた。「ぼくは一生懸命仕事をして、完成度の高いプレゼンテーションを仕上げたし、上司がぼくにも、ぼくの仕事ぶりにも、満足していたことも知っていた。プロジェクトに貢献したことで、とても高い評価がもらえるのは確実だし、年度末になれば昇給が期待できるでしょう。だから、ふつうに考えれば、喜ぶべきなんです。それなのに頭の片隅では、自分の仕事には何の意味もないという思いを、ふり払えずにいる。いまとりくんでいるプロジェクトも、締め切りの前日に打ち切られたらどうする?　今度もまた、仕事が一度も日の目を見ずに、葬り去られてしまったら、って」

デイヴィッドは、こんな思考実験をもちかけた。「考えてみてください」とかれは低い、悲しげな声で言った。「先生はどこかの会社に勤めていて、仕事はパワーポイントのスライド作りです。仕事を終えるたびに、だれかが仕上げたばかりのスライドを持ち去って、消去してしまう。給料はよくて、福利厚生がめちゃくちゃいいんです。洗濯までやってくれるんですよ。でもこういうところで働くのは、幸せだと思いますか？」

わたしはデイヴィッドを気の毒に思った。なんとか励ましてやりたくて、友人のデヴラの話をした。彼女は大手の大学出版局で、フリーの編集者として働いている。ついこの間、歴史本の編集を終えたところだ。仕事はやりがいがあったし、報酬も受けとった。ところが出版局に最終稿を提出してから三週間後、この本は出版しないことに決めたと、編集長に申しわたされた。デイヴィッドとまったく同じ状況だ。ふつうに考えれば、何の問題もない。なのに、読者に本を手に取ってもらえないというだけで、編集に費やした時間と労力を悔やむようになったのだ。この話をすることで、ほかにも同じ経験をしている人がいることを、デイヴィッドに教えてやりたかった。かれは一分ほど押し黙ってから、ようやく口を開いた。「ねえ先生、これはもっと大きな問題なんじゃないでしょうか。むだ働きや骨折り損は、奥が深い問題だ。先生、研究すべきですよ」

すばらしい思いつきだ。わたしがどうしたかは、これから説明する。でもその前にちょっと寄り道をして、インコと、ラットと、「コントラフリーローディング」の世界に、足を踏み入れてみよう。

「たかりではありません」

わたしは一六歳の時、イスラエル治安警備隊に入隊した。そこで、第二次世界大戦時代のロシア製カービン銃の撃ち方から、バリケードの築き方まで、実用的なスキルを叩きこまれた。大人の男たちが戦場に行き、若者が銃後を守ることになったときのためだ。結局、銃の撃ち方を学んでよかったのは、ときたま大手を振って学校をさぼれたことぐらいだった。当時イスラエルでは、高校の授業で旅行に出かけるときは、ライフルを扱える生徒が、護衛として付き添うきまりになっていたのだ。このお役目を頂戴すると、授業に出る代わりに、何日か自然の中でゆったりハイキングを楽しめたから、いつも喜んで志願した。そのせいで試験を受けられなくなっても、ちっともかまわなかった。*

そんな旅行の一つで、わたしはある女の子に出会い、旅行が終わるころにはすっかり熱を上げていた。残念なことに、彼女は学年が一つ下で、授業で一緒になれなかったから、なかなか会って気もちを確かめられなかった。そこで、ふつうに目端の利くティーンエイジャーなら、だれでもやりそうなことをやった。彼女が課外でやっている活動を調べて、そこに顔を出したというわけだ。

二人の住む街から二キロほど離れたところに、「バードマン」というあだ名の男性が住んでいた。ホロコーストの間、東欧にいたかれは、みじめで孤独な子ども時代をすごしたが、ナチから身を隠して森に潜んでいる間、動物や鳥たちにとても慰められたという。ようやくイスラエルにたどり着くと、子どもたちには自分よりずっと楽しい思いをさせてやりたいと、世界中から鳥を集めて、驚くべき鳥の世界を体験させてくれた。わたしの好きだった女の子は、このバードマンの鳥小屋でボランティアをしていたのだ。わたしもちゃっかり加わって、一緒にケージを掃除したり、鳥にエサをやったり、やって来た客に鳥の説明をしたりしてすごした。なかでもすばらしかったのは、鳥が卵からかえって、育っていき、やがて鳥同士や客たちと心を通じ合わせる様子を、間近で見られたことだ。何ヶ月かすると、彼女とはうまくいかないことがわかったが、鳥たちとはうまくいっていたから、その後もしばらくはボランティアを続けた。

それから何年かたって、いちばん大変な入院期間が終わったころ、わたしはインコを飼うことにした。大きめの、とてもかしこいメスのムジボウシインコに決めて、ジャン・ポールという名をつけた（なぜだかメスのインコには、フランスの男性名がぴったりだと思ったのだ）。ジャン・ポールは、じつに美しい鳥だった。羽は大部分が黄緑色で、羽先に

＊最近ではこの手の旅行には、ちゃんとした大人が同行することになっている。

ちょっとだけ水色と、黄色、赤がのぞいていた。一緒にとても楽しい時間をすごした。ジャン・ポールは、鳥かごのそばにやって来た人に話しかけて、じゃれるのが大好きだった。わたしが鳥かごのところに行くと、そばに寄ってきて、頭を低く垂れて首のうしろを差し出し、なでてくれとせがんでくるので、首の羽を逆立ててやりながら、赤ちゃん言葉で話しかけた。シャワーを浴びていると、バスルームにやって来て、その辺にちょこんと止まるから、しぶきをかけてやると、嬉しそうに体をぶるぶる震わせるのだった。

ジャン・ポールはめっぽう社交的な鳥で、ケージで長い間放っておかれると、自分の羽をむしろうとした。これは退屈したときの仕草だ。インコには、とくに知的活動にとりくみたいという、切実な欲求があるらしかった。そこで、特別にインコの気を紛らわせるために作られたおもちゃを、いろいろ買ってやった。その手のパズルの一つ、「シーカトリート」は、大きさのちがうカラフルな積み木を、ピラミッド状に重ねて真ん中にひもを通したものだ。積み木を少しずらすと、一センチほどの深さの「おやつの泉」が見え、ここにインコの大好物のおやつを入れるようになっている。おやつを手に入れるには、積み木をもち上げて、おやつを見つけなくてはならないのだが、インコにはこれがけっこうむずかしい。ジャン・ポールが好奇心や周囲への関心をずっと失わずにいられたのは、シーカトリートなどのおもちゃのおかげだった。

そのころは知らなかったのだが、シーカトリートは、じつはある重要な概念をもとに作られたおもちゃだった。「コントラフリーローディング」（逆たかり行動）がそれだ。これは動物心理学者グレン・ジェンセンの造語で、動物は手近の皿に載せられた、何もしなくても手に入る食べ物を食べるより、たとえ同じ食べ物であっても、自分の手で獲得することを好む、という考えをいう。

食べ物を自分の手で獲得する喜びがどんなものかを、よりよく理解するために、時計の針を一九六〇年代に戻してみよう。このころジェンセンは、成熟したオスのシロネズミを使って、労働意欲を調べるための実験を初めて行なった。あなたはジェンセンの実験に参加したネズミだ。小さなネズミの仲間たちと、なんということもない檻の中で、なんということもない生活を送り始める。一〇日の間、毎日きっかり正午になると（正午かどうかは知るよしもないが、そのうちおおまかな時間がわかるようになる）、白衣を着た感じのいい男性がやってきて、ピュリナ社の実験室用クラッカーを細かく砕いたものを、一〇グラムずつくれる。このパターンが何日か続くと、あなたは正午になると食べ物を期待するようになる。感じのいい男性が姿を見せる直前に、小さなおなかが鳴り出す。まさに、ジェンセンの思うツボだ。

あなたの体が、正午にクラッカーを食べるよう条件づけられたとたん、いきなり事情が変わる。極限のはらぺこ状態なのに、エサをもらえず、もう一時間しんぼうさせられるのだ。一時になると、例の男性につまみ上げられて、明るく照らされた「スキナー箱」に入れられる。あなたはもうぺこぺこだ。著名な心理学者B・F・スキナーが開発したこの箱は、一見すると、あなたが前に入っていたようなふつうの檻だが、あなたが知らない特徴が二つある。まず、自動エサやり機がついていて、そこから三〇秒ごとにエサが出てくる。やった！　それから、どういうわけかブリキのカバーで覆われたバーがとりつけられている。

最初あなたは、バーには関心を示さず、エサやり機の方が断然いいから、その前に陣取る。エサやり機は二五分もの間、ペレット（固型のエサ）をいくつも出してくれた。つごう、五〇個のペレットを食べたところで、檻に戻され、一日の食事はこれでおしまいだ。

次の日、またお昼時になってもエサがもらえず、午後一時になって、ようやくスキナー箱に移される。あなたははらぺこで、しかもふきげんだ。なんとエサやり機から、エサが出てこないのだ。どうしよう？　スキナー箱の中をうろうろ歩き回り、バーの横を通ったとき、バーからブリキのカバーがとり外されていることに気づいた。たまたま何かの拍子で体がバーにぶつかると、ペレットが出てきた。すごいぞ！　もう一度バーを押してみる。わあ、やったあ！　もう一個出てきた。何度も何度も押して、きげんよく食べていると、それまで点灯していた天井のライトが消え、それと同時に、バーを押してもペレットは出てこなくなった。どうやらライトが消えているときは、どんなにバーを押してもエサは出てこないようだ。

ちょうどその時、白衣の男性が箱のてっぺんを開けて、すみっこにブリキのコップを置いた（あなたは知らないが、コップにはペレットがどっさり入っている）。あなたは、コップには目もくれない。エサを出したい一心で、しつこくバーを押し続けている。だが何も起こらない。ライトが消えているのだから、バーを押してもしょうがないのだ。あなたはラットの小声で悪態をつきながら、箱を歩き回り、ブリキのコップのところにやってきた。「おやまあ！」あなたはつぶやく。「ペレットが山盛りじゃないか！　ただめしだ！」さっそくむしゃむしゃ食べ始める。ところがこの時、パッとライトがつく。そこであなたは、二つの食料源があることに気づくのだ。ブリキのコップから、ただめしを食べ続けてもいいし、バーのところに戻って、自力でペレットを出してもいい。ラットのあなたは、どっちを選ぶだろう？

あなたが、ジェンセンの研究で使われた二〇〇匹のラットの大多数と同じなら、満腹になる前に、ブリキのコップから食べるのをやめるだろう。そのうちに元の場所に戻って、エサを求めてバーを押し始める。またこの実験では、ラットの四四％が、食べたペレットの半分以上を、バーを押して自力で取り出した。おまけに、いったんバーを押し始めると、ただめしがたっぷり入っているコップには、なかなか戻ろうとしなかった。

ジェンセンの研究の結果、魚、鳥、スナネズミ、ラット、ハツカネズミ、サル、チンパンジーなど、多くの動物が、短い直行ルートでエサを得るより、長い迂回ルートを通ってエサを手に入れる方を好むことがわかった*（その後行なわれた多くの実験も、これを裏づけている）。つまり、魚、鳥、スナネズミ、ラット、ハツカネズミ、サル、チンパンジーは、極端な重労働が必要でないかぎり、自分で食いぶちを「稼ぎ」たがることが多かったのだ。じっさい、これまでテストされた動物のうち、てっとり早い道を選んだ唯一の動物は、そう、見事なまでに合理的なネコだった。

ここで、インコのジャン・ポールの話に戻ろう。もしジャン・ポールが、できるだけ労力をかけずにエサを手に入れることにしか関心のない、経済合理的な鳥だったら、ケージのエサ箱に入っているエサだけを食べて、シーカトリートには目もくれなかっただろう。でも彼女はそうせずに、シーカトリート（やその他のおもちゃ）で、飽きもせずに遊び続けた。なぜだろう？　それはおもちゃで遊べば、エサを自分の手で獲得して、有意義な時間をすごすことができたからだ。ジャン・ポールはただ漫然と生きているのではなく、何かを習得していた。そして、ある意味ではまさに、生計を「稼いで」いたのだ。†

逆たかり行動という概念は、「生きものは、報酬を最大化し、労力を最小化するような行動をつねに選ぶ」という、単純な経済観になじまない。この教科書的な経済観からいくと、労力を含むどんなものを費やしても「コスト」になってしまう。それに、生きものが自分から進んでコストをかけようとするのは、まったく筋がとおらないことになる。同じエサをただで、しかももっとたくさんもらえるかもしれないのに、なぜ働く必要があるのだ？

わたしは逆たかり行動のことを、合理的な経済学者の友人に教えたことがある（そう、まだ何人かは友人でいてくれるのだ）。かれはすかさず、ジェンセンの研究結果はじつのところ、標準的な経済学の考え方と矛盾しないのだと反論した。そしてこの研究が、経済学の問題にはあてはまらない理由を、根気よく説明してくれた。「わかるかな」とかれは、幼い子でもさとすように言った。「経済理論はね、ラットやインコじゃなくて、人間の行動に関する理論なんだ。ラットの脳みそは非常に小さくて、大脳新皮質はほとんど存在しないも同然だから、‡こういった動物は、ただでエサがもらえることに気がつかないのさ。ただ混同しているだけだよ」

＊親であるわたしは、子どもにちゃんと食べさせるためのカギが、ここに潜んでいるとにらんでいるのだが、それが何なのか、まだつきとめられずにいる。
†わたしが性懲りもなく料理に挑み続けているのも、ジャン・ポールと同じだ。わたしの作る料理は、客観的にいって、レストランで出される食事ほどうまくはないが、やりがいがあって楽しいから、作っている。
‡大脳新皮質は、脳の中で進化的に最も新しい領域で、ヒトの脳とその他の哺乳類の脳を区別する、最も大きなちがいの一つだ。

「とにかく」とかれは続けた。「ふつうの人間を相手に、ジェンセンの実験を再現しても、その逆たかり行動とかいう現象は見られないはずだ。それに、経済学者を相手に実験をやったら、だれも必要以上に働かないことは、俺が保証する！」

かれのいうことにも一理あった。だがわたしは、こうした動物の実験から、わたしたちの仕事との関わり方について一般論を引き出せるはずだと考えていた。またその一方では、人間の大人を対象に、逆たかり行動の実験ができそうだということも（そして経済学者を相手に実験をすべきでないことも）、明らかだった。

あなたはどう思うだろう？　人間は一般に、逆たかり行動を示すだろうか、それとも、より合理的な行動をとるだろうか？　そして、あなたの場合はどうだろう？

ささやかな意味

デイヴィッドが研究室を出ていってしまうと、わたしはかれとデヴラの抱いていた失望感に思いをめぐらせた。仕事の成果を見てくれる人がいなくなったことが、二人のやる気を大きく削いでしまった。給料以外に、いったい何が、仕事に意味を与えるのだろう？　仕事に集中してとりくんだという、ちょっとした満足感だろうか？　わたしたちは、ジャン・ポールのように、何であれ、自分がとりくんでいる課題そのものや、それを最後までやり遂げることに、やりがいを感じる（その結果、「ささやかな意味」が生まれる）のだろうか？　それとも、もっと大きなことにとりくむときにしか、意味を感じないのだろうか？　自分の生み出したものに、だれかほかの人、とくに自分の大切な人が、価値を認めてくれるかもしれないという期待が、仕事に意味を与えるのだろうか？　もしかすると、自分の仕事がいつかおおぜいの人の役に立つかもしれないという幻想が、わたしたちには必要なのかもしれない。この広い世界の中で、自分の仕事が多少なりとも価値を認められる日が来る、という幻想だ。おそらく、こうしたすべての側面が合わさって意味をなすのだろう。だが基本的には、意味の（たとえ「ささやかな意味」だったとしても）どんな側面であっても、わたしたちを行動に駆り立てる動機になるのではないだろうか。自己イメージと何らかの形で結びついていることをやっている限り、やる気が高まり、もっとがんばろうという気になるのだろう。

たとえば、執筆という仕事について考えてみよう。今となっては遠いむかしの話だが、このわたしにも、昇進を意識して学術論文を執筆していた時期があった。だがそのころのわたしでさえ、自分の学術論文が、何らかの形で世の中を動かすことを夢見ていた。今だってそうだ。もし自分の論文がほんのひと握りの人にしか読まれないことが確実にわかっていたら、執筆にどれだけ力を注ぐだろう？　それでも執筆しようとするだろうか？

わたしは自分の研究に、心から楽しみながらとりくんでいる。おもしろいと思っているからだ。それに、これまでの二〇年間、自分がどんなふうにすごしてきたかを、読者のあなたに伝えたくて、うずうずしている。この本は、母が読んでくれるのはまあ確実だし、*あと何人かは読んでくれるものと思いたい。でも、もし一人も読んでくれないことが、確実にわかっていたらどうか？　ハーパー・コリンズの担当編集者クレア・ワクテルが、出版の中止を決め、わたしに報酬だけ支払って、本をお蔵入りにしてしまったら？　わたしはそれでもまだ夜なべをして、この章にとりくむだろうか？　まさか。ブログ投稿や、論文やこのページの執筆を含め、わたしが生活の中でやっていることの大部分は、自分の労力と、読者が自分の文章に見つけてくれるかもしれない意味とを結びつけようとする、エゴの動機に駆り立てられている。読み手がいなければ、こんなにがんばろうという気にはなれないだろう。

楽しみのためのブログ書き

ブログ書きについて考えてみよう。世の中には膨大な数のブログがあって、猫も杓《しゃく》子《し》もブログをやっているか、これから始めようとしているように思える。このブログ人気は、どうしたことだろう？　ものを書きたい人がおおぜいいることだけが、理由ではない。なにしろブログの発明以前も、書く手段はいくらでもあったのだから。一つには、ブログは自分の書いたものをだれかが読んでくれるかもしれないという希望、いや幻想を与えてくれるからだ。なんといっても、ブロガーが「発行する」ボタンを押したとたん、世界中のだれもがそのブログを読めるようになる。それに、これだけおおぜいの人がネットでつながっているご時世だ。だれかが、まあ少なくとも何人かが、偶然見つけて読んでくれるだろう。じっさい、ブログの世界には「ページビュー数」という、やる気をかき立てるデータがある。ブロガーがこの数字を見れば、自分の投稿が何人の目に触れたかが、正確にわかる。おまけにブログでは、読者が感想やコメントを残すことができる。ブロガーは読者がいることを証明できるし、読者も何か書けるということで、一石二鳥だ。ほとんどのブログは、ごく限られた読者の目にしか触れず、たぶんブロガーの母親や、親しい友人にしか読まれていないのだろう。でも、たとえ読者がたった一人しかいなくても、だれにも読んでもらえない文章を書くことに比べれば、十分魅力的だ。このことが、何千万もの人に、ブログを書く動機を与えているのではないだろうか。

＊とはいうものの、こんなこともあった。あるときわたしが主観確率と客観確率に関する講演の練習をしていると、母が聞いていてもいいかしらと言ってきた。だが始まって一〇分もすると母が舟をこぎ始めたので、わたしはしょげてしまった。

レゴ・バイオニクルを作る

デイヴィッドと会話を交わしてから何週間かたって、わたしはエミール・カメニカ（シカゴ大学准教授）とドレーゼン・プレレク（ＭＩＴ教授）の二人と、地元のコーヒーショップで落ち合った。いくつかの研究テーマについて意見を出し合い、低評価が仕事意欲に与える影響について、もう少し調べてみようということになった。一つの方法として、「崇高な意味」について調べることもできた。たとえばがんの治療法の開発や、貧民救済、橋の建設に携わるなど、日々世の中のためになることをしている人たちが、仕事にどれだけの価値を感じているかを調べることだ。だがわたしたちはあえて、「ささやかな意味」がおよぼす影響を調べる実験をすることにした。日々の暮らしや職場に関係があるのは、むしろこちらの「意味」だと思ったからだ。それにわたしたち三人が、学問の世界の人間だということも、関係があったかもしれない。銀行家のデイヴィッドや編集者のデヴラのようなふつうの人たちにとって、仕事上のちょっとした変化が、労働意欲にどんな影響をおよぼすのかを調べたかったのだ。そんなわけでまずは、もともとあまり意味のない仕事をしている人たちが、その意味が少々失われたとき、どんな反応を見せるかを調べる実験を思いついたのだった。

ある秋の日ボストンで、機械工学科ののっぽの学生ジョーが、ハーバード大学の学生会館に入っていった。野心とニキビにあふれたかれが、コンサートや講義、政治的催し、ルームメイト募集のビラがところ狭しと貼られた掲示板に、もみくちゃにされながら近づいていくと、一枚のビラが目に飛びこんできた。「レゴでこづかい稼ぎをしよう！」

エンジニア志望のジョーは、昔からものを組み立てるのが、三度のめしより好きだった。組み立て式のものに目がなく、子どものころはいつも当然のようにレゴで遊んでいた。六歳になると父親のコンピュータを分解し、その一年後には、リビングルームのステレオを解体した。一五歳になるまでに、ものを分解しては組み立て直すのが好きなジョーのせいで、家族がこうむった損害は、多額に上っていた。家族が胸をなで下ろしたことに、ジョーは情熱のはけ口を大学に見つけた。そしてなんといまや、心ゆくまでレゴを作れるうえ、報酬までもらえる機会を手に入れたのだ。

数日後、ジョーは実験に参加するために、約束の時間にやってきた。ラッキーにも、ジョーは「意味あり」条件に割り振られた。研究助手のショーンが、ジョーを部屋に迎え入れ、イスに座らせて、手順を説明した。ショーンはレゴシリーズ「バイオニクル」の見本を見せて、これとまったく同じバイオニクルを作ってほしいと頼んだ。バイオニクルは、四〇個のピースを正確に組み合わせて作る、小さな戦闘用ロボットだ。続いてショーンは、報酬のルールを説明した。「ざっと言えば、バイオニクルを一体組み立てる報酬額は、組み立てる数が増えるほど減っていく。一体めのバイオニクルを組み立て終わったら、きみに二ドル支払う。それから次に一一セント少ない、一ドル八九セントの報酬で、もう一体作るつもりはあるか、きみに聞くよ。きみが作りたいと言ったら、次の箱をわたす。こんなふうに、バイオニクルを作るたびに、一体分の報酬は一一セントずつ減っていく。きみがもうやめると決めた時点で、実験は終了、組み立てた数に応じて、報酬をまとめて支払う。時間制限はなし。コストに見合うだけの利益が得られなくなったと感じるまで、心おきなくバイオニクルを作ってくれ」

早く始めたくてうずうずしていたジョーは、うなずいた。「ああ、それから最後に一つだけ」とショーンは言い添えた。「実験協力者は全員、同じバイオニクルを使うから、ぼくは次の人のために、きみの作ったバイオニクルを全部ばらして、パーツを箱に戻さなくちゃならないんだ。いいね？」

ジョーはプラスチックのパーツが入った最初の箱をいそいそと開け、組み立て説明書にざっと目をとおしただけで、一体めのバイオニクルにさっそくとりかかった。組み合わせたピースが奇妙なロボットの形に少しずつ近づいていくのを、かれが楽しんでいる様子が、はた目にもありありとわかった。ジョーは早くもロボットを仕上げると、戦闘ポーズをとらせてから、次の箱を所望した。ショーンは、二体めのバイオニクルの報酬（一ドル八九セント）を確認してから、ピースの入った次の箱を手わたした。ジョーが再びバイオニクルにとりかかると、ショーンはでき上がったばかりの作品を取り上げて、机の下の「解体待ち」の箱にそっとしまった。

ジョーは、まるで使命を帯びたかのように、脇目もふらずに次々とバイオニクルを組み立てていき、ショーンはできあがった作品を、机の下の箱にひとつ、またひとつとしまっていった。一〇体組み立て終えると、ジョーはもう気のすむまでやったと宣言し、しめて一五ドル五セントの報酬を受けとった。ジョーが行ってしまう前に、ショーンはいくつか質問をした。ふだんからレゴが好きか？　この課題は楽しかったか？　ジョーは、自分はレゴのファンで、この課題は本当に楽しかったから、友人にも勧めたいと答えた。

お次はチャドという名の若者だ。血気盛んな（カフェインの摂りすぎという話もあるが）医学部進学課程の学生だ。チャドはジョーとはちがって、わたしたちが内々で「シジフォス」条件という愛称をつけていたグループに割り振られた。これが、わたしたちの注目していた条件だ。

シジフォスの神話

「シジフォス」条件とは、ギリシャ神話に登場するコリントス王シジフォスにちなん

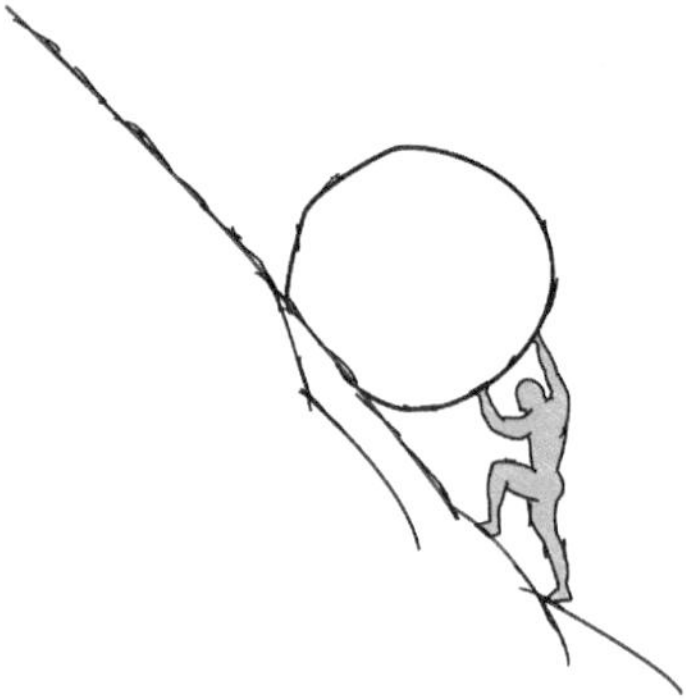

でつけた呼び名だ。シジフォスは、強欲と策略をはたらいたかどで、死後冥界に落とされて罰を受けた。かれは旅人や客を殺し、姪を誘惑し、兄の王座を奪い、その上、神々をだましたのだ。

シジフォスは死ぬ前、冥界に送られることを知って、自分を弔《とむら》うための生《い》け贄《にえ》を捧げてはいけないと、妻に言い含めておいた。死後、黄泉《よみ》の国に到着したシジフォスは、心優しい冥界の女王ペルセポネに泣きついた。弔いの務めをなぜ果たさないのかを妻に問いただすために、地上の国に戻してほしいと訴えたのだ。そもそもシジフォス自身が、生け贄を捧げないよう妻に命じたなどとは、つゆ知らぬペルセポネは、かれを地上に戻してやることにした。まんまと冥界を出たシジフォスは、地上に居座った。だが最後には冥界に連れ戻され、怒れる神々に罰として未来永劫、巨大な岩を転がして、険しい丘の上まで運び上げるよう命じられるのだ。これだけでも、じゅうぶん過酷な仕事なのに、丘のてっぺんまであと一息のところに来るたびに、岩はふもとまで転がり落ち、一からやり直しとなるのだ。

もちろん、わたしたちの実験協力者は、罰に値するようなことは何もしていない。不運な実験協力者が割り当てられた条件を表わすのに、この呼び名を借用したまでだ。

ショーンはチャドに、ジョーのときとまったく同じように、実験の条件を説明した。チャドは箱をさっと手に取って開けると、バイオニクルの組み立て説明書を取り出し、じっくり目をとおしながら、戦略を練った。まずピースを、使う順番に並べ、次から次へとすばやくピースを組み立て始めた。かれは楽しげに作業をこなし、数分で一体めのバイオニクルを完成させ、言われたとおりショーンに手わたした。「これで二ドルだ」とショーンは言った。「二体めを一ドル八九セントでやるかい？」チャドは大きくうなずき、さっきと同じように計画的に、二体めのロボットを組み立て始めた。

チャドが二体めのバイオニクルの最初のピースを組み合わせているとき（注目、ここがさっきの条件とちがう点だ）、ショーンはおもむろに一体めのバイオニクルを取り上げ、一つひとつのピースをゆっくりばらして、もとの箱に戻し始めた。

「ち、ちょっと、なに壊してるんだよ？」チャドは戸惑い、驚いていた。

「なあに、ただの手順さ」ショーンは説明した。「きみが次のバイオニクルを作るときのために、ばらしておかないとね」

チャドは作っていたロボットに視線を戻したが、バイオニクルを作る意気ごみやワクワク感は、明らかに削がれていた。二体めを作り終えると、チャドは一息入れた。三体めはどうしようか？　二、三秒考えてから、もう一体やると言った。

ショーンが最初の箱（チャドが組み立て、ショーンがばらしたもの）をわたすと、チャドはまた仕事にとりかかった。さっきと比べてペースは上がったが、例の戦略は使わなかった。もうシステマティックな戦略はいらないと思ったのだろうか、それとも余分な手間をかける必要はないと思ったのか。

その間、ショーンはチャドが組み立てたばかりの二体めのバイオニクルをゆっくりとばらし、パーツを二番めの箱に戻した。チャドは三体めのバイオニクルを完成させると、じっくり眺めてから、ショーンにわたした。「これでしめて五ドル六七セントだ」ショーンは言った。「もう一体作るかい？」

チャドは携帯電話で時間をチェックして、しばらく考えた。「そうだな、もう一体だけやるか」

ショーンが二番めの箱を返すと、チャドはもう一度作り始めた（この条件の実験協力者は全員、もうやめたと宣言するまで、二箱のバイオニクルを交互に組み立てた）。チャドは二箱のバイオニクルを二度ずつ、合計四体作って、しめて七ドル三四セント受けとった。

チャドに支払いをすませた後、ショーンはどの実験協力者にもしたように、レゴは好きか、この仕事を楽しんだかとたずねた。

「そうだな、レゴで遊ぶのは好きだけど、この実験は、そう楽しいってほどじゃなかった」チャドは肩をすくめて言った。そして、もらったお金を財布にねじこむと、そそくさと部屋を出ていった。

結果はどうだったか？　まず、ジョーが参加した、「意味あり」条件を見てみよう。この条件の実験協力者を平均すると、組み立てたバイオニクルの数は一〇・六体、手間賃として受けとった報酬は一四ドル四〇セントだった。バイオニクル一体あたりの報酬が一ドル（当初の報酬の半額）を下回る点（中間点）に達しても、六五％の人がまだ組み立て続けた。これに対して、「シジフォス」条件では、実験協力者はずっと早くにとりくみを打ち切った。平均すると、七・二体（「意味あり」条件の実験協力者が組み立てた数の六八％）のバイオニクルを組み立て、一一ドル五二セント稼いだ。また中間点を越えた実験協力者は、全体の二〇％にすぎなかった。

さてこの実験では、二つの条件で組み立てられたバイオニクルの数を比較する以外にも、もう一つ調べたいことがあった。それは、協力者のもともとのレゴの愛好度が、課題にとりくむ粘り強さに、どう影響したかということだ。レゴ遊びが好きな実験協力者ほど、完成させたバイオニクルの数が多いと考えるのが当然だろう。調べたところ、たしかにそうだった（二つの数値の統計的相関から推定した）。しかし、レゴの愛好度と、課題に対する粘り強さとの関係は、二つの条件間で大きくちがっていた。「意味あり」条件では、両者は高い相関を示したが、「シジフォス」条件では、相関関係はほぼゼロだったのだ。

この分析から、何が読みとれるだろうか。何かをするのが好きな人たちを集めて（なにしろこの実験に参加した学生たちは、レゴ作りの実験に自ら志願したのだ）、意味のある仕事条件に置けば、仕事をすることで得られる喜びが主な牽引役となって、自ら進んで労力を費やすだろう。ところが、仕事に同じだけの情熱や意欲をもっていても、意味のない仕事条件に置かれると、仕事から得られるはずの本源的な喜びが、いとも簡単に失われることがあるのだ。

あなたはコンサルタントとして、二つのバイオニクル工場を視察することになった。一つめの工場の仕事環境は、シジフォス条件にそっくりだ（悲しいかな、これが多くの職場の実態なのだ）。従業員の様子から、どうやらレゴ作りがあまり好きではなさそうだと、あなたは推察する（そうでなければ、バイオニクルに何か反感をもっているかだ）。気の進まない仕事に意欲をもたせるために、金銭的インセンティブを与える必要がありそうだ。それに、報酬がある水準を下回ると、労働意欲がとたんに落ちるようだ。そこであなたはこの会社の取締役会で、パワーポイントを駆使してプレゼンテーションを行ない、生産単位あたりの報酬が下がるにつれて、従業員の仕事に対する意欲も大きく減退するようですと、指摘する。このことから、工場の生産性を高めるには、賃金をかなり引き上げる必要があると断定する。

続いてあなたは、二つめのバイオニクル工場を訪ねる。この工場は、「意味あり」条件に似たしくみになっている。ではここでちょっと考えてほしい。このとき、仕事のわずらわしさや、仕事から得られる喜び、社員を仕事に縛りつけておくために必要な報酬の水準について、あなたが導き出す結論は、前の工場と比べて、どうちがうだろうか。

わたしたちはじっさいに、この「コンサルタント」実験をやってみた。二つの工場の生産性がどれだけちがうかを、学生に予測してもらったのだ。予測は、大体の線では当たっていた。学生たちは、「意味あり」条件の総生産高が、「シジフォス」条件の生産高を上回ると考えた。しかし、二つの条件で生産高がどれほどちがうかという点では、読みを外した。「意味あり」条件の方が一、二体多いという予測に対し、じっさいは平均三・五体も多かったのだ。ここから何がわかるだろう。わたしたちは、ささやかな意味が仕事意欲に影響をおよぼすことはわかっていても、その影響力をかなり過小評価している、ということだ。

ではこれをふまえて、今度はバイオニクル実験の結果を、現実世界の労働に置きかえて考えてみよう。ジョーとチャドは、二人ともレゴ遊びが大好きで、報酬の条件も同じだった。二人とも自分の作品が、その場限りのものだということを知っていた。唯一のちがいは、ジョーは自分の仕事に意味があるという幻想を、最後までもち続けられたことだ。だからこそ、楽しみながらバイオニクルを作り続けることができた。ところがチャドは、自分の作品が少しずつばらされていくのを、見せつけられた。そのため、自分の仕事に意味がないということを、認識しないわけにはいかなかった*。実験協力者は全員、この課題自体が、他愛のないものだとわかっていたはずだ。なにしろ、ただレゴを作るだけで、ダムを建設したり、だれかの命を救ったり、新薬を開発するわけではないのだから。それでも、チャドと同じ条件でレゴを組み立てた人たちは、自分の作品がむざむざ壊されるのを目撃したことで、仕事への意欲を大きく削がれた。たったそれだけのことなのに、かれらがもともとバイオニクル作りに感じていた喜びが、無惨にも打ち砕かれてしまったのだ。この結論は、デイヴィッドとデヴラの物語と、つじつまが合うように思われた。仕事の喜びをやる気に変えられるかどうかは、自分の仕事にどれだけ意味を見いだせるかに、大きくかかっているようだ。

さて、半数の実験協力者の幼少の想い出をぶちこわしにしたところで、今度は同じ実験を、ちがうやり方でやってみることにした。今回の設定は、デイヴィッドが経験した状況に、もう少し近いものだった。この時も学生会館にブースを設置したのだが、条件を三つ設定して、課題も前回と変えた。

わたしたちはランダムな文字列を印刷した紙を用意し、実験協力者には、この中から、sの文字が二つ連続している箇所を探してもらった。一枚の用紙につき、ssは一〇個あり、一〇個全部見つけると、その用紙は完了で、次の用紙に進むことができる。実験協力者には、報酬のしくみも説明した。一枚めを完了すると五五セントもらえるが、二枚めは五〇セントというように、一枚ごとの報酬は五セントずつ減っていく（つまり一二枚め以降の報酬はゼロになる）。

一つめの条件（「確認」条件と呼ぶ）では、学生は課題にとりくむ前にまず用紙に記名し、それから一〇個のssを探し、一枚完了するたびに、実験者のところに持っていった。実験者はそれに上から下までざっと目を走らせ、「よろしい」という感じでうなずいてから、うず高く積まれた記入済み用紙の山の上に、裏返してのせていった。さて二つめの条件（「放置」条件）も、記名しなくていいという点を除けば、やり方はだいたい同じで、実験協力者は用紙を一枚終えるたびに、実験者に手わたした。ところが、実験者はそれを

＊仕事の意味とは何だろう。これを定義するには、「ダック・テスト」（ある鳥がアヒルのように見え、アヒルのように泳ぎ、アヒルのように鳴くなら、その鳥は多分アヒルだろうという、大ざっぱな帰納法）を使うのが、いちばんいいのかもしれない。もう一つ言っておくと、わたしたちの実験で問題にしているのは、二つの条件間での意味の相対的なちがいであって、意味の絶対的な水準ではない。

ちらりとも見ずに、ただ積み上げられた紙の山の上にぽんとのせていくだけだった。そして三つめの、「細断」条件という、不気味な名のついたグループでは、同じことがもっと極端な形で行なわれた。実験協力者が用紙を提出すると、実験者はそれを紙の山にのせるどころか、一目もくれずに、実験協力者が呆然と見つめるなか、シュレッダーにかけて切り刻んだのだ。

わたしたちはちょっとした確認の有無が、こんなにも大きなちがいを生むものかと驚いた。バイオニクル実験の結果から、実験協力者の生産性は、「確認」条件がいちばん高くなるだろうと予想していた。そしてじっさい、このグループが完了した用紙の枚数は、「細断」条件のグループよりずっと多かった。では、報酬がたった一〇セント（ちょうど一〇枚目）になっても、まだペア文字探しを続けた実験協力者は、どれだけいただろう？「確認」グループでは、約半数（四九％）が一〇枚以上完了したのに対し、「細断」条件ではわずか一七％だった。この結果から、ペア文字探しは条件次第で、楽しめる興味深い課題にも（努力が認められた場合）、苦痛な課題にも（労作が細断された場合）なるように思われた。

ところで、「放置」条件の実験協力者はどうだったのか？　かれらは労作を切り刻まれはしなかったが、自分の仕事に対して、何の評価も得られなかった。このグループの人たちが完了した用紙の枚数は、何枚だったのだろう？　「確認」グループの枚数に近かったのか、それとも反応がないことに気落ちして、「細断」グループと同じような枚数に終わったのか？　または、二つのグループの間のどこかに落ち着いたのか？

ふたを開けてみると、完了した用紙の枚数は、「確認」グループが平均九・〇三枚、「細断」グループが六・三四枚だったのに対し、「放置」グループは……（ダラララ……）六・七七枚だった。また一〇枚以上完了した人は、全体のわずか一八％だった。つまり、「放置」条件に置かれた人の仕事量は、「確認」条件よりも、「細断」条件の方にずっと近かったのだ。

この実験からわかったことがある。仕事から意味を奪うのは、驚くほど簡単なことなのだ。あなたが管理職で、なんとしても部下のやる気をなくしたいのなら、部下が見ている目の前で、かれらの労作を粉砕すればいい。もうちょっとさりげなくやるなら、部下を無視したり、がんばっている様子に気づかないふりをするだけでいい。逆に、同僚や部下のやる気を高めたいなら、かれらに気を配り、がんばりや骨折りの成果に関心を払うことだ。

ペア文字探しの実験結果については、「細断」条件の実験協力者は、ズルができることに、いち早く気づいた。なぜなら自分の仕事に、だれも目を通そうとしなかったからだ。じっさい、もし実験協力者が合理的だったら、どうなっていただろう？　きっと「細断」条件の人たちは、自分の仕事がチェックされないことに気づくやいなや、ズルをしながらできるだけ長い時間とりくみ続け、できるだけ多くの報酬をもらったはずだ。ところがじっさいは、課題にとりくむ時間がいちばん長かったのは「確認」条件のグループで、「細断」条件のグループがいちばん短かった。この事実は、さらにもう一つのことを物語っている。こと労働に関して言えば、人間のモチベーションは複雑で、「金のために働く」といった、短絡的な関係に集約することはできないということだ。仕事の意味が労働におよぼす影響や、労働から意味を奪うことの影響が、わたしたちがふつう思っているよりも、ずっと強力だということを、理解しなくてはいけない。

労働の意味と分業

二つの実験の結果が整合していたこと、またほんの少しの意味のちがいが大きな影響をおよぼしたことに、わたしはとても驚かされた。それに、「シジフォス」条件の実験協力者が、レゴ作りにほとんど喜びを感じなかったことにも面食らった。デイヴィッドやデヴラやほかの多くの人たちの置かれた状況に思いをめぐらせながら、いや待てよ、自分の事務アシスタントはどうなんだろう、と思った。

ジェイの職務内容は、書面上はとても単純だった。わたしの研究口座の管理、実験協力者への支払い、研究資材の発注、出張日程の調整といったところだ。だがジェイの仕事は、情報技術のせいで、シジフォスの徒労と化してしまった。ジェイはＳＡＰの会計ソフトを使って、所定の電子書式のあちこちの欄に、データをこまごまと入力していた。入力した書式をだれかに送信すると、受けとった人はさらにほかの欄に入力して別の人に回し、次の人は支出を承認してまた別の人に送信し、それを受けとった人がようやくじっさいの支払いを行なった。気の毒なジェイ。かれはほとんど意味のない仕事のうちの、これまたほんの小さな一部分しか任されていなかったうえに、仕事をやり遂げたという満足感さえ味わえなかったのだ。

MITやSAPの善良な人たちが、いったいなぜこんなシステムを設計したのだろう？　仕事をこんなに細かく分けたら、一人ひとりの担当する領域が細かくなりすぎて、全体的な進捗状況も、自分の仕事が完了したのかどうかもわからないではないか？　すべての元凶は、アダム・スミスが説いた、効率という概念にあるのかもしれない。スミスが一七七六年に『国富論』で論じたように、分業は生産プロセスの効率を高める方法として、抜群の効果がある。たとえば、あるピン工場について、スミスはこう言っている。

……ここで、分業が注目されることの多い産業を例にとってみよう。それはピンを作る製造業者の例だ。この産業は、分業のおかげで独立した産業になり、専用の機器が発明されたのだろう。この業種に必要な技能を身につけておらず、専用の機器の使い方にもなじみのない作業員は、どうがんばっても、一日にピン一本すら作れないだろうし、もちろん二〇本など作れるはずもない。ところが、この業界の現在の慣行では、ピンの製造自体が一つの職種になっているばかりか、それがいくつもの部門に枝分かれしていて、その大半が、それぞれ別個の業種になっている。一人が針金を引き延ばし、二人めがまっすぐにして、三人めが切り、四人めが先をとがらせ、五人めがてっぺんを磨いて針の頭をつけられるようにする。その頭を作るのにも、二、三種類の作業が必要だ。頭をつけるのも一つの作業だし、ピンを磨くのも別の作業だ。そしてできあがったピンを、紙で包むのでさえ、独立した一つの仕事になっている。そんなわけで、ピンを製造するという重要な仕事は、一八ほどの作業に分かれており、製造工場によっては、それぞれを別の人が行なうことも、同じ人が二つか三つの作業を行なうこともある。わたしは小さな工場を見学したことがある。そこで働いていたのは、たった一〇人だったので、何人かの人は、二つか三つの作業を担当していた。かれらはとても貧しかったため、必要な機械を場当たり的にそろえていた。それでも力を尽くせば、一日に一二ポンド〔約五・四キログラム〕ほどのピンを製造することができた。一ポンド〔約〇・四五キロ〕は、中くらいの大きさのピンなら四〇〇〇本以上になる。つまりこの一〇人で、一日に四万八〇〇〇本以上ものピンを製造することができたのだ。[1]

何かの課題を、小さな部分に分解すれば、局所的には効率が上がる。一人ひとりが、自分のやる小さな作業を、どんどんうまくできるようになる（自動車王ヘンリー・フォードと、経営学者フレデリック・ウィンズロー・テイラーは、分業の概念を組立ラインにまで拡張した。そしてこの手法を使うことで、ミスを減らし、生産性を高め、自動車をはじめとする、多くの製品を大量生産できることを発見した）。だがわたしたちは、分業が人間に犠牲を強いていることに気がつかないことも多い。早くも一八四四年には、ドイツの哲学者、政治経済学者、社会学者、革命家で、共産主義の父と呼ばれるカール・マルクスが、「労働の疎外」という言葉を使って、この現象に警鐘を鳴らした。マルクスのいう、疎外された労働者は、自分が行なっている労働からも、その目的からも、生産プロセスからも切り離されている。そのため労働者にとって仕事は、自尊心や意義を見いだせない、自分と無関係な活動になってしまうという。

わたしはマルクス主義者とはほど遠いが（学者と見れば、マルクス主義者ときめつける人の多いことよ）、職場におよぼす影響という点で、マルクスの疎外という考えをすっかり退けてしまうべきではないと思っている。じつは疎外という考えは、マルクス自身の時代には、それほど重要でなかったのかもしれない。当時の状況では、一介の労働者がどうがんばったところで、仕事に意味を見いだすことはできなかった。しかし現代経済では、ますます多くの職務で、想像力や創造性、思考力、昼夜を問わない没頭が要求されるようになっている一方で、マルクスが力説した疎外が、労働を形作るさまざまな要素のうちの、重要な一つになっているのだ。それに、アダム・スミスが強調した分業の効率は、労働が単純生産を主体としていたかれの時代には、より大きな意味があったのだろう。だが現代の知識経済では、その重要性は薄れている。

そう考えると、分業は、現代の事務処理技術がはらむ危険の一つのように思われる。現代のＩＴインフラのおかげで、仕事をたくさんの部分に細かく分割し、一人ひとりにそのうちのほんの小さな一部分を、ごく専門的かつ精密なやり方で割り当てられるようになった。しかし、企業はそうすることで、社員から仕事の全体像や、目的意識、達成感を奪ってしまうリスクを冒しているのだ。たしかに人間が自動装置《オートマトン》なら、労働をごく細かく分割すれば、効率が上がるだろう。だが内発的動機づけや仕事の意味が、わたしたちの意欲や生産性を大いに左右することを考えれば、この方法は逆効果を招きかねない。知識労働者は、仕事に意味を見いだせないとき、チャーリー・チャップリンが映画『モダン・タイムス』で演じた、工場の機械の歯車に巻きこまれる主人公になったように感じ、仕事に全身全霊打ちこもうという意欲を失ってしまう。

意味を求めて

このレンズをとおして雇用市場を見てみると、世の企業が、意図してかせずしてか、あれやこれやの方法で、従業員のやる気を根こそぎ奪おうとしていることがよくわかる。自分の職場のことをちょっと考えるだけで、いくつも例を挙げられるのではないだろうか。こう考えるとかなり気がめいるが、それでも希望の光はある。仕事はわたしたちの生活の中心を占めている。だから、人が仕事に意味を――どんなに単純で、ささいな意味でも――求めるのは、ごく自然なことだ。レゴとペア文字探しの実験の結果は、モチベーションを高める機会がどこにでも転がっていることを教えてくれるとともに、貢献意欲を押しつぶすことの危険を警告している。企業が従業員の生産性を本気で高めようとするなら、仕事に意味を与えるべきだ。それも、ただ企業理念を打ち出すだけでなく、従業員に達成感をもたせ、よくできた仕事を確実に認めることが大切だ。なにしろこういったことが、従業員の満足感や生産性に大いに影響を与えるのだから。

仕事の意味と、仕事を完了することの大切さについては、もう一つ教訓がある。それはわたしが学問の英雄と仰ぐ、研究仲間のジョージ・ローウェンスタインの言葉だ。ジョージはとびきり困難で厄介な、ある企てに関する文献を分析した。それは登山だ。この分析からジョージは、山に登るのは「最初から最後まで和らぐことのない苦しみ」だと結論づけた。それでも山に登れば、大きな達成感を味わうこともできる（おまけに、夕食の団らんにうってつけの話題にもなる）。目標を達成したいという欲求は、魚、スナネズミ、ラット、ハツカネズミ、サル、チンパンジー、そしてシーカトリートで遊ぶインコと同じように、人間の本質にも深く根づいているのだろう。ジョージはこんなことを書いている。

ひょっとすると、目標を設定し、達成したいという欲求は、人間に生まれつき「組みこまれている」のではないだろうか。人間はほとんどの動物や植物と同じで、体組織を平衡に保とうとする、複雑な恒常性《ホメオスタシス》維持機能のおかげで、生命を維持している。飢え、渇き、苦痛など、登山の苦しみの多くは、生き延びるために必要な行動を人間にとらせる、恒常性維持機能の現われである……ならば、目標を達成したいという本能的な欲求もまた、「やる気のある行動をとれない」という問題に対処しようとする、人間の性向の現われなのかもしれない。[2]

こうした教訓をじっくり学んだわたしはジェイに、かれの仕事が全体の中でどのような位置づけにあるのかを説明することで、意味を与えられないだろうかと思った。手始めとして、毎週少しずつ時間をとって、わたしたちがどんな研究にとりくんでいて、どんなことを学びつつあるかといったことをジェイに説明した。ジェイは研究の話を聞いたり、議論したりするのを、いつも喜んでくれた。ところが二、三ヶ月すると、なんとジェイはジャーナリズムの修士号をとろうと一念発起して、ＭＩＴをやめてしまったのだ。そんなわけで、わたしの努力が功を奏したかどうかはわからない。まあ、ジェイについてはこんなことになってしまったが、いま働いてくれている人たちにも、同じようにしている。すばらしき腹心の、ミーガン・ホガティもその一人だ。

ひと言で言えば、わたしたちの実験結果は、ほんのささいな意味にも、大きな力があることを示している。つきつめれば、企業幹部は（夫や妻、教師、親もそうだが）働くという行為を邪魔だてしないよう、気を配ってさえいれば、ことさらに仕事に意味を与える必要はないのかもしれない。古代ギリシャの医師ヒポクラテスも、こう言っている。「二つのことを心得よ。助けよ、さもなくば傷つけるな」と。これは、医療現場と同じように、職場でも大切な心得なのかもしれない。

第2章のまとめ

- 仕事に意味があるかないかで（どんなささやかな意味でも）、モチベーションに大きなちがいが生じる。
- 仕事へのやる気を奪うのは驚くほど簡単だ。しかし、逆に、仕事に意味を与えることで、モチベーションを高める機会があるともいえる。

第3章
イケア効果
なぜわたしたちは自分の作るものを過大評価するのか

イケア（ＩＫＥＡ）に足を踏み入れるたびに、わが家をこうしよう、ああしようというアイデアがどんどん浮かんでくる。あの超巨大な組み立て式家具の店は、言ってみれば、大人のためのだだっ広い遊びの城だ。ショールームを歩き回り、あのスタイリッシュな机やランプや本棚が、わが家にあったらどんなだろうと想像する。ベッドルームのコーナーで、手ごろな値段のしゃれたドレッサーをとくと調べたり、組み立て式のキャビネットがずらりと並ぶピカピカのキッチンで、調理器具や皿を一つひとつ品定めするのに、無上の喜びを感じる。組み立て式家具をトラック一杯分買いこみたい、格安の色とりどりのじゅうろから、天井まで届く衣装ダンスまで、ありとあらゆるイケア製品で家を一杯にしたい、という衝動に駆られる。

わたしはこういった「イケア衝動」をそうちょくちょく満たしているわけではないが、

必要に迫られると買い出しに出かける。たとえばあるとき、リビングルームがおもちゃで片づかないという問題を、超モダンなスウェーデン家具で解決しようとした。このとき買ったのは、組み立て式のおもちゃ箱だ。さっそく家に持ち帰って、いそいそと箱を開け、説明書を読んでから、いろいろなパーツを所定の位置にとりつけ始めた（もうわかったと思うが、わたしはものを組み立てることに関しては、まるで才能がないのだが、組み立てる過程が楽しいのだ。たぶん、子ども時代にレゴ遊びを楽しんだなごりなのだろう）。残念なことに、部品には思ったほどはっきりしるしがついていなかったし、説明書は、とくに大切ないくつかの手順が端折られていた。人生で経験するいろんなことのご多分に漏れず、組み立てプロセスにも、おもしろおかしくマーフィーの法則が発動した。やむなく手探りで組み立てるたびに、とんでもない場所に木片やネジをつけてしまったのだ。すぐにまちがいに気がついて、ことなきを得たこともあったが、ときには三つか四つ先に進んでから、へまをしたことに気づき、もう一度そこまで戻ってやり直すはめになった。

しかし、パズル好きのわたしのことだ。家具を組み立て直すプロセスを、巨大なジグソーパズルに見立てて、なんとか楽しもうとした。だが同じネジを何度もしめたりゆるめたりしていると、そんな気もちも萎えてきて、結局組み立てるのに、思った以上の時間がかかってしまった。それでもとうとう、おもちゃ箱が完成した。子どもたちのおもちゃをかき集めて、中にそうっと入れてみた。自分がこれを作ったということが、とても誇らしかった。それから何週間も、自分の作品のそばを通るたびに、誇らしくてにんまりしたものだ。冷静に見れば、お金で買える最高品質の家具とは言えない。自分で何かを設計したり寸法を計ったりもしていないし、木を切ったり釘一本打ったわけでもない。なのに、何時間か格闘したというだけで、おもちゃ箱と親しくなれたような気がした。家に置いてあるどの家具よりも、強い愛着を感じるようになったのだ。それにおもちゃ箱のやつも、どの家具よりわたしを好きでいてくれるような気がした。

焼きたてほかほか

自分の作品やもちものに対する誇りは、人間の本質に深く根づく感情だ。自分で一から料理を作ったり、本棚を作ったりしたとき、わたしたちは悦に入って心の中でこう言う。「いいものができたなあ！」問題は、自分のものだという「所有意識」を感じるものと、感じないものがあるのはなぜか、ということだ。わたしたちはいったいどの時点で、自分がとりくんだものに、当然のように誇りを感じるようになるのだろう?

たとえば料理を作るときのことを考えよう。創造性が必要な度合いに応じて、料理を階層に分けるとしたら、底辺にひしめくものの代表格が、インスタント・マカロニチーズだ。わたしとしては、これを作るのを芸術的行為と見なすわけにはいかない。特別な能力がなくても、ほとんど手をかけずに作れてしまう。パッケージをつかんで、レジでお代を払い、家に持ち帰って、箱を開け、湯を沸かし、マカロニをゆでて湯を切り、そこへバターに牛乳、オレンジ色の粉末調味料をぶちこみ、よおくかき混ぜて、食卓に出すだけだ。そんな作品に、自分のものだという誇りを感じろと言われても困る。この階層の頂点に君臨するのが、一から手作りした料理だ。たとえばおばあちゃんの愛情こもったお手製のチキンヌードルスープに肉詰めピーマン、ピピンリンゴのパイなど。こういう（まれな）場合、作ったものに所有意識や誇りを感じるのは、当然のように思える。

だが、この両極端の間にある料理はどうだろう？　たとえばできあいのパスタソースに、庭から摘んできたばかりの新鮮なハーブと、美しく削ったパルミジャーノ・レッジャーノ・チーズを少しばかり「あしらった」ものは？　ローストした赤ピーマンを添えたものは？　それを言うなら、そのピーマンが店で買ってきたものか、家庭菜園で育てたものかで、ちがいはあるだろうか？　早い話が、自分の作ったものに誇りを感じるようになるには、どれだけ労力をかければ十分なのだろう？

所有意識と誇りの基本的な「作り方《レシピ》」を理解するために、半調理済み食品の歴史をひもといてみよう。各種の「インスタント」ミックス粉（パイ皮、スコーン用など）は、一九四〇年代後半に発売されて以来、アメリカ中の食料品店のショッピングカートや、家庭の食料棚、そして最終的には夕食のテーブルで、不動の地位を築いてきた。しかし、すべてのミックス粉が同じように熱烈歓迎されたわけではない。世の主婦たちは、とくに水を加えるだけのケーキミックスを使うことには、および腰だった。マーケティング担当者は、ケーキミックスが甘すぎるからだろうか、それとも味が不自然なのだろうかと頭を悩ませた。ほとんど同じ材料でできた、パイ皮やスコーン用のミックス粉が爆発的な人気を誇っているのに、なぜケーキミックスだけは売れないのか、だれにも説明できなかった。働き者の主婦たちは、箱に入った材料でパイ皮を作るのはかまわないのに、なぜケーキにかぎっては、抵抗感があったのだろう?

一説には、ケーキミックスのせいで手間が省けすぎて、焼き上がったケーキを「自分のもの」と思えないからだとも言われた。料理記者のローラ・シャピロは、著書*Something from the Oven*（オーブンから取り出したもの）の中で、(3) スコーンや折パイも大事な料理だが、完結した一品ではないと指摘している。主婦たちは、市販の材料を一部使った料理には、うしろめたさを感じずに、喜んでおほめにあずかる。これに対してケーキは、それだけで出されることの多い、完結した一品だ。おまけにケーキは、特別なできごとの象徴だから、感情的価値が大きい。* ケーキを焼こうという人は、自分がせっかくのお誕生日ケーキを、「ただのミックス粉」を使ってすませるような人間だとは思いたくない（し、人にそう思われたくもない）。恥ずかしいとか、うしろめたいという以外にも、特別なごちそうに呼ばれたと思っていたお客様をがっかりさせてしまうかもしれない。

このとき、心理学者でマーケティングの専門家でもあったアーネスト・ディヒターが、名案を思いついた。ミックス粉から材料の一部をとり除いて、女性自身の手でそれを加えてもらえばいいじゃないか。これが、のちに「タマゴ理論」と呼ばれるようになった考えである。はたして、ピルズベリー社がミックス粉から乾燥卵をとり除き、新鮮な卵と、牛乳、食用油を女性自身の手で加えてもらうようにしたところ、売り上げはみるみる伸びていった。卵のほか、ひとつふたつの材料を加えるだけで、一九五〇年代の主婦たちにとって、ケーキミックスはできあい品から食卓に出しても恥ずかしくない料理に出世した。キッチンに立つ主婦には、自分の料理に所有意識を感じたいという、本質的な欲求がある一方で、お手軽に作りたいという願望もある。簡易食材シリーズ『ベティ・クロッカー』の宣伝文句は、その辺のツボを心得ている。「あなたとベティ・クロッカーで、食卓に幸せを」時間と労力を節約するために、カリスマ主婦に少々力を借りたところで、自分の料理だということに変わりはない。何を恥じることがあろうか？

所有意識を感じたいという欲求と、キッチンにかんづめになりたくないという願望のき

＊一般に、最後の印象が全体の評価を大きく左右することが多い。この意味で、食事をしめくくるケーキは、とくに重要だといえる。

†この方法は、男性にも効果がある。ここで女性と言っているのは、当時料理を受けもっていたのが、主に女性だったからだ。

わどいバランスを、だれよりもよくわかっている人と言えば、「セミホームメイド」のキャッチフレーズで有名な、おしゃれな料理研究家、サンドラ・リーだろう。じっさいリーは、二つの願望が交差する地点をズバリ言い当てる方程式を、商標登録している。「七対三のセミホームメイドの法則」がそれだ。料理に疲れたら、料理の工程の七割で加工食品（ケーキミックス、市販の刻みニンニク、びん入りマリナラソース）を使い、残りの三割で「新鮮で斬新なひと手間」（ケーキミックスにハチミツとバニラエッセンスを少々、マリナラソースに新鮮なバジル）を加えればいい。そうすることで、時間を節約しながら、料理の喜びも感じられるのだと、リーは言う。この市販品にほどよいアレンジを施した料理が、視聴者には受け、美食家や食通には不評を買っている。

たとえば、サンドラ・リーの「官能的なチョコレート・トリュフ」のレシピは、こんな感じだ。(4)

準備時間——一五分
難易度——かんたん
トリュフ約三六個分

材料——

チョコレート・フロスティング（四五〇グラム入り）一パック
粉砂糖　四分の三カップ（ふるっておく）
バニラ抽出液《エキストラクト》　小さじ一杯
無糖ココアパウダー　二分の一カップ

作り方――
①天板二枚に、クッキングシートを敷きます。
②大きめのボウルに、フロスティング、粉砂糖、バニラを入れ、ハンドミキサーでなめらかになるまで混ぜます。
③ティースプーンを使って丸め、クッキングシートを敷いた天板の上に並べていきます。
④ココアパウダーをまぶします。
⑤ラップをかけて、天板ごと、食べるまで冷蔵庫で冷やします。

サンドラ・リーはまさにタマゴ理論を大成したと言える。ほんのひと手間かけるだけで、個性のない料理を「自分のものにする」方法を、熱心なとりまき相手に実演しているのだから。そんな彼女がテレビ番組や雑誌、料理本に引っ張りだこであることを考えると、料理という、人間心理に関わる作業には、スプーン一杯の所有意識が欠かせない材料だとわかる。

自分のものだという誇りは、女性やキッチンだけのものではない。たとえばローカル・モーターズという男っぽい会社は、タマゴ理論をさらに一歩進めている。この小さな会社で車を買う人は、自分だけの車を四日ほどかけて設計し、それからじっさいに自分の手で組み立てることができるのだ。まず基本のデザインを選び、地域や気候などの要因も考え合わせて、自分好みの仕様にカスタマイズする。それからもちろん自分ひとりではなく、専門家集団の力を借りて車を組み立てる。ローカル・モーターズの戦略が巧妙なのは、顧客が車の「誕生」に立ち会うことで、自分だけの大切なものに深い結びつきを感じるようになる点だ（愛車を「俺のベイビー」と呼ぶ男が、どれだけいるだろう？）。まったく、見事なまでに独創的な戦略だ。これだけの労力と時間をかけて自分の車を作れば、大切なわが子を愛するのとほとんど変わらない気もちで、車を愛するようになるにきまっている。

もちろん、何かを大切に思うあまり、楽しい愛着が、あくなき執着に変わってしまうこともある。J・R・R・トールキンの三部作、『指輪物語』で描かれる、ゴラム（日本語版ではゴクリ）の指輪への執着がその好例だ。世の中には、魔法の指輪や、愛情をこめて作り上げた車、新しいじゅうたんなど、大切なもののとりこになってしまう人がいる（こういう行き過ぎた愛着に苦しんでいる人は、わたしの後について繰り返してほしい。サン、ハイ、「ただの（　　　）じゃないか」（空欄には車、じゅうたん、本、おもちゃ箱などを入れる）」）。

自分のおりがみが大好き

もちろん、労力をかければ愛着がわくというのは、目新しい発見ではない。過去数十年間にさまざまな分野で行なわれた研究のおかげで、何かに労力を費やせば費やすほど、それに感じる価値も増えることがわかっている。* たとえば大学の社交クラブや専任教員組織のような社会的集団のメンバーは、集団にとけこむために、面倒で苦痛を伴い、ときに屈辱的な労力を費やせば費やすほど、ますますその集団を大切に思うようになるという。もう一つの例が、さっきのローカル・モーターズの顧客だ。五万ドルと数日間を費やして、車を設計し、組み立てた顧客は、自分にこう言い聞かせるはずだ。「信じられないほどの労力をかけた車だ。心から気に入ってる。大切にして、一生手放さないぞ」

わたしは自分の美しいおもちゃ箱の話を、マイク・ノートン（現在ハーバード大学准教授）とダニエル・モション（カリフォルニア大学サンディエゴ校の博士研究員）に聞かせ

＊第2章「働くことの意味――レゴが仕事の喜びについて教えてくれること」で説明したように、動物でさえ、何らかの形で自力で手に入れたエサを食べたがるのだ。

た。すると三人が三人とも、似たような経験をしていることがわかった。あなたもきっとそうだろう。たとえばあなたは、エヴァおばさんの家を訪ねている。壁にはしろうとくさい芸術作品が、ところ狭しと飾られている。うつわの隣に置いたいびつな果物、湖畔の木、ぼやけた人の形らしきものなどを描いた中途半端な水彩画が、麗々しく額に入れられている。あなたは、どうしておばさんがこんな悪趣味な芸術作品を壁にかけているのだろうといぶかるが、よくよく見てみると、絵画の隅に、しゃれた署名が描きこまれている。なんと、エヴァおばさんの署名じゃないか。そこで、目からうろこが落ちるように気がつく。エヴァおばさんは趣味が悪いだけじゃない、自分の作品の魅力で目が曇っているのだ。「やあ、すごいぞ！」あなたは彼女がいる方に向かって声を張り上げる。「ステキな絵だなあ。まさか、おばさんが描いたの？　なんていうか、すごく……こってるじゃない！」自分の作品がほめたたえられるのを聞いて、愛すべきエヴァおばさんは気をよくしてお手製のオートミール・レーズンクッキーを、たくさんおみやげにもたせてくれた。ありがたいことに、絵に比べれば、できばえはずっといい。

マイク、ダニエルとわたしは、自分の作品への愛着という考えには、検証する価値があると考えた。とくに、労力がどのようにして愛着を引き起こすのか、そのしくみを明らかにしたかった。そこでわたしたちはまず最初に（重要な研究プロジェクトでは必ずやるように）、この効果に呼び名をつけることにした。研究のひらめきをくれたイケアに敬意を表して、労力がもたらす過大評価を、「イケア効果」と名づけた。しかしわたしたちは、ただイケア効果を立証したかっただけではない。イケア効果による知覚価値の増大が、はたして感傷的な愛着によるものなのか（「ゆがんでいて本を支えるのがやっとだが、それでも自分で作った本棚なんだ！」）、それとも自分を欺くことで生じるのか（「五〇〇ドルの高級家具にも引けを取らない本棚だ！」）をはっきりさせたかったのだ。

「エヴァおばさんと芸術」をテーマに、マイク、ダニエルとわたしは、近所の画材店に実験用の材料を探しにいった。粘土や絵の具は汚れそうだからパスして、結局最初の実験では、日本の芸術、おりがみを使うことに決めた。数日後、わたしたち三人は、ハーバード大学の学生会館に繰り出し、おりがみブースを設置して、おりがみのカエルかツル（難易度は同じくらい）を作ってみないかと、学生たちに声をかけた。完成作品は原則としてわたしたちのものになるが、実験協力者にはオークションで自分のおりがみを競り落とすチャンスが与えられる。

このオークションでは、ベッカー・デグルート・マーシャク法（発明者の名前だ）と呼ばれる特別な方法で、コンピュータを相手に競り合う。簡単に言うと、こういうことだ。実験協力者が自分の作品の入札価格を決めてコンピュータに入力すると、コンピュータはランダムな数字を吐き出す。もし入札価格が、コンピュータの数字よりも高ければ、実験

おりがみの作り方

おりがみの記号

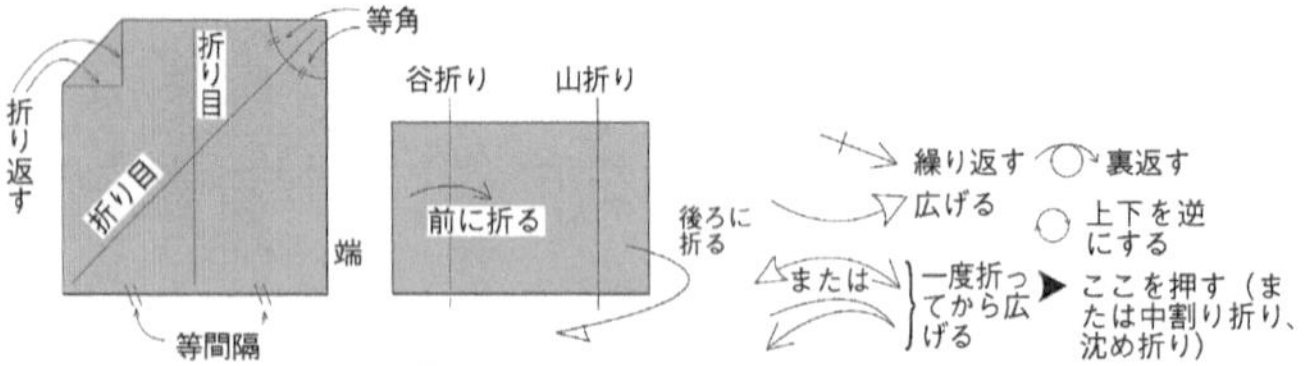

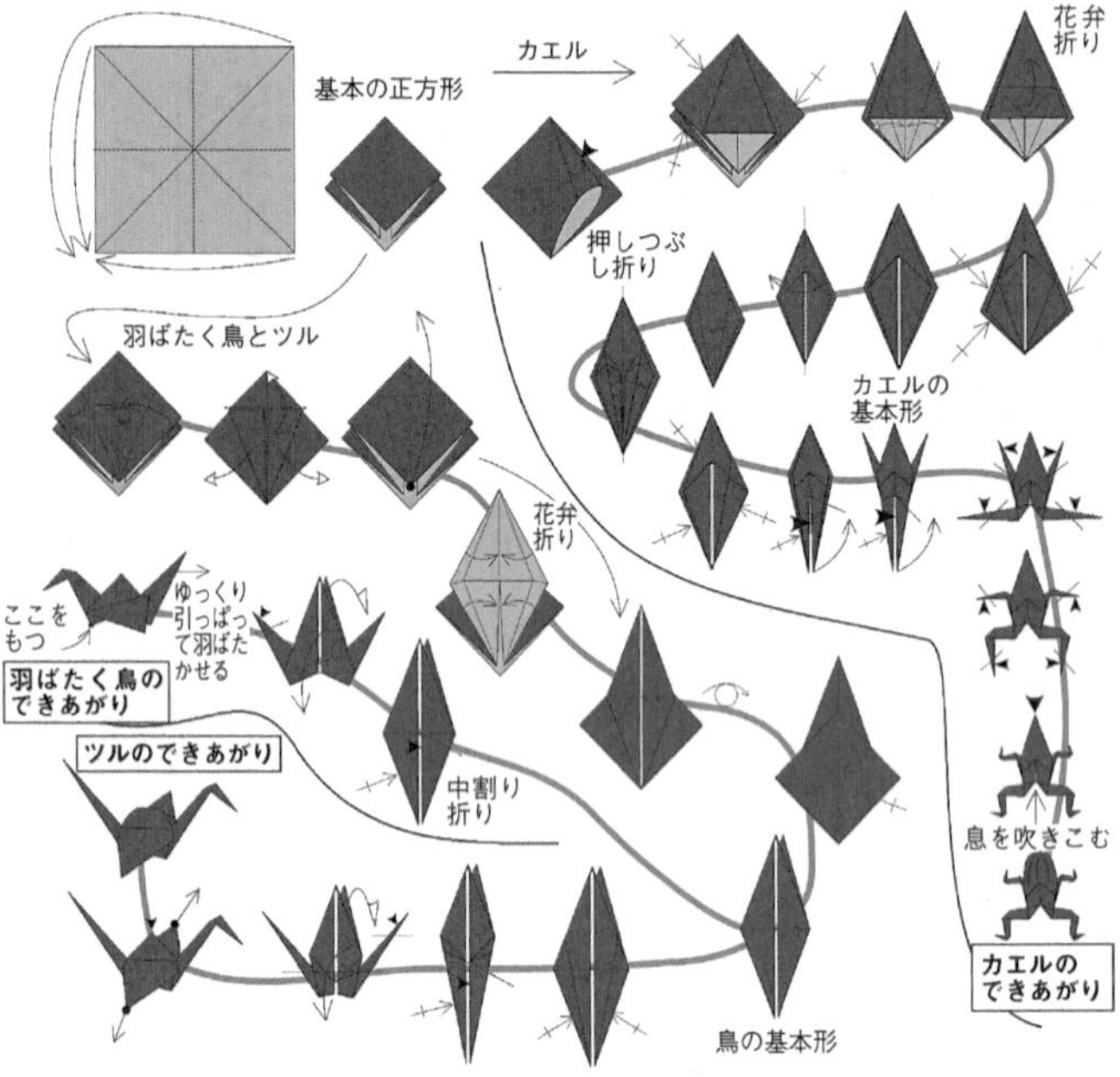

協力者はコンピュータが言ってきた金額を支払って、おりがみを手に入れる。反対に、入札価格がコンピュータの出した数字よりも低い場合は、何も支払わず、おりがみももらえない。この手順を使うことで、実験協力者にとって、自分のおりがみに支払ってもいいと思う最高金額で入札することが、自分の得になる状況を作った。*

ブースをまっ先にのぞいてくれた学生の一人が、政治学専攻のまじめな三年生、スコットだ。実験と入札のルールを説明してから、スコットにカエルとツルの折り図をわたした（図を参照のこと）。手近に適当な紙があったら、あなたもぜひやってほしい。

スコットは、「創作者」条件のグループに割り振られた。説明をじっくり読んで、図のとおりになっているか、いちいち確かめながらていねいに折っていき、最後には、なかなか見事なカエルを折り上げた。この作品に（ベッカー・デグルート・マーシャク法で）いくらの価格をつけるかと聞くと、かれは少し考えてから、きっぱり言った。「二五セント」ちなみにこの入札価格は、「創作者」条件の平均入札額二三セントとほぼ同じだった。

ちょうどそのとき、ジェイソンという別の学生が、テーブルにぶらぶら近づいてきて、スコットの小さな作品に目を留めた。「きみなら、このカエルにいくらの値段をつけるか

＊ベッカー・デグルート・マーシャク法は、ランダムな数字を相手に入札する、セカンドプライス（二位価格）・オークションに似ていることに注目せよ。

い?」とわたしたちはたずねた。ジェイソンはただの通りすがりだから、「非創作者」条件に該当する。非創作者には、創作者の作品を見せて、それに支払ってもいい金額をたずねた。ジェイソンはおりがみを手にとって、カエルのきちんと整った頭とふぞろいの足を、ためつすがめつした。おまけに背中を押して、ぴょこんと跳ばせまでした。そんなこんなで、かれがカエルにつけた価格は(このときもベッカー・デグルート・マーシャク法で)、五セント。「非創作者」条件のジャスト平均値だった。

二つの条件で、評価ははっきり分かれた。ジェイソンたち非創作者の目に映ったのは、邪悪な科学者が地下の研究室で生み出した紙の突然変異体のような、しろうとくさい、しわくちゃに折った紙だった。その一方で、しわくちゃ紙の創作者たちは、自分の作品に明らかに価値を感じていた。しかし、入札価格のちがいからは、なぜこれほど評価が異なるのか、その理由まではわからなかった。創作者が、おりがみを折るのを楽しむ機会があったのに対し、非創作者はおりがみを折る機会がなかったから、できあがったおりがみに関心がもてなかったのだろうか? それとも、どちらの条件の実験協力者も、おりがみ自体のよさは同じくらいわかっていたが、創作者は自分の作品にぞっこんほれこんでいたのだろうか? 言いかえれば、スコットたち創作者は、おりがみそのものが好きになったのだろうか、それとも単に自分が作った特定のおりがみに愛着をもっていたのだろうか?

これらの疑問にとりあえずの答えを出すために、おりがみの専門家二人に頼んで、カエルとツルを折ってもらった。そして、別の非創作者のグループに、客観的に見てもすばらしいできばえのこの作品に、いくら支払ってもいいかをたずねた。このとき非創作者がつけた価格は、平均で二七セント。つまり、非創作者が、どこから見ても非のつけどころがない作品につけた価格は、スコットたちが自分のしろうとくさい芸術作品につけた価格（二三セント）にとても近く、非創作者がしろうと芸術につけた価格（五セント）よりずっと高かった。

以上の結果から、創作者が自分の作品に価格をつけたとき、とてもゆがんだ見方をしていたことがわかる。非創作者は、しろうとくさい芸術作品を、紙くず同然としか思わなかったが、プロの手による作品を、それよりずっとすばらしいと評価した。これに対して創作者は、自分の作品を、専門家のおりがみに負けないほど立派なものだと思っていたのだ。創作者と非創作者のちがいは、おりがみという芸術全般に対する見方のちがいではなかった。むしろ、創作者が自分の作品に愛着を感じ、過大評価するようになったという点に、ちがいがあるように思えた。

要するにこの最初の実験から、わたしたちは何かを作ったとたん、それを愛情こもった目で見るようになるということがわかる。古いアラブのことわざにあるように、「サルでさえ、母親の目にはレイヨウに映る」のだ。

カスタマイゼーション、労力、そして愛

自動車産業の黎明期に、ヘンリー・フォードは、お客様にはT型フォードのどんな色でも選んでいただけます、それが黒である限りは、と言い放った。自動車の色を一色に限ったことで、製造コストをごく低く抑えることができ、おかげでずっと多くの人が車を買えるようになった。製造技術が進化するにつれて、フォードは幅広い車種やモデルをそれほどコストを高めずに、製造できるようになった。

今日はどうか。いまやわたしたちは数百万もの製品の中から、自分の好みにぴったり合ったものを見つけられる。ニューヨーク五番街を歩く人は、ウィンドウを飾る婦人靴の、すてきで奇抜なスタイルに驚かされるだろう。しかし、顧客を製品設計に参加させようとする企業がかつてないほど増えているなか、カスタマイゼーション（個別化）のあり方もまた変わりつつある。インターネット技術やオートメーションの改良によって、最近では顧客一人ひとりが、自分の個性に合った製品を作ることさえできるのだ。

コンバース・ドットコムを知っているだろうか。このウェブサイトでは、自分だけのカジュアル・スニーカーが作れる。自分の欲しい靴のスタイル（一般タイプまたはデザイナーコラボの、ローカット、ハイカット、エクストラ・ハイカット）と素材（キャンバス、革、スウェード）を選んだら、次は塗り分けを楽しむ。パレットから色と柄を選び、いろいろなパーツ（内側、ゴム部分、靴ひも）にカーソルを合わせて、好きな模様をつけていく。顧客はこうして自分の好みに合った靴をデザインすることで、本当に気に入った、しかも世界で一つだけの自分の品を作れるのだ。

カスタマイゼーションの波に乗る企業は、増える一方だ。いまや消費者は自分だけのキッチン・キャビネットを設計し、自分だけのローカル・モーターズ車を組み立て、自分だけの靴を作るといったことができる。この種のカスタマイゼーションをもてはやす一般的な議論によれば、理想的なカスタマイゼーションを提供するウェブサイトとは、まるで千里眼をもっているかのように、顧客の理想の靴をすばやく見抜き、顧客になるべく労力のかからない方法で、それを作ってくれるようなサイトだという。たしかに気が利いているが、そんなに効率よくカスタマイズしたら、思い入れや手間をたっぷりかけて自分の作るものに愛着を感じるようになるという、イケア効果を満喫できないかもしれない。

となると、企業はいつでもどんな製品についても、顧客を設計に携わらせた方がいいのだろうか？　もちろん、そんなわけがない。楽なことと、労力をかけることは、きわどいバランスの上に成り立っている。あまりにも労力がかかるようなら、顧客は逃げてしまうし、逆にあまりにも楽だと、自分好みの品を作り、自分のものと感じ、愛着をもつ機会を提供できない。最適なバランスは、顧客がその製品を自分で作ることにどれだけの価値を感じ、その製品カテゴリーにどれだけの労力をかけるかによってきまる。わたしの場合、スニーカーを塗り分けたり、ジグソーパズル的要素のあるおもちゃ箱にとりくむ程度が、ちょうどいい。それよりちょっとでも物足りなければ、イケア効果を欲する気もちは満たされないし、逆にちょっとでも大変なら、お手上げになってしまう。企業がカスタマイゼーションの本当の利益を理解するようになれば、顧客の自己表現の手段になるような製品、顧客が大きな価値と喜びを感じられるような製品を作れるようになるだろう。*

次の実験で、わたしたちが調べようとしたのは、作品を個別にカスタマイズする余地をすっかり取り去っても、創作者による過大評価が持続するかどうかだった。そこで実験協力者に、市販のレゴセットを使って、鳥、アヒル、イヌ、ヘリコプターを作ってもらった。レゴセットを使った実験は、独自に手を加える余地をなくすという実験目的にうってつけだった。実験協力者は、説明書どおりにレゴを組み立てるだけで、自分なりに手を加える余地は一切なかった。できあがった作品は、どれも寸分たがわないように見えた。さて結果はどうだったろうか。おそらく予想どおりだと思うが、創作者は自分の作った作品が、ほかの創作者の作品と見分けがつかなくても、やはりずっとたくさんのお金を払ってもよいと考えたのだ。

以上の実験結果から、ものを作るプロセスに労力を費やすことが、自分の作品に愛着をもつのに欠かせない要素だということがわかる。また独自に手を加えることは、あくまで自分の作品への過大評価を増幅させるおまけ的な要素であって、必要条件ではない。手を加える余地がなくても、わたしたちは自分の作品を過大評価するのだ。

過大評価を理解する

おりがみとレゴの実験の結果、わたしたちが労力をかけて作ったものに愛着を感じること、また愛着をもったそのとたん、作品を過大評価するようになることがわかった。続いて、わたしたちが過大評価していることを、自覚しているのか、それとも無自覚なのかを調べることにした。

たとえば、わが子について考えてみよう。あなたがふつうの親なら、わが子を過大評価しているはずだ（まあ、少なくとも、魔の思春期を迎えるまでは）。もしあなたが、わが子を買いかぶっていることを自覚していなければ、わが子が愛くるしくて、利口で、才能にあふれているのは、万人が認めるところだと、（多少ひっかかりを感じながらも）誤って信じているだろう。逆に、もしわが子を買いかぶっているという自覚があれば、ちくりと胸の痛みを感じながら、わが子がほかの人の目には輝ける存在に映っていないことに、気づいているはずだ。

＊カスタマイゼーションの危険と、自分の作品を溺愛する危険については、『予想どおりに不合理』の、わが家に手をかけすぎた話（8章）を読んでもらいたい。

仕事柄、飛行機に乗ることが多いわたしは、親同士の写真交換の儀式で、この現象をしょっちゅう経験している。高度九〇〇〇メートルの安定飛行に達すると、わたしはかわいいわが子の画像や動画が、たっぷりつまったラップトップをいそいそと取り出す。隣に座った人は、いやでも画面が目に入る。まさにこちらの思うツボだ。お隣さんがほんの少しでも関心を示してくれたら、世界でまちがいなくいちばん愛くるしい、うちのまな息子とまな娘のスライドショーの始まりだ。もちろんお隣さんは、うちの子のすばらしい個性や、チャーミングなほほえみ、ハロウィーンの衣装を着たときの愛くるしさに目をみはるにきまっている。でもときたま、うちの子を見てよほど楽しかったのか、自分の子も見てくれと言ってくることがある。やむなくつき合うが、一、二分もすると、こんなことを考えている自分に気づくのだ。「おいおい、いったいどういうつもりなんだ？　知りもしないよその子の写真を見て、二五分もむだにしたくないぞ。仕事があるんだよ。まったく、このいまいましい飛行機は、いつになったら着陸するんだ？」

現実には、わが子の才能や欠点にまったく気づいていないという人も、逆にすべて知り尽くしているという人も、まずいないだろう。でもほとんどの親が、無自覚な子煩悩タイプ（わが子をひいき目で見がち）に近いのではないかと、わたしはふんでいる。つまり親は、わが子が世界一かわいいと思っているばかりか、みんながそう思っていると信じているのだ。

だからこそわたしたちは、オー・ヘンリーの短編小説『赤い酋長の身代金』に、意表をつかれるのだろう。この物語では、てっとり早い金もうけをたくらむ二人の悪党が、アラバマ州の有力者の息子を誘拐して、二〇〇〇ドルの身代金を要求するが、父親は、要求に応じない。しかもこの赤毛の少年は、二人組との生活をすっかり気に入ってしまい、「赤い酋長」になりきって、とんでもないやんちゃぶりを発揮し、二人をさんざんな目にあわせる。赤い酋長の扱いにほとほと困った誘拐犯は、身代金を値切るが、父親は、逆に二五〇ドル支払ってくれれば息子を引き取ろうと申し出る。とうとう二人は、赤い酋長が行かないでと言うのも聞かず、かれを置き去りにして、ほうほうのていで逃げ出すのだ。

さて今度は、あなたが別のおりがみ実験に参加しているとしよう。ちょうどいま、おりがみのツルかカエルを完成させて、入札するところだ。あなたは考えた末、やけに高い金額で入札する。このときあなたは、自分がじっさいの値打ち以上の価格をつけていることや、ほかの人が作品を自分と同じ目で見ていないことを、自覚しているだろうか？　それとも、みんなが自分と同じように、自分の作品を温かい目で見てくれていると思っているのだろうか？

これを調べるために、わたしたちはファーストプライス（一位価格）・オークションとセカンドプライス（二位価格）・オークションと呼ばれる、二種類の方式で入札を行なって、二つの結果を比較することにした。[*]厳密なちがいを説明するのはここではやめておくが、簡単に言うと、セカンドプライス方式で入札する人が考えなくてはいけないのは、この小さな紙の動物が、自分にとってどれだけの価値があるか、ということだけだ。[†]これに対して、ファーストプライス方式で入札するときは、自分が作品にどれだけ愛着を感じているかということのほかに、ほかの人がどれくらいの価格をつけそうかということも、考え合わせなければいけない。なぜこんなややこしい実験をするのか？　自分が作ったカエルやツルを過大評価しているのは自分だけで、ほかの人はそうではないことを、創作者自身が自覚しているなら、セカンドプライス・オークション方式（自分にとっての価値だけを考慮に入れる）で入札したときの方が、ファーストプライス・オークション方式（他人の評価も考慮に入れなければいけない）のときよりも、高い価格をつけるはずだ。逆に、創作者に自覚がない場合、つまり自分だけでなくみんなが自分のおりがみをすごいと思っていると信じているなら、どちらの入札方式でも同じ価格をつけるにちがいない。

　結果はどうだったか。おりがみ創作者は、みんなが自分の作品を、自分と同じように見ているわけではないことを、自覚していただろうか？　実験の結果、創作者は自分の評価だけを考えたときと（セカンドプライス・オークション方式）、自分以外の人がいくらの価格をつけるかを考え合わせたときとで（ファーストプライス・オークション方式）、入札価格は変わらなかった。このように、二つの入札方式でちがいが見られなかったことから、わたしたちは自分の作品を過大評価しているだけでなく、自分にそのような性向があることをほとんど自覚していないということがわかった。わたしたちは大方の場合、自分と同じようにほかの人も自分の作品を愛しているはずだと、勘ちがいしているのだ。

完成させることの大切さ

創作と過大評価に関する実験をしたことで、わたしは入院中に身につけた技術のことを思い出した。病院では苦しくてやっかいなことをいろいろやらされたが（毎朝六時の血液検査や、地獄の苦しみの包帯交換、悪夢としか思えない治療など）、そのなかでもいちばん苦痛は少ないが、とくに退屈だったものの一つが、作業療法だった。作業療法士の指示で机にすわらされ、延々何ヶ月もの間、一〇〇個のネジ穴にボルトをねじこんだり、マジックテープのついた木片をくっつけたりはずしたり、穴にくいを差すといった、退屈きわまりない課題をやらされ、終わるまで放免してもらえなかった。

廊下の向こう側に、リハビリセンターがあった。そこにはむずかしい発達障害を抱えた

＊この二種類の入札方式のちがいは、ちょっとややこしい。なるほどウィリアム・ヴィックリーが、その微妙なちがいを説明して、一九九六年にノーベル経済学賞を受賞したのもうなずける。

†この方式は、ｅＢａｙ《イーベイ》で使われている入札方式や、前に説明したベッカー・デグルート・マーシャク法とよく似ている。

子どもたちのための広場があって、実用技術をいろいろと教えていた。ネジ穴にボルトをはめこむような作業より、少しでもおもしろいことをやりたい一心で掛け合った結果、もっと興味がもてそうなコースに入れてもらえた。数ヶ月がかりで、ミシンの使い方や編みもの、かんたんな木工技術などを教わった。手が自由に動かせないわたしには、どれも大変な作業だった。思いどおりのものはなかなか作れなかったが、とにかく何かを作ろうとがんばった。こういった作業にかたっぱしからとりくんだおかげで、作業療法は一日のうちの不快で退屈な時間から、待ち遠しい時間に変わった。作業療法士はときどきやってきては、わたしを死ぬほど退屈な作業に連れ戻そうとした。たぶん、そっちの方が治療効果が高かったのだろう。だが創作から得られる喜びや誇りは、わたしにとって次元のちがうほど大切なものだった。

いちばんうまくいったのが、ミシン縫いだ。枕カバーや、友人にあげるファンキーな洋服を、膨大な時間をかけて作った。わたしの裁縫の作品は、おりがみ実験の参加者が折った、しろうとくさいおりがみのようだった。枕カバーの角はとがっていなかったし、シャツはいびつになってしまったが、それでもわたしは誇らしかった（とくに親友のロン・ワイスバーグに作った、青と白のアロハシャツには、大満足だった）。なにしろ、信じられないほどの時間をかけて作ったのだ。

これは二〇年以上も前の話だ。なのに、自分が作ったシャツや、それを作ったときの手順や、仕上がり具合を、今でもはっきり覚えている。じっさい数年前のことだが、自分の作品への愛着が強いことに、ちょっと驚いた。ロンに、わたしが作ったシャツのことをたずねたとき、わたしがこんなに鮮やかに覚えているというのに、ロンときたら、ぼんやりとしか覚えていなかったのだ。

リハビリセンターでつくった作品は、ほかにもあった。じゅうたんを織ったり、ジャケットを縫ったり、木製のチェス駒一式を作ろうとしたこともある。どれにもはりきってとりかかり、大変な労力をつぎこんだが、自分には無理だとわかって、途中で投げ出してしまった。ふしぎなことに、こういうやりかけの作品のことを思い出しても、何の愛着もこみ上げてこないのだ。未完成の作品にも、信じられないほどの労力を費やしたのに、どうしたことか、作りかけの作品に愛着を感じることはなかった。

リハビリセンターのことを思い出したのをきっかけに、わたしはこう考えるようになった。何かに高い価値を感じるためには、それを最後までやり遂げることが必要条件なのではないだろうか？　言いかえると、イケア効果を満喫するには、自分の労力が成功に結びつく——単に最後までやり遂げるだけでもいい——必要があるのではないだろうか？

イケア効果の理屈からいくと、何かに労力をかければかけるほど、それにますます大きな価値を感じ、高く評価するようになる。それなら、毎日をもっと誇りや所有意識をもってすごしたい人は、日々の生活で使うものを、どんどん手作りするべきなのかもしれない。でも、ただ労力をかけるだけではだめだったら、どうする？　作品を完成させることも、愛着をもつために欠かせない要素だったら？　もしそうだとしたら、愛着を感じるようになった作品だけでなく、途中で放り出されたまま、何年もガレージに眠っているガタガタの棚や、描き損じた絵、いびつな花瓶などについても、考えてみる必要がありそうだ。

作品を完成させることが、それにほれこむのに欠かせない要素なのかどうかを確かめるために、マイク、ダニエルとわたしはもう一度、おりがみを使った実験をやった。ただし今回は前回の実験に、ある重要な要素をつけ足した。失敗の要素だ。そのために、前回のものとはちょっとちがう、おりがみの作り方を用意した。わたしが読んだイケアの説明書に似て、重要な情報の一部が載っていないものだ。

これがどういう実験だったか、あなたにも実感してもらいたいので、「わかりにくい」条件の実験協力者にわたしたおりがみの作り方で、じっさいに折ってみてほしい。Ａ４サイズの紙を正方形に切ったものを用意して、説明書を見ながら折ってみよう。

できあがったカエルが、トラックにひかれたアコーディオンのような形になっても、落ちこむことはない。このわかりにくい作り方をわたされた実験協力者の約半数は、それでも何とかへんてこな作品を作りあげたが、残りの半数はそこまでも行かなかった。やたらめったら紙を折っただけで、終わってしまったのだ。

おりがみの作り方（「わかりにくい」条件）

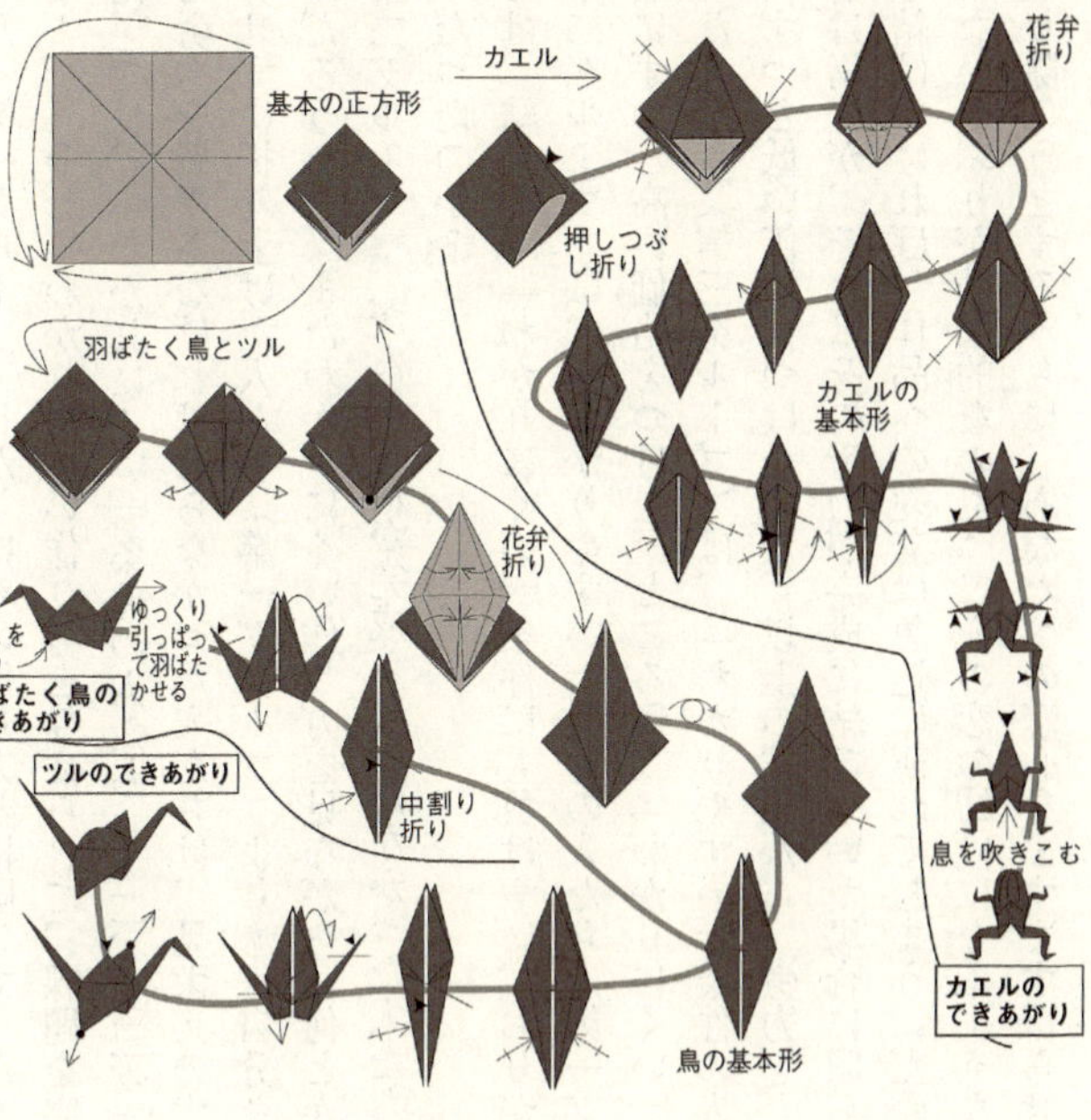

　このわかりにくい作り方と、最初のおりがみ実験で使った、わかりやすい作り方（一三二ページ）とを比べれば、抜け落ちている情報がすぐわかる。「わかりにくい」条件の実験協力者は、先っぽに小さなハッチマークがついた矢印が「繰り返す」の意味だとか、三角の先がついた矢印が「広げる」の意味だという情報も与えられなかったのだ。
　実験を始めてしばらくすると、三つのグループができた。わかりやすい作り方をわたされて、課題を完成させた、第一グループ。わかりにくい作り方と格闘して、なんとか課題を完成させた第二グループ。そしてわかりにくい作り方を与えられて、課題を完成できなかった第三グループだ。では、「わかりにくい」条件の人たち（第二、第三グループ）、つまり必然的にもっと労力を費やさなければならなかった人たちは、見栄えのするツルやカエルをそれほど苦労せずに折り上げた人たち（第一グループ）よりも、自分たちの残念な作品を高く評価しただろうか？　またわかりにくい作り方を見ながら、何とか課題を完成させた人たちは（第二グループ）、がんばったが完成させられなかった人たち（第三グループ）に比べて、どうだったのか？

では、結果だ。「わかりにくい」条件にも負けずに、おりがみを無事完成させた人たち（第二グループ）は、「わかりやすい」条件の人たち（第一グループ）に比べて、自分の作品にずっと高い価格をつけた。ところが、「わかりにくい」条件で、作品を完成できなかった人たち（第三グループ）は、「わかりやすい」条件の人たち（第一グループ）よりも、ずっと低い価格をつけたのだ。以上の結果から、労力をたくさんかければ、たしかに愛着は増すが、それはその労力が完成に結びついた場合に限られることがわかる。努力が実を結ばなければ、作品への愛着は急速に薄れてしまう（だからこそ、恋の駆け引きでは、つれないそぶりが効果的なのだ。二人の恋の妨げになるようなものを置けば、相手はそれを取り除こうとするうちに、あなたへの恋心をますます募らせるにちがいない。その反面、やりすぎて相手を絶望させてしまったら、二人が「ただの友だち」のままでいられる保証もなくなる)。

労力と愛着

わたしたちの実験から、人間の労力について、次の四つの原則が明らかになった。

・何かに労力をつぎこむとき、労力をかける対象が変わるだけではない。わたしたちも変わり、わたしたちがその対象に与える評価も変わる。
・労力をかければかけるほど、愛着も大きくなる。
・自分で作ったものを過大評価する性向は根深いので、ほかの人も自分と同じ見方をしているはずだと思いこんでしまう。
・多大な労力をつぎこんだのに、完成させられなかったものには、あまり愛着を感じない。

以上の結果をふまえると、わたしたちが努力と休息について日頃もっている見方を、考え直す必要があるのかもしれない。経済学の基本的な労働市場のモデルは、人間をまるで迷路をさまようラットのように扱う。何かをするために少しでも労力を費やせば、居心地のいい場所から出され、わずらわしい手間や不満、ストレスにさらされるというのだ。もしこのモデルのいうとおりなら、人生の喜びを最大限に追求するには、仕事をできるだけサボって、目先の安楽をむさぼりさえすればいいということになる。モヒートカクテルを飲みながら、異国のビーチでのんびり寝そべるのが、理想的な休暇のすごし方だと思いこんでいる人が多いのも、うなずける。

これと同じで、わたしたちは家具を組み立てるのは楽しくないと思うから、完成品を買い求める。サラウンド音響で映画を楽しみたいのはやまやまだが、4スピーカー・ステレオシステムをテレビにつなぐのが面倒だから、だれかを雇ってやってもらう。庭でくつろぎたいが、汗や泥まみれになって地面を掘り返したり芝刈りをしたりするのはごめんだから、庭師にお金を払って草むしりや花植えをやってもらう。おいしい食事を楽しみたいが、買い物と料理の手間を考えて、外食やレンジでチンですませてしまう。

こんなふうに労力を放棄して、代わりに安楽を手に入れるのだが、悲しいかな、じつはそうすることで心の奥底からの喜びもたくさん手放しているのかもしれない。つきつめれば、何かに労力をかけることで、長期にわたる満足が得られることが多いからだ。たしかに配線や庭の手入れは、自分でやるより、人にやってもらった方がうまくいくかもしれない（わたしの場合は、まちがいなくそうだ）。でもちょっと考えてみてほしい。「自分の手でやってみたら、新しい〔テレビ／ステレオ／庭／食事〕をもっと楽しめるんじゃないだろうか？」もしそうだと思えるなら、それこそが、労力をもっとかければ、より多くの楽しみが得られる対象なのだろう。

それから、イケアについては何がいえるだろう？　たしかにイケアの家具は、組み立てにくかったり、説明書がわかりにくいこともある。でもわたしは家具に「セミホームメイド」方式でとりくむのが好きだから、これからも少々汗をかきながら、ボルトをねじこみ続けるだろう。本棚を組み立てながら、頭に来ることがあっても、最後には、自分が作ったモダン家具にほれこみ、長い間にわたって、幸せの配当を受けとり続けたいものだ。

第3章のまとめ

- 労力をかけて何かをこしらえると、その作品に愛着を感じ、過大評価するようになる（イケア効果）。
- イケア効果は、組み立て家具や、ケーキミックスでつくったケーキのような「セミホームメイド」のものにも生じる。
- ただし作品を最後まで完成させないと、イケア効果は満喫できない。
- カスタマイゼーションの手間と、お手軽さとのバランスをうまく図れば、顧客が大きな価値を感じるような製品を作れるだろう。
- プロジェクトに時間や労力をかければ、その分仕事に愛着がわき、モチベーションが高まることもあるだろう。

第4章
自前主義のバイアス
なぜ「自分」のアイデアは「他人」のアイデアよりいいのか

わたしはときどき自分の研究成果を、企業の重役集団に紹介することがある。よりよい商品作りに役立ててもらおうというのが、目的の一つ。それに、アイデアを社内で活用したら、じっさいにどうなったかというデータを、わたしに教えてほしいという魂胆もある。そういう会合の一つで、ある銀行の幹部集団と話す機会があった。わたしは、もらった給料を右から左へ使ってしまう消費者に、老後資金の貯蓄を促すのに役立つアイデアを、いくつか紹介した。それからお金の機会費用（「いまあの新車を買ってしまったら、将来何をがまんすることになる？」）について考えなくてはならないとき、だれもが経験する問題について説明した。いまお金を使うことと、将来のために貯蓄することのメリットデメリットを、顧客にわかりやすく具体的に示す方法を提案した。そうすれば消費者はお金について賢明な判断を下すことができるし、銀行にとっても、顧客基盤を強化するとともに、顧客の信頼を勝ちとれるというメリットがあると、わたしは熱弁をふるった。

ところが残念なことに、銀行家たちはわたしの言い分に、胸を揺さぶられなかったようだ。なんとか関心をもってもらおうと奮闘していたとき、ふとマーク・トウェインの“Some National Stupidities”（国民的愚かしさについて）と題したエッセイが頭をよぎった。トウェインはこのエッセイの中で、ドイツ製ストーブを絶賛し、それにひきかえアメリカ人ときたら、だれかがつきっきりで世話しないと燃やし続けることもできない、醜怪な薪ストーブを、相も変わらず使い続けていると嘆いている。


世の中には、よその地域で生まれた貴重な考えを、なかなか採り入れないという、まったくふしぎで不可解な風潮がある。こういった愚かしさは、一部の地域社会や国だけのものではなく、世界にあまねく見られる現象だ。じっさい人間というものは、よそで生まれた貴重な考えをなかなか採り入れないどころか、まったく採り入れようとしないこととすらある。

ドイツ製ストーブが、その好例だ。部屋の片隅に置かれ、天井に向かってそびえる、あの巨大な白い磁器の塔。いかめしく、そっけなく、死や墓すら連想させる。それが、ドイツ以外のいったいどこにあるというのか？　わたしはドイツ語圏外では一度も見たことがないと、断言できる。しかしこのストーブが、これまでに発明されたなかで、

いちばん便利で経済的な、最高のストーブであることはたしかだ。(5)

トウェインによれば、アメリカ人がドイツ製ストーブを鼻であしらったのは、それにまさるものをアメリカ人自身が開発できなかったからだという。わたしがこの会合で、ずらりと並ぶ仏頂面と向かい合っていたのも、まったく同じ事情からだった。わたしは、かれらのためになるアイデアを提案していた。それも、ただの漠然としたアイデアではなく、確かなデータに裏づけられたアイデアだ。しかしかれらが、ただそこにすわっているだけで、わたしの提案について考えようともしていないのは明らかだった。ひょっとすると、かれらが乗り気でなかったのは、アイデアを思いついたのがかれらではなく、わたしだったからなのだろうか。もしそうなら、このアイデアが——少なくともその一部が——重役たちの頭から出てきたと、思わせればいいのだろうか？　そうすれば、ちょっと試してみようという気になってくれるだろうか？

この状況は、少し前によく流れていた、フェデックスのテレビＣＭを思わせた。シャツとネクタイ姿の社員たちが、会議用テーブルを囲んでいると、上座にすわる、背広を着こんだ上司が、社を挙げてコスト削減に邁進するぞ、と言い放つ。すると憂鬱な顔つきをした巻き毛の社員が、ぼそっとつぶやくのだ。「フェデックスのオンラインアカウントを利用すれば、送料がすべて一割引になりますけど？」上司は瞑想でもするかのように手を合わせながら、黙って聞いている。一同が顔を見合わせ、固唾をのんでしばらく見守っていると、上司は突然、両手で空を切るジェスチャーをしながら、たったいま、悲しげな目をした社員が提案したとおりのことを宣言するのだ。一同がへつらうように喝采を送るなか、提案した社員だけが怪訝そうだ。自分もいま、同じことを言ったのに？「だけどきみは、こういうふうにやらなかったろ？」とボスは茶目っ気たっぷりに言って、両手で力強く空を切ってみせるのだ。

このユーモラスなコマーシャルは、「人が自分や他人のアイデアをどのように受けとめるか」という重要な問題を表わしているように思えた。わたしたちが何かのアイデアを高く評価するには、それを自分で思いつくか、少なくともそれが自分のアイデアだと感じる必要があるのだろうか？

人が自分のアイデアにこだわりがちだということについては、ビジネスの世界にも戒めがあり、重要なビジネスプロセスのように、この現象にも俗称がつけられている。「ここで発明されたものではない（Not-Invented-Here）」バイアス（自前主義バイアス）というのが、その呼び名だ。簡単に言ってしまうと、「自分（たち）が発明したものでなければ、あまり価値がない」という考え方である。

自分で考えたアイデアはどんなものでもすばらしい

ここまで、自分で作った物品に愛着を感じる人間の性向について理解を深めた（イケア効果に関する前章を参照のこと）。これをふまえて、今度はスティーヴン・スピラー（デューク大学の博士課程の学生）とラチェリ・バーカンとともに、人がアイデアに愛着を抱くプロセスについて調べることにした。具体的に言うと、独自のアイデアを生み出すプロセスが、おもちゃ箱などを自作するプロセスに似ているのかどうかだ。

わたしたちは《ニューヨーク・タイムズ》のサイエンスライター、ジョン・ティアニーの協力を得て、かれのブログ[6]にリンクを貼ってもらい、アイデアに関する実験に参加しませんかと、ブログの読者に呼びかけた。リンクをたどって応募してくれた何千人もの実験協力者に、世界が抱えている一般的な問題について考えてもらい、それに対する解決策を評価してもらった。このとき一部の実験協力者は、自分なりの解決策を提案し、それを評価したのに対し、残りの実験協力者は、スティーヴン、ラチェリとわたしが考えた解決策を評価した。

まず最初の実験だ。実験協力者の一部に、三つの問題を読んでもらい、それぞれの問題に、自分なりの解決策を考えてもらった（これを「創出」条件と呼ぶ）。問題は次のとおり。

問一　地域社会で節水を進めるには、厳しい規制を設ける以外に、どんな方法があるでしょう?

問二　「国民総幸福《GNH》」を高めるために、わたしたち一人ひとりにどんなことができるでしょう?

問三　めざまし時計を強力にする、画期的な機能を考えてください。

実験協力者が三つの解決策を考えたら、続いてそれぞれの解決策を、実用性と成功確率という点から、評価してもらった。次に、自分の考えたアイデアを推進するのに、どれだけの時間とお金を費してもよいと思うか、答えてもらった。

続いての「非創出」条件では、別の実験協力者の集団に、同じ三問を見せた。だがこのときは、解決策を提案する代わりに、スティーヴン、ラチェリとわたしが考えた解決策を読んでもらい、「創出」条件の実験協力者がやったのと同じやり方で、それぞれの解決策を評価してもらった。

結果はどうだったか?　どの場合でも、自分で解決策を考え出した実験協力者は、他人から解決策を与えられた実験協力者に比べて、解決策の実用性と成功確率を高く評価した。そのうえ、解決策により多くの時間とお金を費やしてもよいと考えていた。

このように自前主義バイアスを裏づける証拠が得られたことで、わたしたちは気をよくしたが、なぜ実験協力者がそう感じたかは、よくわからなかった。一つの可能性として、実験協力者のアイデアが、全体として、わたしたちのアイデアよりも客観的に優れていたということも考えられる。あるいは、わたしたちのアイデアより劣っていたとしても、かれらの世界観により適合するものだったのかもしれない。この現象を「特異的適合」と呼ぶことにする。極端な例を考えてみよう。信仰心のあつい人に、「国民総幸福を高めるために、わたしたち一人ひとりにどんなことができるでしょう?」とたずねれば「だれもが毎日欠かさず礼拝に出席すること」という答えが返ってくるかもしれないが、筋金入りの無神論者に同じ質問をすれば、「信仰なんか捨てて、適切な食事・運動療法を行なうべきだ」という答えが返ってくるかもしれない。二人とも、自分のアイデアをわたしたちの解決策よりもよいと思っているが、それは、自分がそれを考え出したからではなく、自分の基本的な信念や好みに、特異的に合っているからなのだ。

最初の実験の結果から、さらにくわしい調査が必要なことがはっきりした。実験協力者は、たしかに自分で考え出したアイデアには熱心だった。この熱意が、アイデアが客観的に優れているせいなのか、特異的適合によるものか、あるいはその熱意のうち、どの程度が（もしあるとしたら）アイデアに対する所有意識によるものなのか、それを確かめる必要があった。そこで、自前主義バイアスの所有意識の要素だけを確かめる実験を行なうために、アイデアの客観的な優劣も特異的適合も、熱意を生む原動力になり得ないような条件を作り出す必要があった（だからといって、この二つの要因が、現実世界では作用していない、とは言っていない。もちろん作用している。ただ、アイデアの所有意識が、過大評価を引き起こす要因の一つなのかどうかを検証したかっただけだ）。

そこで、こんな実験をすることにした。今回の問題は六問で、最初の実験の三問に、もう三問を追加した（問題と解決策は、次のページのとおり）。ただし今回は、創作者と非創作者を分けるのではなく、全員に、両方の条件で課題にとりくんでもらった（「被験者内デザイン」と呼ばれるやり方だ）。つまり全員が、三問については「非創作者」としてわたしたちの解決策を評価し、残る三問については、自分なりの解決策を考えて、それを評価した（要するに、この三つの解決策に関しては、「創作者」の役割を果たした）*。

ここまで聞くと、最初の実験とほとんど変わらないように思うかもしれない。でもここからがちがう。そしてこのちがいは、からみ合うさまざまな要因を解きほぐすうえで重要な役割を果たした。この実験では、実験協力者に所有意識をもってもらうために、自分の頭で解決策を考え出してほしかったのだが、それだけではない。かれらにわたしたちが思いついたものとまったく同じ解決策を、自分の頭で考え出してほしかったのだ（アイデアの優劣と、特異的適合の要因を排除するためだ）。わたしたちに、どうしてそんな離れわざができたのか？

何をやったかは、このあとで説明する。まずは六つの問題と、わたしたちが提案した解決策を読んでほしい。ただし、じっさいに実験協力者に見せた問題では、わたしたちの解決策が書かれていたのは三問だけで、残りの三問については自分で解決策を考えてもらった。

問一　地域社会で節水を進めるには、厳しい規制を設ける以外に、どんな方法があるでしょう?

わたしたちの解決策　芝生の水やりに、家庭の排水管から回収した生活雑排水を再利用する。

問二　「国民総幸福」を高めるために、わたしたち一人ひとりにどんなことができるでしょう?

わたしたちの解決策　いつでもだれにでも親切にする。

問三　めざまし時計を強力にする、画期的な機能を考えてください。

*問題の順番はランダムに決められた。

わたしたちの解決策　スヌーズボタンを押すたびに、持ち主が寝坊したという電子メールを、同僚に送る。

問四　ソーシャル・ネットワーキング・サービス（ＳＮＳ）が、情報の流れを制限せずに、ユーザのプライバシーを保護する方法を考えてください。

わたしたちの解決策　デフォルトのプライバシー設定を厳しくして、ユーザが必要に応じてゆるめられるようにする。

問五　選挙運動で浪費される資金が、国民のために使われるようにするには、どうすればいいでしょう?

わたしたちの解決策　候補者に広告費と同額を慈善団体に寄付するよう求める。

問六　老後資金の貯蓄を促す方法を考えてください。

わたしたちの解決策　職場の井戸端会議で、貯蓄について話し合う。

さてこのとき、実験協力者が自分で解決策を考え出さなくてはならなかった三問については、こんな方法をとった。単語を五〇個ほど並べたリストを見せて、リストにある単語だけを使って、解決策を考えてもらった。ここでちょっと細工をして、リストには、わたしたちの解決策で使われた単語と、その同義語だけを並べた。こうすることで、実験協力者が自分のアイデアに所有意識をもち、なおかつそのアイデアがわたしたちの解決策と確実に同じになるようにしたのだ。

わかりにくいので、具体的に説明しよう。たとえば問一の「地域社会で節水を進めるには、厳しい規制を設ける以外に、どんな方法があるでしょう？」に答えるために、実験協力者が与えられた単語のリストは次のとおり。

水　再利用する　芝生の　家庭の　使う　処理済み　回収した　排水管　から　生活雑排水を　水やり　に　散布　庭　作物　のため　使用済み　ほとんど　半　下　汚れた　代わりに　きれいな　家庭用　消費　設定する　家　すでに　灌漑　再生する　一部　部分的に　それから　によって　システム　活動　浄化して　スプリンクラー　使う　精製して　リサイクル　ほかの　の中で　洗う　のため　として　の

このリストをじっくり見た人は、もう一つの細工にも気づいたかもしれない。わたしたちの解決策に使われている単語を、リストの最初にもってきたのだ（「芝生の水やりに、家庭の排水管から回収した生活雑排水を再利用する」）。実験協力者の目に、これらの単語が最初に飛びこんでくるようにして、かれらがわたしたちと同じ解決策を思いつく可能性をより確実にした。

さて実験協力者は、わたしたちが提案した三つの解決策と、自分で「考え出した」三つの解決策のそれぞれに、どんな評価を与えただろうか。この実験でも、実験協力者は、自分の解決策の方を高く評価した。言いかえれば、この実験ではアイデアが客観的に優れていたわけでもなく、特異的適合も作用していなかったが、それでも実験協力者は自分のアイデアの方をすばらしいと考えた。つまり、自前主義バイアスの所有意識の要素が大いに作用していたことになる。この結果から、わたしたちは最終的にこう考えるに至った。自分がアイデアを生み出したと感じると、所有意識が高まり、「自分の」アイデアを、じっさい以上に有用で重要だと見なすようになるのだ。

ところで、五〇個ほどの単語リストから選んだ単語を使って、アイデアを作るのは、むずかしいことではないが、それでも多少の労力を必要とする。では、これより労力が少なくても、所有意識は生まれるだろうか？　言ってみれば、サンドラ・リーのセミホームメイド方式を、アイデアに適用した場合だ。たとえば、わたしたちの解決策の単語の順番を入れ替えただけのリストを見せたら、どうなるだろう？　単語の順番を並べ替えて正しい文章にするだけの単純な行為で、そのアイデアに所有意識をもつようになり、その結果、それを過大評価するようになるだろうか？　またさっきの問題を例にとって、考えてみよう。

問　地域社会で節水を進めるには、厳しい規制を設ける以外に、どんな方法があるでしょう？

《ニューヨーク・タイムズ》の読者は、この問題の解決策が、最初から意味のとおる文章で書かれていた場合と、その単語の順番だけバラバラにしたものを自分で並べ替えて文法的に正しい文章にした場合とでは、どちらを高く評価するだろう？

意味のとおる順序で書かれた解決策はこうだ。

わたしたちの解決策　芝生の水やりに、家庭の排水管から回収した生活雑排水を再利用する。

そして、単語をバラバラに並べ替えた解決策は、こうなる。

使える単語　芝生の　排水管　再利用する　生活雑排水を　回収した　家庭の　水やりに　から

それでは、並べ替えはちがいを生んだだろうか？　もちろん！　ふたを開けてみれば、実験協力者は、ただ単語を並べ替えて作った解決策にも、所有意識をもち、人から与えられたアイデアよりも高く評価したのだ。

ああ、マーク・トウェインの言ったとおりじゃないか。

負の潮流

いやいや、とあなたはまだ食い下がるかもしれない。「たとえばほら、科学研究のように、自分のアイデアがいちばんなんていう、人間くさい考えが二の次にされるような、そんな分野があるんじゃないの？　客観的な優劣だけで、アイデアが評価されるような分野がさ？」

わたしも学者のはしくれだ。科学という高邁で客観的な世界では、自分のアイデアに愛着をもつ傾向など見られるはずがない、と断言できたらどんなにいいだろう。科学者にとっては、証拠とデータが三度のめしより大事で、科学者の一〇〇人が一〇〇人とも、プライドや偏見などかなぐり捨てて、知識の向上という共通の目標に向かって、一丸となって邁進していると考えたいのはやまやまだ。そうだったらどんなにいいだろう。だが実際問題として、科学を追求するのは、人間だ。つまり科学者もほかの人間と同じで、消費電力毎時二〇ワットの計算装置（脳）とおなじみのバイアス（自分の作品へのひいき目など）という制約にしばられているのだ。科学の世界では、自前主義バイアスは愛情こめて「歯ブラシ理論」と呼ばれている。だれもが歯ブラシを欲しがり、だれもが歯ブラシを必要とし、だれもが一本もっているが、だれも他人の歯ブラシは使いたがらない、というわけだ。「ちょっと待った」と、それでもあなたは言うかもしれない。「科学者が自分の理論に執着するのは、べつに悪いことじゃないだろ。なんといっても、そういう気もちがあるからこそ、何週間、何ヶ月と、狭苦しい研究所や地下室に閉じこもって、退屈でつまらない作業に精を出せるんだ」たしかに、自前主義バイアスがあればこそ、わたしたちは研究に身を捧げ、自分のアイデアを（または自分のものだと信じているアイデアを）、最後まで徹底的に追求することができる。

だが、あなたにもうわかっていると思うが、自前主義バイアスにも暗い面がある。このよく知られた例を紹介しよう。自分のアイデアを愛しすぎた男と、その執着がもたらした代償の物語だ。ザカリー・ショアは著書*Blunder*（大失敗）の中で、電球を発明したトーマス・エジソンが、直流送電に執着していたと書いている。エジソンの会社に雇われていたセルビア人発明家のニコラ・テスラは、エジソンの指導のもとで交流送電を発明した。交流送電は、直流送電よりも遠くにある電球を灯すことができるばかりか、同じ送電網を使って巨大な産業機械を動かすこともできるのだと、テスラは主張した。近代世界は交流送電を必要としている、というのがテスラの言い分だった。かれは正しかった。というのも、大規模な電力を広範囲にわたって提供できるのは、交流送電をおいてほかになかったからだ。

　しかしエジソンは、自分の発明を守ろうと必死になるあまり、テスラのアイデアを「すばらしいが、まったく実用性に欠ける」[7]とはねつけた。エジソンは交流送電の特許権を、とろうと思えばとれた。テスラはそれを発明したとき、エジソンの会社で働いていたのだから。しかし、直流送電への思い入れが強すぎたため、特許をとらなかった。

　エジソンは交流送電の危険性を訴え、信用をおとしめようとした。当時、たしかに交流送電は危険だった。直流送電線なら、あやまって触れてもせいぜい強いショックを受けるだけで、ビリビリくるが、死ぬほどではない。だが交流送電線に触れたら即死だ。一九世紀末のニューヨークで使われていた初期の交流送電設備では、低く垂れ下がったむき出しの電線が縦横にはりめぐらされていた。電線の修理工は、十分な安全装置のない状態で（現代の電力システムにはもちろんある）、切れた電線をつなぎ合わせなくてはならず、感電死する人がいた。

　一八八九年一〇月一一日の昼下がりに、おぞましい事件が起こった。マンハッタン・ミッドタウンの、人でごった返す交差点の頭上で、ジョン・フィークスという名の修理工が、電流の通じていない電線を切断しようとして、あやまって電流が流れている送電線に触れてしまったのだ。かれは激しい衝撃を全身に受け、電線網の中に投げ出された。電荷が発生して体が燃え上がり、足や口や鼻から青い閃光がほとばしった。恐怖と驚きで立ちすくむ通行人の上に、鮮血がしたたった。エジソンは、交流送電がいかに危険で、自分の愛する直流送電がいかに優れているかをここぞとばかりに訴えた。

同じ発明家として、テスラにライバル心を燃やしていたエジソンは、直流送電の未来を、運命に翻弄されてなるものかと思った。そこでかれは、交流送電の大々的なネガティブキャンペーンを張って、世間の不安を煽ろうとした。最初は、交流送電の危険を見せつけるために、部下の技術者に命じて、交流電流を使って野良猫や野良犬を感電死させる公開実験を行なわせ、交流送電にひそむリスクに、世間の注目を集めようとした。そのうえ、密かに資金を提供して、交流電流を使った死刑用の電気イスを開発させた。この電気イスによる処刑者第一号となったウィリアム・ケムラーは、生きたままゆっくりと焼かれて死んだ。これはエジソンの汚点として知られるが、交流送電の危険性をまざまざと、じつに恐ろしい形で見せつけたできごとだった。だが交流送電を阻止しようとするエジソンの必死の努力もむなしく、最終的には交流送電が勝利した。

エジソンの愚行は、自分の考えに執着しすぎることの弊害を物語っている。交流送電はたしかに危険だったが、電力供給能力は直流よりはるかに高かったのだ。もちろん幸いなことに、自分のアイデアへの不合理な愛着が、エジソンの愛着ほど後味の悪い終わりを迎えるのは、そうそうあることではない。

とはいえ、自前主義バイアスのせいで悪影響をこうむっている人はもちろん数人にとどまらない。一般に企業は、自社の信念や用語、プロセス、製品などをもとに、独自の文化を生み出すことが多く、社内で働く人は、こうした文化の力にのみこまれ、社内で生まれた考えを、ほかの人や組織が生み出した考えより有益で重要なものとして、あたりまえのように受け入れる傾向にある。*

組織文化を、自前主義の心理をつくる重要な要素のひとつに数えるなら、企業や産業、職業集団などの内部で、略語があっという間に広まる様子にも、この傾向がよく現われていると言える。たとえば、ＫＰＩは「重要業績評価指標」(Key Performance Indicator)、ＱＳＣは「品質、サービス、清潔」(Quality, Service, Cleanliness)、ＳＡＡＳは「サービスとしてのソフトウェア」(Software as a Service)、ＴＣＯは「総保有コスト」(Total Cost of Ownership) などなど。略語は、言ってみれば、秘密のインサイダー知識を伝える符号だ。略語を使うことで、何かのアイデアをひと言で表わすことができるし、そのアイデアが重要だという印象を作り出すとともに、ほかのアイデアが内輪に入りこまないようにする働きがある。

略語はとくに害はないが、企業が自らの神話に取りつかれ、視野の狭い内向きの姿勢になれば、問題が生じる。たとえばソニーだ。ソニーは長年にわたってすばらしい発明品を世に送り出し、華々しい成功を収めてきた。トランジスタラジオ、あのウォークマン、それにトリニトロン管などだ。しかしソニーは、ヒット商品を連発するうちに、自らを神格化するようになった。「ソニーの社内で発明されたものでなければ、かれらは一切関わろうとしなかった」とジャーナリストのジェイムズ・スロウィッキーが、《ニューヨーカー》誌に書いている。ソニーのエンジニアが自前主義バイアスの弊害に苦しんでいたことは、ソニーのＣＥＯ、サー・ハワード・ストリンガー自身も認めている。ライバル企業が、ｉＰｏｄやＸｂｏｘといった次世代製品を開発し、それが飛ぶように売れているのを目の当たりにしても、ソニーの社員は、社外のアイデアが自前のアイデアより優れているなどとは考えもしなかった。そんなわけで、メモリースティック以外の記憶媒体が使えないデジタルカメラなど、だれも欲しがらない製品の開発に労力をつぎこみ、ＭＰ３プレーヤーや薄型テレビといった製品の機会を逃してしまったのだ(8)。

ぶつかり合う潮流

＊この法則には、ときたま例外が見受けられる。社外の考えを実にうまく採り入れて、それをもとに大きく躍進する企業もある。たとえばアップルはゼロックス・パロアルト研究所から、マイクロソフトはアップルから、それぞれ数多くのアイデアを採り入れている。

イケア効果を調べる実験をとおして、自分で物を作ると、それを高く評価するようになることがわかった。また自前主義バイアスを調べる実験では、アイデアでも同じ現象が起きることがわかった。おもちゃ箱であれ、新しい電力源であれ、新しい数学の定理であれ、何かを生み出すとき、「自分がそれを生み出した」ということがいちばん大事なことになってしまう。そして自分が生み出したものである以上、ほかの人が考えた、似たようなアイデアよりも、有用で重要なはずだと思いこむのだ。

行動経済学の研究成果の例に漏れず、この発見も、うまく役立てることもできれば、悪用することもできる。プラス面としては、これを利用して、プロジェクトやアイデアに時間と労力をかければ、所有意識や誇りが生まれることを利用して、自分や周りの人が目の前の課題にもっと打ちこみ、関心をもてるように、工夫することができる。所有意識を高めるのは、そうむずかしいことではない。こんど何か製品を開封したら、検査表を探してみよう。だれかの名前が誇らしげに記されているはずだ。子どもと一緒に、庭に野菜を植えてみよう。自分で育てたレタスやトマト、キュウリで、夕食のサラダを作らせたら、野菜をもりもり食べること（おまけに大好きになること）まちがいなしだ。同様に、もしわたしがあのとき銀行家向けのプレゼンテーションを、一方的な講義形式ではなく、質問を通して参加者に考えてもらう、セミナー形式でやっていたら、どうなっていただろう。銀行家は自分がアイデアを生み出した気になって、喜んで採用してくれたかもしれない。

その反面、この研究成果は、悪用されるおそれもある。たとえば、所有意識をもちたいという欲求を手玉にとって、自分の利益のために、人に何かをやらせる人が出てくるかもしれない。わたしが博士課程の学生を、自分の研究プロジェクトでこき使おうと思ったら、そのアイデアを思いついたのは自分だと学生に思わせ、ちょっとした調査をやらせ、分析させるだけで、もう夢中になってとりくんでくれることだろう。それにエジソンの例で見たように、自分のアイデアにほれこむうちに、病的に執着してしまうことだってある。いったん自分のアイデアにとりつかれると、臨機応変に考えられなくなって（「方針を貫きとおす」のは、得策でないことが多いようだ）、自分のものよりも優れた考えを退けてしまうおそれがある。

自分の生み出したものを過大評価するという人間の性向には、わたしたちの興味深くも奇妙な本質の多くの側面と同じように、よい面もあれば悪い面もある。大切なのは、自分のいちばんよい面を引き出し、悪い面が出ないよう心がけることだ。

そんなわけで、よかったら、次の単語を並べ替えて、意味のとおる文にしてほしい。それから、できあがったアイデアをどれだけ重要だと思うか、評価して答えてほしい。

基本的で　重要な　わたしたちの　一部分　である　不合理性　は

このアイデアの重要度は〔　　〕です。
（0〔まったく重要でない〕から10〔非常に重要〕までの数字で答える）

第4章のまとめ

- 自分で生み出したアイデアには愛着を感じ、高く評価してしまう（自前主義バイアス）。
- 自前主義バイアスは、自分で考えたという思いこみでも生じる。
- 愛着が過ぎると、他人の優れたアイデアを排除してしまうおそれがある。
- 自前主義バイアスを利用して、目の前の課題に打ちこめるよう、工夫できる。

第５章
報復が正当化されるとき
なぜわたしたちは正義を求めるのか

アレクサンドル・デュマの冒険小説、『モンテ・クリスト伯（巌窟王）』で、主人公エドモン・ダンテスは、無実の罪で牢獄に送られ、長い年月にわたって、地獄の苦しみを味わう。しかし獄中で司祭に出会ったことで、人生が大きく変わる。司祭のおかげでようやく脱獄を果たし、かれが遺してくれた財宝を手に入れて、「モンテ・クリスト伯爵」としてよみがえったダンテスは、財力と知力のすべてを尽くして、裏切り者たちを次々とわなにかけ、あやつり、かれらとその家族に壮絶な復讐を遂げていく。ダンテスは最後に、仇敵たちの凄惨な死を目の当たりにして、復讐欲が度を越してしまったことにようやく気づくのだ。

ほとんどの人は、報復の機会を与えられれば、ダンテスほど度を越さないにせよ、喜んで報復するだろう。もちろん、復讐は、わたしたちの奥深くに刻みこまれた本能の一つだ。

太古のむかしから、人は恨みを晴らすために大量の血を流し、数え切れないほどの人生を棒に振ってきた。そんなことをしても、ろくな結果にならないことがわかっていてもだ。

でも、ちょっとこんなシナリオを考えてみてもらいたい。あなたとわたしは、二〇〇〇年前の大むかしに、どこかの砂漠の地に暮らしている。わたしは立派なロバの子をもっていて、あなたはそれを盗もうとしている。わたしを合理的な意思決定者と買いかぶったあなたは、心の中でこうつぶやく。「ダン・アリエリーは、あの立派な生きものを買うお金を稼ぐのに、まる一〇日かけて井戸ほりをしたんだっけな。いつか夜にロバを盗んで遠くへ逃げれば、ダンはわたしを追いかけても、時間のむだと思うだろう。事業損失とわりきって、新しいロバを買うお金を稼ぐために、また井戸ほりをするにちがいないさ」だがもしわたしがつねに合理的ではなく、じつは底意地の悪い、根にもつタイプで、あなたを地の果てまでも追いかけ、ロバを奪い返すだけでは気がすまず、ヤギを強奪したうえ、あなたを血祭りにあげることがわかっていたら、あなたはそれでもロバを盗もうという気になるだろうか？　まさか、ならないだろう。

そう考えると、報復はいろいろな害をもたらすことはあるが（泥沼の別れや離婚の修羅場を経験した人ならわかると思うが）、報復の脅威は（個人が大きな代償を支払うことがあっても）社会の連携や秩序を支える「矯正装置」として、効果が高いのではないだろうか。もちろん「目には目を、歯には歯を」を勧めるつもりはないが、仕返しの脅威には、全体としてみれば、なんらかの効果がありそうな気がする。*

報復したいという、この原始的感情は、どういうしくみで起きるのだろう、またそれを駆り立てているのは何だろう？　人はどういう状況で、報復したいと思うのだろう？　わたしたちが時間やお金、労力をかけ、ときに危険を冒してまで相手を苦しめたいと思うのは、なぜなのだろう？

罰することの喜び

報復欲求が、どれだけ奥深い人間の本能なのかを理解する手始めとして、エルンスト・フェール率いるスイスの研究チームによる実験について考えてみよう。この実験では、「信頼ゲーム」と呼ばれる実験ゲームをとおして、報復について調べようとした。これからそのルールを紹介する。実験協力者にも、同じルールがくわしく説明された。

あなたは、ほかの実験協力者とペアを組むが、二人は別々の部屋に入れられ、お互い相手がだれなのかは、けっして知らされない。二人は実験者から一〇ドルずつ手わたされる。

*じっさい報復は、行動経済学のようなものだ。どちらも、合理的でないかもしれないが、無意味ではないし、ときに役立つこともある。

最初の行動を起こすのは、あなただ。もらったお金を全額相手に送るか、全額自分のものにするかを決めなくてはならない。自分のものにすれば、二人とも一〇ドルずつもらって、ゲームはそこで終わる。だが相手に自分のお金を送ると、実験者は金額を四倍にして、相手にわたす。つまり相手はもともともっていた一〇ドルに加えて、四〇ドル（一〇ドル×四）もらうから、合わせて五〇ドルを手に入れることになる。さて相手はここで、次のうちのどちらかを選ばなくてはならない。(a)全額自分のものにする。つまり相手は五〇ドルもらい、あなたは何ももらえない。(b)半額をあなたに送り返す。つまり、二人とも二五ドルずつもらう。*

ここで問われているのは、もちろん、あなたが相手を信頼するかどうかだ。あなたは金銭的な利益を失うリスクを冒しても、相手にお金を送るだろうか？　そして相手はあなたの信頼に応えて、もうけをあなたと山分けするだろうか？　合理的な経済学は、いとも単純な予測を立てる。五〇ドルの半分を返す人など、いるはずがない。しかもそのことは、合理的な経済学の観点からすれば、もとからわかりきっているのだから、そもそも最初に一〇ドルを送ろうなどという人がいるはずがない、と。だがこの点に関しては、標準的な経済学の考え方はまちがっている。喜ばしいことに、人は合理的経済学が考えるよりも、ずっとお互いを信頼し合っていて、もちつもたれつの関係にある。じっさいには、多くの人が自分の一〇ドルを送り、相手も返礼として二五ドル送り返すことが多いのだ。

これが、基本形の信頼ゲームだ。しかしスイスの実験にはもう一つ、興味深いステップが加えられた。もし相手が五〇ドルを全額自分のふところに入れてしまったら、あなたは自腹を切って、このろくでなしを罰することができるのだ。あなたが苦労して稼いだ一ドルを実験者にわたすたび、欲深い相手から二ドルが徴収される。つまり、あなたが自分のふところから二ドル支払えば、相手は四ドル失い、二五ドル支払えば、相手はもらったお金を全額ふいにしてしまう。あなたがこのゲームをやっていて、相手に信頼を裏切られたら、この代償を伴う報復を実行するだろうか？　身銭を切ってでも、相手をこらしめたいと思うだろうか？　そのために、いくら支払うだろう？

実験では、相手に報復する機会を与えられた人の多くが、じっさいに、しかも厳しく相手を罰した。だが本当におもしろいのは、ここからだ。実験協力者がどうしようか思案している間、協力者の脳をポジトロン断層法（ＰＥＴ）でスキャンして、決断を下そうとしているとき、脳の中で何が起きているのかを観察したのだ。その結果、線条体という、報酬や喜びに関連して活動する部位が、活発に反応していたことがわかった。つまりＰＥＴスキャンによれば、他人を罰するという決定は、喜びの感情と関わっているように思われ

＊このゲームには、ルールや金額を変えた、いろいろなバージョンがあるが、基本的な考え方は同じだ。

た。しかも、線条体の働きが活発な人ほど、相手を厳しく罰したのだ。

以上の結果から、何らかの代償を支払ってでも裏切った相手を罰したいという欲求には、生物学的根拠があること、そしてこの行動をとることで、人がじっさいに喜びを感じる(少なくとも、喜びに似た反応が起こる)ことがわかる。

報復欲求は、動物にもある。ドイツのライプチヒにあるマックス・プランク進化人類学研究所のキース・ジェンセン、ジュゼップ・コール、マイケル・トマセロは、チンパンジーに公平感があるかどうかを調べようとした。この実験では、二匹のチンパンジーを隣り合った檻に入れ、その間に、食べ物が高く積まれたテーブルを、どちらの檻からも手が届く距離に置いた。テーブルにはキャスターがついていて、両端にロープが結びつけてあった。チンパンジーはテーブルを直接つかんで、近づけたり遠ざけたりすることができた。ロープはテーブルの下の方に結びつけてあったから、どちらかのチンパンジーがロープを引っ張ると、テーブルが倒れて、食べ物が全部床に落ちて手が届かなくなる、というしくみになっていた。

研究者が一匹のチンパンジーを片方の檻に入れ、もう一方の檻は空にしておいたとき、チンパンジーはテーブルを引き寄せて、心ゆくまで食べ、ロープを引っ張る必要はなかった。ところが二匹目のチンパンジーが隣の檻に入れられると、状況はガラリと変わった。

二匹のチンパンジーが食べ物を分け合っているかぎり、何も問題はなかったが、一匹がテーブルを自分の方に引き寄せすぎて、もう一匹に届かなくなってしまうと、ムッとしたチンパンジーは、「報復」ロープを引っ張って、テーブルをひっくり返すことが多かった。それだけではない。テーブルが二匹から届かないところへ転がっていってしまうと、いらだったチンパンジーたちは怒りを爆発させ、金切り声を上げる黒い毛玉と化したのだ。人間とチンパンジーの類似点を考えると、どちらも生まれつき公平感をもっているということ、そして個人的な犠牲を払ってでも報復しようとする性向が、霊長類や人間の社会秩序において、奥深い役割を担っているということが言える。

しかし報復には、恨みを晴らすという以上の意味がある。じっさい報復と信頼は、表裏一体なのだ。信頼ゲームでわかったように、人はたいていの場合、進んでお互いを信頼しあう。だれだか知らず、二度と会うこともない相手に対してもそうだ（つまり、合理的な経済学の観点からすると、わたしたちは人がよすぎるということになる）。それに、信頼をもとにした社会的契約が踏みにじられたとき、わたしたちがとても憤慨するのは、信頼が人間の基本的な要素をなしているからこそだ。だからこういう状況では、時間やお金をつぎこみ、ときに肉体的な危険を冒してまで、無礼な相手に報復しようとする。信頼関係で成り立っている社会は、信頼なき社会に比べて、はかりしれないほどの利点がある。だからこそわたしたちは、社会で高い信頼関係を維持しようとする本能をもっているのだ。

ある議員の怒り

これから紹介するのは、政治的に進歩的なウェブサイト『オープン・レフト』に掲載された、ある匿名の議員の投稿からの抜粋だ。この投稿は、多くの人が二〇〇八年の銀行救済策に感じた怒りを、よく表わしている。(9)

ポールセンや共和党議員ら、つまりこの救済策にじっさいに賛成票を投じようという（しかも自分の推した政策の結果に責任をとるつもりのない）少数派は、「つけ足し」、つまり追加条項はあり得ないと言ったはずだ。〔冗談じゃねえ。もちろん世界恐慌を誘発したくはないが（これは誇張ではなく、現実的にありうることだ）、あのくそったれどもに、七〇〇〇億ドルもの白地小切手をわたす法案に、だれが賛成票など投じるものか。

ナンシー（・ペロシ）〔下院議長、民主党〕は、ブッシュ政権と共和党議員が阻止した、第二の景気「刺激」策を、救済策に含めたいと言った。だが、役にも立たない橋と引き換えに、地球上でいちばん同情できない人間どもに、七〇〇〇億ドルものバラマキを施してやるのは、ごめんだ。わたしが断固求めるのは、業界の改革、それもできるかぎり過酷な改革だ。

ヘンリー・ワックスマン〔下院行政改革監視委員会委員長、民主党〕は、救済策の見返りとして、CEOの報酬見直しを含む、企業統治改革を提案した。委員からは破産時における住宅ローンの契約変更を許可する提案も上がっていて、下院司法委員会のスタッフも大いに関心を寄せている。これは実現する可能性が高い。

一一月に下院を通過したが、上院をまだ通過していない、略奪的抵当貸付防止法案で、金融業界に対するすべての特権を剝奪するのもいいだろう。ほかにも検討中の法案はあるが、来週までにまとめるのはむずかしい。わたし自身は、業界を辱《はずかし》めること以外、なんの有益な目的もない条項にも、心をそそられる。たとえば財務省に住宅ローン関連証券を売却する事業体のCEO、CFO（最高財務責任者）、取締役会長に、なんらかのクレジット・カウンセリング講座の修了を義務づけるといったことだ。これは現在、破産申請をした消費者に義務づけられているもので、借金地獄に陥ったことに似つかわしい辱めを与えることをねらっている。ただし、一般市民の場合は、家族の重病のせいで窮状に陥った人がほとんどなのだが。こういった条項は、いい具合にばかばかしくて子どもっぽく、わたしの性に合っている。ほかに名案があれば、ぜひ教えてもらいたい。そして、わたしがあのくそったれ野郎どもをたたきのめす間、やつらを縛りつけておいてくれる志願者も募集する。

銀行家バッシング

二〇〇八年の金融危機を受けて、あまたの市民が復讐心に駆られたのは、当然と言える。不動産担保証券市場が暴落した結果、金融機関がドミノのようにバタバタと倒れていった。二〇〇八年五月には、ＪＰモルガン・チェースがベアスターンズを買収した。九月七日、政府が公的資金を投入して、連邦住宅抵当公庫《ファニー・メイ》と連邦住宅貸付抵当公社《フレディ・マック》を救済した。一週間後の九月一四日には、メリルリンチがバンク・オブ・アメリカに救済買収された。その翌日に、リーマン・ブラザーズが破産申請を行なった。次の日（九月一六日）には、ＦＲＢ（アメリカ連邦準備制度理事会）がＡＩＧに公的資金を導入して、倒産を回避した。九月二五日、アメリカ最大の貯蓄貸付組合ワシントン・ミューチュアルの銀行子会社が、事業の大部分をＪＰモルガン・チェースに売却し、その翌日ワシントン・ミューチュアルの持ち株会社と残った子会社が、破産法一一条による破産申請を行なった。

九月二九日月曜日には、ジョージ・W・ブッシュ大統領の提示した救済措置を、連邦議会下院が否決したために、同日のダウ・ジョーンズ工業株三〇種平均は、過去最大の七七八ドルの下げ幅を記録した。政府が議会を通過するような救済策を練り直している間、ワコビアが次の犠牲者となり、シティグループとウェルズ・ファーゴと買収協議に入った（一〇月三日に後者に買収された）。

七〇〇〇億ドルを超える銀行救済計画に激怒の声があがったとき、わたしはみんながどんな顔をしているんだろうと、あたりを見回してみた。だれもが、自分たちの金融資産をドブに捨てた銀行家に、強烈なパンチをお見舞いしたがっているように見えた。カンカンに怒ったある友人などは、むかしながらの仕打ちを提案したほどだ。「議会は、あの悪党どもを救済するために、俺たちから税金をとり立てるのをよして、あいつらをさらし台にかけりゃいい。首と手首、足首をくくりつけてな。腐ったトマトをあいつらに投げつけるためなら、国民は喜んで大金を払うだろうさ！」

では信頼ゲームの視点から明らかになったことを、この場合に当てはめてみよう。わたしたちは銀行家を信頼して、退職年金や貯金、抵当証券を託した。それなのに、かれらはわたしたちの五〇ドルを（この後にゼロをたくさんつけたい人はどうぞ）持ち逃げした。だからこそ、わたしたちは裏切られたと感じて憤慨し、銀行家をひどい目にあわせたいと思ったのだ。

経済を正常な状態に戻すために、各国の中央銀行は、金融システムに公的資金を投入し、銀行に短期融資を行ない、流動性を高め、不動産担保証券を買い戻すなど、ありとあらゆる策を講じた。だがこうした非常手段は、経済再生という点では、望ましい効果をもたらさなかった。とくに、大量の公的資金投入には、景気回復効果がほとんどなかった。* 国民の激怒はとけなかった。なぜなら、国民の信頼を回復するという、いちばん大切な課題がおろそかにされたからだ。じっさい、国民の信頼をさらに損なうようなことが、三つも行なわれた。最終的に議会を通過した救済法案に、救済とは無関係な減税措置がいくつも含められたこと、金融業界の人々にべらぼうなボーナスが支払われ続けたこと、そしてウォール街が何事もなかったような態度をとり続けたことだ。

顧客の報復——わたしの物語　その一

息子のアミットが三歳になり、娘のネータが間もなく生まれようというとき、妻のスミとわたしは、新しい自家用車を買うことに決めた。いろいろと迷ったあげく、アウディの小型車を買うことにした。ミニバンではないが、赤（いちばん安全な色！）のハッチバック（万能！）だ。アウディは、顧客サービスが充実しているという評判だったし、むこう四年間のオイル交換が無料という特典までついていた。アウディの小型車は、乗り心地が最高で、キビキビと走り、しゃれていて、運転しやすく、家族みんなのお気に入りだった。

当時わたしたちの住まいは、ニュージャージー州プリンストンにあった。わたしたちが住んでいた高等研究所の共同住宅から、アミットの保育園までは二〇〇メートル、わたしの職場までは四〇〇メートルも離れていなかったから、車を走らせるのは、たまの食料品の買い出しや、二ヶ月に一度、マサチューセッツ州ケンブリッジのMITを訪ねるときくらいのものだった。MITへの出勤日の前夜、渋滞を避けるために午後八時ごろプリンストンを出発して、深夜を少し過ぎたころケンブリッジに到着した。プリンストンへも、同じようにして帰った。

そんなあるとき、ちょうど同じころボストンに来ていた、コロンビア大学の研究仲間レナード・リーを車に乗せて、午後八時ごろMITを出発した。レナードとは何ヶ月もじっくり話す機会がなかったから、お互いドライブをとても楽しみにしていた。ところがドライブを始めて一時間ほどたち、混雑したマサチューセッツ高速道路の左車線を時速一一〇キロで飛ばしていると、突然エンジンがアクセルに反応しなくなった。ペダルから足を離して、もう一度踏みこんでみた。エンジンの回転数は上がったが、速度は変わらない。まるでニュートラルに入れたまま、走っているような感じだった。

＊救済策は、たしかに多くの銀行を救った。銀行はまもなく収益性を回復して、上層部にボーナスの大盤振る舞いを始めた。だが経済全体を浮揚させる効果はそれほどなかった。

車の速度は、みるみる落ちていった。右ウィンカーを出して、右後方に目をやると、わたしの合図などおかまいなしに、一八輪トラックが二台、ぐんぐん迫って来るのが見えた。車線変更はできそうにない。なんとかトラックをやり過ごし、それから右車線に移ろうとしたが、ボストンのドライバーは、高性能顕微鏡でなければ見えないほどの車間距離しかとらない。

その間、いつもは話し好きで、にこやかなレナードは、めっきり口数が減り、にこりともしなかった。速度が時速五〇キロにまで落ちたとき、やっとの思いで右車線に移り、そして路肩へ寄せた。心臓が口から飛び出しそうだった。速度が完全に落ちていたから、きっちり右端には寄せられなかったが、少なくとも走行車線からは脱け出した。

車のエンジンを切り何分か待って、もう一度かけてみた。ギアは入るだろうか。だめだ。ボンネットを開けて、エンジンルームをのぞいてみた。むかしはキャブレターやピストン、スパークプラグ、ホース、ベルトの一部がむき出しになっていたから、若いころはエンジンを見れば何がどうなっているかがわかった。でもこのアウディの新型車は、大きな金属の塊があるだけで、中がどうなっているのかさっぱりわからない。あきらめて、ロードサービスを呼んだ。一時間後レッカー車が来て、わたしたちはボストンに引き戻された。

次の日、朝一番でアウディの顧客サービスに電話した。顧客サービス担当者に、このできごとをできるだけ生々しく、臨場感をこめて説明した。迫り来るトラック、高速道路を降りられない恐怖、同乗者がいてその生命をこの手に握っていたこと、エンジンがちゃんと動いていない中で車を操縦するむずかしさを、こと細かに語った。ところが、電話の向こうの女性は、まるで原稿を読み上げるような棒読み口調で、小馬鹿にしたようにこう言ったのだ。「ご不便をおかけして、申し訳ありません」

その言い方に、思わず電話線に手をつっこんで、相手ののどをつかみたい気に駆られた。買ってからまだ五ヶ月しかたっていない新車が故障したのはもちろん、死の一歩手前まで行くような経験をしたのだ。それなのにこの女性ときたら、わたしの苦難に、せいぜい「ご不便」という表現しか思いつかないらしい。彼女が電話を肩に挟みながら、爪を磨いている様子が目に浮かぶようだった。

その後の会話はこんな感じで進んだ。

彼女　いま、地元からかけてらっしゃいますか？

わたし　いいや。住まいはニュージャージーだが、マサチューセッツで立ち往生していてね。

彼女　あら、おかしいですね。こちらの記録では、マサチューセッツにお住まいとなっていますが。

わたし　いつもはマサチューセッツに住んでいるが、いまは二年間の予定で、ニュージャージーにいる。それに、車を買ったのはニュージャージーなんだが。

彼女　当社規定の補償方針は、よその地域で動けなくなった方を対象に、ご自宅までの飛行機や鉄道の料金をお支払いしています。でもお客さまは、記録によればマサチューセッツにお住まいということですので、補償対象にはなりませんね。

わたし　(声が大きくなっている) つまり、そっちの記録管理がずさんなのは、わたしのせいだってか？　いまニュージャージーに住んでいるという証拠を、何だって出してやるよ。

彼女　申し訳ありませんが、記録に従うことになっておりますので。

わたし　(早く車を修理してもらいたいから、もうつっこまないことにする) それで車はどうなる？

彼女　ディーラーに電話をしてから、ご連絡さし上げます。

その日遅くになってわかったのだが、ディーラーに車を見てもらうだけでも、四日かかるという。仕方なくレンタカーを借り、気をとり直してまたレナードを乗せて出発した。今度は、無事帰ってこられた。

それからの一ヶ月間というもの、わたしはアウディの顧客サービスに週に二、三度は電話をかけて、平の担当者から役職者までいろんな人と話し、そのつど車の状態について情報を求めたが、ほとんど何もわからなかった。電話をかけるたび、わたしのきげんは悪くなっていった。それでも三つのことだけはわかった。わたしの車に、何かとても悪いことが起きた。アウディの顧客サービスは、責任をできるだけ逃れようとしている。そして、マイカーの運転を二度と楽しめなくなった。たくさんの不快な感情に、思い出が汚されてしまったからだ。

そんな折、マサチューセッツ州地方検察局に勤める友人が、「レモン法」*（欠陥商品法）のことを教えてくれた。さっそくこの法律について話し合うために、アウディの顧客サービスに電話した。電話の向こうの相手は、レモン法なるものが存在することを知って、驚いていた。そして、どうぞ法的手段をおとり下さいと、わたしにけしかけたのだ（彼女がほくそえんで、こう思っているのが目に見えるようだった。「うちの弁護士は喜んであなたの弁護士を、長くて高くつく裁判に引きずりこんでくれることでしょうよ」）。

この会話で、わたしは勝ち目がないことをさとった。問題を解決するために弁護士を雇えば、車を売り払って損失を受け入れるのとは比べものにならないほどの費用がかかる。車は、壊れてからひと月ほどしてようやく直った。レンタカーをボストンまで返しに行き、

＊ある一定の品質や性能基準に満たない新車を購入した人を救済する法律をこう呼ぶ（〝レモン〟には、欠陥品の意味がある）。

自分のアウディに乗って、プリンストンに帰ったが、いつもほどドライブを楽しめなかった。このことがあって、わたしは無力感とやり場のない怒りにおそわれた。車が故障したこと自体にも、もちろんがっかりしたが、頭の片隅では、しょせん車は機械なんだから、壊れることもあるとわかっていた。そうなったらもう仕方がない。たまたま不運にも、欠陥車を買ってしまったというだけの話だ。だがわたしが腹立たしかったのは、顧客サービス担当者にあんな扱いを受けたことだ。あの思いやりのかけらもない態度や、消耗戦にもちこもうという魂胆が、わたしの気もちを逆撫でした。アウディの人たちにも、痛みを感じてほしかった。

その電話をとるな

それからしばらくたって、わたしはよき友人のアイェレット・ニージー（カリフォルニア大学サンディエゴ校助教）にすべてをぶちまけて、うっぷんを晴らした。彼女は、アウディに一矢報いたいというわたしの気もちをくみとって、この現象を二人で研究してみないかと言ってくれた。そこでわたしたちは、消費者の報復行為を調べる実験をすることにした。その過程で、わたし自身の報復感情や報復的態度を、もっとよく理解できるのではないかと考えたのだ。

わたしたちの最初の仕事は、報復したいと実験協力者に思わせるような、実験的状況を作り出すことだった。あまりほめられたことではないが、報復的態度の度合いを計るために、どうしても必要だった。理想を言えば、顧客の激しいいらだちを再現するような状況が望ましい。そう、わたしが例の顧客サービスに感じたようないらだちだ。アウディは、わたしのことなら喜んでいらだたせてくれそうだったが、まさか、わたしたちの研究プロジェクトを手伝ってくれるはずもない。しかも、お客様相談窓口に電話をかけた半数の協力者をいらだたせ、残りの半数はいらだたせない、などという芸当は無理にきまっている。何か、これに相当するような状況をつくり出す必要があった。

実験協力者を強烈にいらだたせることができれば、いろいろな意味で興味深い（もちろん実験の目的上、という意味だ）。でも、刑務所送りや流血の事態は（わたしたちの血とくればなおさら）避けたい。それに、報復について調べるという名目で、実験協力者を感情的に威圧することが、いささか倫理に反するのは、言うまでもない。また研究上の理由から、被験者をちょっとだけいらだたせるような実験が望ましかった。なぜか？　ちょっとしたいらだちでさえ、復讐心や報復行為を十分引き起こすことを立証できれば、それをもとに、現実の世界について推論を立てられるからだ。現実の世界では、もっと激しくいらだたしいことが起こり得るから、報復の可能性はずっと高いだろうと推測できる。

わたしたちは、人をいらだたせるアイデアをたくさん出し合っては、大いに盛り上がった。たとえば実験者がニンニクをしこたま食べて、課題を説明しながら実験協力者に息を吹きかける、実験協力者の服に何かをこぼす、足を踏んづけるなど。でも結局、別の案で落ち着いた。実験者が課題を説明している最中に、かかってきた携帯電話に出て、しばらくだれかと話す。それから電話を切り、ひと言もわびずに、さっき中断したところからまた説明を続ける、というものだ。これならそう強引でもないし、衛生上の問題もない。

そんなわけで、いらだたせる方法が決まった。では、実験協力者にどんな報復機会を与え、どうやってその報復行為の度合いを計ろうか？　報復行為は「弱」と「強」という、二種類に分けることができる。「弱い報復」とは、道徳的、法的な行動規範に収まるものだ。たとえばわたしが隣人や友人に（そして親愛なる読者諸君に）、アウディのとんでもない顧客サービスの不満を、聞こえよがしにぶちまけるようなものだ。こんなふうにふるまうのは、まったく問題ないし、ただ自分の思ったことを口にしているだけで、何かの規範を踏み越えたと因縁をつけられることもない。他方、「強い報復」とは、一般的な規範を外れてまで、相手に報復を与えようとする行為をいう。たとえば窓を割ったり、人に何らかの身体的危害を加えたり、盗みをはたらいたりすることだ。わたしたちは、強い報復で行こうと決めた。そして、こんな実験を思いついた。

ダニエル・バーガー＝ジョーンズは、二〇歳の才能豊かで頭の切れる、イケメンの（長身、黒髪で肩幅が広く、左頰にやんちゃな傷跡のある）若者だ。ボストン大学で演劇を学ぶ、無職の学生ダニエルは、まさにわたしたちが求めていた逸材だった。アイェレットとわたしはひと夏の間、ダニエルを雇って、ボストンのコーヒーショップに出没しては、お客をいらだたせてもらった。芸達者なダニエルは、ほれぼれするようなすまし顔のまま、いとも簡単に人をいらだたせることができた。おまけに同じ演技を同じ調子で、何度でも繰り返すことができた。

ダニエルはコーヒーショップに腰を落ち着けると、一人で店に入ってくる客を待つ。一人客が飲みものを買って席に着くと、近寄って声をかける。「失礼します、五分間の課題に協力してもらえませんか？　お礼に五ドルお支払いしますよ」五ドルもらえれば、コーヒー代を払ってもおつりが来るから、ほとんどの人が二つ返事で引き受けてくれた。さて同意が得られると、ダニエルは用紙を一〇枚わたす。見ると、ランダムな文字列が並んでいる（第２章「働くことの意味」で説明した、ペア文字実験の問題用紙とほとんど同じものを使った）。

「やってもらいたいことはこれです」と、ダニエルは一人ひとりに説明する。「この中から、二つ連続したｓの文字を、できるだけたくさん見つけて、丸で囲んでください。全部囲み終わったら、次の用紙に移ってください。ぼくは五分たったら戻ってきて、用紙と引き換えに、五ドル支払います。何か不明な点は？」

五分後、テーブルに戻ってきたダニエルは、用紙を回収する。そして実験協力者に、一ドル札の小さな束と領収書を手わたす。領収書には、あらかじめこう書いてあった。

わたくし（　　　　　　　　　　　　）は、実験協力料として、五ドルをたしかに受けとりました。

（あなたの名前）


署名（　　　　　　　　　　）（　　　　年　　月　　日）

「金額を確かめて、領収書にサインしてください。そのままテーブルに置いといてくれれば、あとで取りに来ますから」そしてダニエルは、また別の志願者を探しにいく。これが、「いらだちなし」条件の対照群だ。

一方、ちょっとちがう雰囲気のダニエルに会ったお客もいた（「いらだち」条件）。この条件では、ダニエルは課題を説明している最中に、携帯電話のバイブが鳴ったふりをする。ポケットを手で探り、携帯電話を取り出して、耳に当てる。「おーマイク、何だよ？」そしてちょっと間をおいてから、威勢よくこう言う。「じゃ今夜八時半、ピザでも食おうぜ。俺んちか、おまえんちか。どうする？」それからこう言って電話を切る。「じゃあな」このにせの会話は、全部で一二秒ほどだった。

ダニエルは携帯電話をポケットに戻すと、中断についてはいっさい触れずに、ただ課題の説明を続ける。そしてこれ以降は、対照群とまったく同じように実験が進んだ。

わたしたちの予想では、携帯電話による中断を経験した実験群の方が、対照群に比べて、いらだちの感情も、報復したいという欲求も大きいはずだった。でも、報復欲求の大きさを、どうやって計るのか？　ダニエルは、実験協力者一人ひとりに札束をわたすとき、こう言った。「お礼の五ドルです。確かめてから、領収書にサインしてください」ここでじつは、まちがえたふりをして、いつもわざと多めの金額をわたしていたのだ。わたす金額は、六ドル、七ドル、九ドルのいずれかだった（つまり一ドル、二ドル、四ドル多い金額）。なぜこんなことをしたのか？　手ちがいで多すぎる金額をもらったことに気づいた実験協力者が、社会規範を破ること（この場合、余分なお金をネコババすること）によって、「強い」報復を示すか、それとも余分なお金を返すかを知りたかったのだ。わたしたちがとくに関心をもっていたのは、電話による一二秒間の中断のせいで、実験協力者がいくら余分に着服しようとするかだった。これを、報復欲求の大きさを計る尺度と考えた。この手法を選んだもう一つの理由は、日常生活でよくある報復機会に似ているからだ。たとえばあなたはレストランで、ウェイターが勘定をまちがえたことに気づいたとする。あなたはまちがいを教えてあげるだろうか、それとも黙っているだろうか？　またこのとき、ウェイターに何か腹の立つことをされていたらどうする？　まちがいに気づかないふりをしようとする動機は高まるだろうか？

さて、この古典的なジレンマを突きつけられた実験協力者は、どうしたか。実験協力者にわたした余分なお金の多寡（一ドルか、二ドルか、四ドルか）は、余分なお金をくすねる傾向に、何の影響もおよぼさなかった。ところが、ダニエルが説明の途中で電話に出たことは、大きなちがいを生んだ。「いらだちなし」条件で余分なお金を返した人が、全体の四五％だったのに対し、ダニエルの失礼な一面を見せつけられた実験協力者のうち、お金を返した人は、たった一四％だったのだ。いらだっていない状態でも、余分なお金を正直に返した人が、四五％しかいなかったのは、たしかに残念なことだ。しかし本当に気がかりなのは、一二秒間の通話のせいで、お金を返した実験協力者の割合がガクンと下がり、結果として正直な行動をとった人が、ほんのわずかしかいなくなったことだった。

とてもひどいホテルやその他の物語

意外にも、顧客担当者から不当な扱いを受けて、気を悪くした人は、わたしだけではなかった。たとえば、ビジネスマンのトム・ファーマーとシェーン・アチソンの例がある。インターネットで二人の名前を検索すると、『おたくはとてもひどいホテル』（Yours Is a Very Bad Hotel）[10]という、おもしろおかしいスライドショーが見つかるはずだ。これは、ヒューストンのダブルツリークラブ・ホテルの経営陣に宛てた、一風変わったパワーポイント型式の報復なのだ。

二〇〇一年のある寒い夜、二人のビジネスマンが、ホテルにたどりついた。ホテルは二人分の予約を保証し、確認していた。ところが二人は到着すると、あろうことか、オーバーブッキングで一室しか空いていないと言われたのだ。しかもその一室は、エアコンと配管が壊れていて、使用禁止ときた。たしかにこれは、とんでもない話だ。しかしファーマーとアチソンの怒りを買ったのは、夜間フロント係マイクの、ひとごとのような態度だった。

マイクは代わりの宿を探してくれるどころか、手を貸してくれようともしなかった。じつのところ、ファーマーとアチソンの逆鱗《げきりん》に触れたのは、部屋がないという問題そのものよりも、マイクの無礼で、開き直った、人を見下すような態度だった。マイクはお客様係なのだから、思いやりを示して当然だと二人は思った。だからこそ、マイクがそれを示さなかったとき、かれらは憤慨し、逆襲したのだ。優秀なコンサルタントがやるように、二人はパワーポイントでプレゼンテーションを作成し、「夜間フロント係マイク」の発言を、おもしろおかしく引用しながら、一連の経緯を説明した。マイクの無能ぶりがホテル・チェーンにもたらし得る潜在的損失額の試算や、二人がダブルツリークラブ・ホテルに戻ってくる確率も盛りこんだ。

たとえばトムとシェーンは一五枚目のスライドで、「わたしたちがヒューストン・ダブルツリークラブに戻ることはまずあり得ない」と題して、二人が戻る確率をこんなふうに説明している。

わたしたちが
ヒューストン・ダブルツリークラブに戻ることは
まずあり得ない

・一生のうちに浴槽で死亡する確率――一万四五五分の一
（安全性評議会調べ）
・地球が近くを通過する星の重力で太陽系から弾き出される確率――二二〇万分の一
（ミシガン大学調べ）
・イギリスの宝くじに当選する確率――一三九八万三八一六分の一
（イギリス宝くじ協会調べ）
・わたしたちがヒューストン・ダブルツリークラブに戻る確率――上記のいずれよりも低い
（そもそも、このホテルがわたしたちのために部屋を確保する確率は、どうなのだ？）

二人のビジネスマンは、ダブルツリークラブ・ホテルの支配人や顧客に宛てて、このファイルを電子メールで送った。その後、このプレゼンテーションは、インターネット上のクチコミで急速に広まった。最終的にダブルツリーは、ファーマーとアチソンに謝罪を申し出たが、二人はただ、顧客サービスの改善を求め、ホテルはこれに応えたという。

比較的円満に終わった報復物語の例を、もう一つ紹介しよう。今度の主役は、ネイスタット兄弟だ。二人はアップルの顧客サービスとのやりとりをくわしく説明したビデオを制作した。あるとき、兄弟のどちらかが愛用していたｉＰｏｄのバッテリーがだめになったので、早速アップルに電話をかけて、バッテリー交換を頼んだ。すると顧客サービス担当者は、「一年の保証期間が過ぎていますので、交換には二五五ドルの修理料金プラス、返送料がかかります。これなら、新品を買った方がよさそうですね」と言った。

これを聞いた兄弟は、ニューヨークの街中で、色とりどりのｉＰｏｄのポスターを探しては、スプレーペンキでこう落書きした。「ｉＰｏｄの交換不可能なバッテリーは、一八ヶ月しかもたない」またこの一部始終を映画仕立てにして、「ｉＰｏｄの外聞の悪い秘密」という題をつけて、ＹｏｕＴｕｂｅなどの動画サイトに投稿した。かれらの行動をきっかけに、アップルはバッテリー交換に関する方針の変更を余儀なくされた*（残念ながら、アップルはその後もバッテリー交換がむずかしいｉＰｏｄやｉＰｈｏｎｅの製造を続けている)。

ひどい顧客サービスの代表格としてだれもが思い浮かべるものといえば、もちろん航空会社だろう。空の旅は、へたすると悪意醸成工場になりかねない。セキュリティでは、スキャンで体が丸見えにされ、人工股関節の入った老婦人は、ボディチェックの憂き目にあう。靴まで脱がされ、歯みがきペーストや保湿剤などの液体類の機内持ち込みは、それぞれ八五グラム以内に制限され、しかも縦横の合計が四〇センチ以内のファスナー付き透明袋に入れなくてはならない。それにもちろん、長い行列やすわり心地の悪い座席、フライトの遅れなど、わずらわしくうっとうしいことは、数え切れないほどある。

ここ何年かの間に、航空会社はありとあらゆるものに料金を請求するようになり、飛行機にはこれでもかとばかりに、たくさんの座席と乗客を詰めこんでいる。あれだけつまった座席に居心地よく座れるのは、幼児くらいのものだ。預け入れ荷物や水、機内食さえ有料になった。飛行時間を最適化するために、滞空時間を長くし、地上での時間を短くした。その結果、一つの便に遅れが出たらどうなる？　そう、どこかの悪天候のせいで、玉突き的に、ほかの多くの空港で長い遅延が発生するのだ(「当社の責任ではありません」と航空会社はのたまう)。こんなふうに苦しめられ、ないがしろにされた乗客は、怒りと敵意を抱き、ときに考えつく限りの方法で不満を表すことがある。

わたしも、シカゴからボストンまでのフライト中、このような復讐鬼のせいでひどい目にあった。機内でわたしは一七Bという、真ん中の座席をちょうだいする光栄に浴した。両脇を巨漢が固め、肉布団がわたしの座席まではみ出していた。離陸したので、座席ポケットの機内誌に手を伸ばした。ところが、手に感じたのは、しっかりとした紙の手ざわりではなく、ひんやりしたネバネバの、品よく言えば残飯の感触だった。わたしは驚いて手をひっこめ、座席をどうにかこうにか抜けだし、とにかく手を洗おうと、トイレへ急いだ。そこで目にしたのは、悲惨な光景だった。トイレットペーパーがそこら中に散乱し、床は小便でびしょ濡れ、おまけに液体石けんのディスペンサーは空っぽだった。前のフライトの乗客たちは、わたしの座席に座っていた客を含め、怒り心頭に発していたにちがいない（この感情は、清掃要員や整備要員にまで、伝染したのかもしれない）。わたしの座席ポケットに、べとべとの置き土産をした乗客や、トイレを汚した乗客たちは、わたしを個人的に嫌っていたわけではないだろう。だがかれらが、航空会社への怒りを表わすために、ほかの乗客に感情をぶちまけたことで、いまや報復の連鎖が始まろうとしていた。

あなたの周りはどうだろう？　企業や組織による顧客の不当な扱いが横行するなか、市民の間に、報復の反応が広まってはいないだろうか？　店や飛行機のフライト、レンタカーのカウンターなどに、かつてないほど無礼、無知、無関心、そして悪意がはびこってい

＊これも「強い」報復の一例だ。ネイスタット兄弟はiPodのポスターを汚したことで、器物損壊に関わる法をいくつか犯した。

るのを感じないだろうか？　この「ニワトリが先か、タマゴが先か」の問題を仕掛けたのがだれなのかは、わからない。しかしわたしたちは消費者として失礼なサービスに接すると、怒りがエスカレートして、そのひどい仕打ちとは何の関係もないのに、次に出会う店員や担当者にやつあたりすることが多い。この感情の爆発の巻き添えをくらった人も、きげんが悪くなり、次の顧客に対応するとき、丁寧で礼儀正しく接する気にはなれない。かくして、いらだち、不満、報復のスパイラルが、際限なく続いていくのだ。

依頼人と代理人

ある日アイェレットとわたしは、ダニエルと携帯電話の実験の打ち合わせをするために、ランチに出かけた。二〇歳そこそこの、見るからに気もそぞろなウェイトレスが、注文をとりに来たので、アイェレットはツナサンド、わたしはギリシャ風サラダを注文した。数分して、ウェイトレスが戻ってきたが、手には、シーザーサラダとターキーサンドをもっている。アイェレットとわたしは顔を見合わせ、それからウェイトレスを見上げた。

「これ、注文したのとちがうんだけど」とわたし。

「あ、すいません。戻してきます」

アイェレットは腹ぺこだったので、わたしを見て、肩をすくめた。「いいわ、これいただくわ」

ウェイトレスはやるせないような顔をして、「すいません」と言い、向こうへ行ってしまった。

「ねえ、たとえばの話、あの子がお勘定をまちがえて、安くなってたらどうする？」アイエレットはわたしに聞いてきた。「まちがってるよ、って教えてあげる？　それとも仕返しとして、黙ってる？」この問いは、わたしたちの最初の実験とも関連していたが、ある重要な点でちがいがあった。もし問われているのが、ウェイトレスに残しておくチップの金額だったら、ことは単純だ。わたしたちの気分を少々害したのは彼女（経済学用語で言うと「依頼人《プリンシパル》」）なのだから、罰としてチップを少なめにすればいい。しかし、勘定がまちがっていた場合、収入減という実害をこうむるのはレストランであって、ウェイトレスではない。この場合は、ウェイトレスが「代理人《エージェント》」で、レストランが「依頼人」になる。わたしたちが勘定のまちがいに気づきながら、彼女の仕事ぶりに感心しなかったという理由で、それを申し出なかったら、代理人のまちがいのツケを、依頼人が払わされることになる。ではあやまちを犯したのが代理人だったとしても、わたしたちは依頼人を相手に、報復するだろうか？　「それに、もしあのウェイトレスが、レストランのオーナーだったらどうなる？」とわたしたちは考えた。その場合、彼女は依頼人でもあり、代理人でもある。そういう状況では、わたしたちが彼女に報復する可能性は高まるだろうか？

　わたしたちの推測は、こうだった。ウェイトレスがただの代理人の場合、客がレストラン（依頼人）に報復する確率は、ずっと低い。逆に、彼女が依頼人なら、客が勘定書のまちがいを申告しない可能性は、ずっと高くなるだろう（ちなみにこのときは、勘定にまちがいはなく、わたしたちはウェイトレスのサービスには不満だったものの、一五％のチップを置いて帰った）。代理人か依頼人かのちがいが、報復が起きる確率にちがいをもたらすという考えは、まったく筋が通っているように思えた。そんなわけでわたしたちは、この直感が正しいかどうかを調べることで、この問題をよりくわしく研究してみることにした。

わたしたちがやったこと、発見したことを説明する前に、ちょっと想像してほしい。あなたはある日、企業が所有する洋服店で、なんともしゃくにさわる店員に出くわした。あなたが一生懸命注意を引こうとしているのに、この店員と来たら、カウンターの向こうに突っ立ったまま、同僚と『アメリカン・アイドル』の最新回の話を、ぺちゃくちゃ喋っているのだ。無視されて頭に来たあなたは、よほど出ていこうかとも思うが、シャツとセーターはとても気に入ったから、仕方なくクレジットカードを差し出す。そこであなたは店員が誤ってセーターのバーコードを読みとらなかったことに気づいた。でも、じっさいより少ない金額を支払えば、店員（代理人）ではなく、店のオーナー（依頼人）を罰することになる。あなたは黙っているだろうか、それともまちがいを指摘してあげるだろうか？

お次は、ちょっとちがうケースだ。あなたは個人の所有する洋服店に行き、やはりむかつく店員兼オーナーにあたり、セーターを「無料」で手に入れるチャンスに出くわした。ただこのときは、依頼人と代理人が同一人物だ。だから、見落としを指摘しなければ、両者を罰することになる。あなたはどうするだろう？　あなたの報復に苦しむ人が、あなたを怒らせた張本人でもあることは、何かちがいを生むだろうか？

次の実験の設定は、前のコーヒーショップでの実験と似ていた。ただしこの時、ダニエルは一部のお客に、こんなふうに自己紹介した。「やあ、ぼくはＭＩＴの教授に雇われて、プロジェクトの手伝いをしているんです」この条件では、ダニエルはさっきの例で言う、ウェイトレスや店員と同じ、「代理人」だった。つまり、いらだった人が余分なお金を自分のふところにしまえば、「依頼人」（わたしだ）に実害を与えることになる。

その一方で、ダニエルは残りの実験協力者には、こう自己紹介した。「やあ、ぼくは学士論文の研究のために、自費で実験をやっているんです」この場合ダニエルは、さっきの例で言うレストランや店のオーナーと同じ、「依頼人」になる。さてコーヒー好きのボストンっ子たちは、自分の行動がダニエル自身に実害をおよぼすことを知っていた場合、報復する傾向が高かっただろうか？　それともだれが害を被ろうと、同じようにふるまっただろうか？

結果は、気がめいるものだった。最初の実験と同じように、携帯電話による中断にいらだった人たちの方が、説明が中断されなかった人たちよりも、余分なお金を返す傾向がずっと低かったのだが、驚いたことに、報復で苦しめられる人が、ダニエル（代理人）か、わたし（依頼人）かということは、この傾向にちがいをもたらさなかったのだ。そこでわたしたちは、トム・ファーマーとシェーン・アチソンの物語を思い出した。あの事例でも、二人をいらだたせたのは、主に夜間フロント係のマイク、つまり代理人だった。それでも、かれらのパワーポイントのプレゼンテーションは、ダブルツリークラブ・ホテル（依頼人）を、攻撃の矛先《ほこさき》にしていた。報復したいという欲求を感じるその瞬間には、こらしめる相手がだれかということは、問題にならず、代理人であれ、依頼人であれ、とにかくだれかに代償を払わせたいだけなのだ。現実の経済活動では代理人と依頼人が異なることが多く、また昨今のアウトソーシングの流行で、この二重性の傾向はますます高まっている。こうした事情を考えると、この結果はじつに気がかりに思われた。

顧客の報復——わたしの物語　その二

このように、比較的ささいな失礼でさえ、報復本能に火をつけることがわかった。報復したいと思ったが最後、自分をじっさいにいらだたせた相手と、自分の報復の結果に苦しめられる人が同じかどうかは、問題ではなくなるのだ。これは顧客サポートやサービスで、口先だけの好意を示す（示しすらしない）企業にとっては、とてもやっかいな事態と言える。顧客の報復行為は、社長室からは見えない。それに顧客は強い報復行為を行なうとき、できるだけこっそり事を運ぼうとする。アウディ、ダブルツリー、アップル、航空各社などは、自分たちの無神経なふるまいが顧客をいらだたせ、報復衝動に火をつけたという因果関係に、思い至りもしないことが多いのだ。

ところでわたしは、どうやってアウディに一矢を報いたか？　うっぷんを晴らすために、おもしろおかしい動画を作って、ＹｏｕＴｕｂｅなどに投稿する人がいることは知っていた。だがそのやり方は、わたしの性に合わなかった。そこで、名だたるビジネス誌《ハーバード・ビジネス・レビュー》（ＨＢＲ）に、架空のケース・スタディを書いた。トム・ザカレリー氏が、アティーダの新車で経験した不愉快なできごとの物語だ（「アティーダ」は架空の自動車メーカーで、主人公のファーストネームには、トム・ファーマーの名を拝借した。わたしの苗字の「アリエリー」と「ザカレリー」が似ていることにも注目されたし）。トム・ザカレリーがアティーダのＣＥＯに宛てて書いたのは、こんな手紙だ。

親愛なるターム様

わたしは貴社の長年の顧客であり、かつてはアティーダ車の愛好者でしたが、いまや絶望の淵にある者として、この手紙をしたためています。数ヶ月前、わたしはアンドロメダXLの新車を購入しました。キビキビと走り、しゃれていて、運転しやすいこの車を、とても気に入っていました。

九月二〇日のことです。ロサンゼルスに帰ろうと、車を走らせていたとき、いきなりエンジンがアクセルに反応しなくなりました。まるでニュートラルで運転しているような感じ、と言ったらいいでしょうか。すぐに右肩に寄せようとしましたが、右後方を見ると、わたしが車を脇へ寄せようとしているのに、二台のトラックがグングン近づいてくるではありませんか。ぎりぎりのところで衝突は避け、何とか生きたまま路肩に寄せて、事なきを得ました。人生の中で、あれほど恐ろしい経験をしたことは、いまだかつてありません。

ところがわたしの苦難は、その後もひどくなる一方でした。それは貴社の顧客サービスのせいです。貴社の担当者は無礼で、不親切で、わたしのこうむった出費を返金できないとつっぱねました。ひと月たって、車は戻ってきました。でもいま、わたしの胸は怒りと恨みでいっぱいです。なんとかあなたにも、わたしのやりきれなさをわかっていただきたい。どうにかしてこの恨みを晴らしたいという思いでいます。

あなたの会社のことをとり上げた、とてもしゃれた意地の悪い動画を制作して、ＹｏｕＴｕｂｅに投稿することを、いま真剣に検討しています。あなたのお気に召さないこと請け合いです。

敬具

トム・ザカレリー

わたしがこのＨＢＲのケース・スタディで投げかけた問いは、これだ。「アティーダ自動車は、トムの怒りにどのように対応すべきだったか？」メーカー側が、トムに補償する法的義務を負っているかどうかは、はっきりしなかった。そのため、アティーダの経営陣は、かれにとり合わない方がいいのか、それともなだめるべきなのか、考えあぐねた。かれらはこう自問した。そもそもなぜこの客は、さらに時間と労力をかけてまで、アティーダ自動車の評判を汚すようなビデオを作ろうとするのか？　車の問題に対処するのに、もう十分時間をとられたのではないのか？　もっとましな時間の使い方というものがあるだろう？　アティーダが、かれをなだめるために指一本たりとも動かすつもりのないことを、あれだけはっきり示したというのに、なぜかれは報復でさらに時間をむだにしようとするのか？

わたしを担当してくれた、ＨＢＲの編集者ブロンウィン・フライヤーは、このケース・スタディに関して、四人の識者に意見を求めた。一人はほかならぬ、『おたくはとてもひどいホテル』で有名な、トム・ファーマーだ。かれは当然のようにアティーダを酷評し、トム・ザカレリーの肩をもった。かれのコメントは、しょっぱなからこんな文句で始まっていた。「アティーダにそういう意識があるかないかはさておき、この会社は、たまたま自動車を販売することになったサービス組織であって、たまたまサービスを提供することになった自動車メーカーではないのだ」

最終的に、四人の評者が四人とも、アティーダがトムを不当に扱ったと感じ、またトムが警告どおりビデオを制作すれば、同社に非常に大きな損害を与え得ると考えた。そして、正当な理由で不満をもっている、たった一人の顧客をなだめることの潜在的メリットは、それに要するコストを上回るということで、全員が一致した。

このケース・スタディが、二〇〇七年一二月に誌上にお目見えすると、わたしはアウディの顧客サービス部長宛てに、さっそく雑誌を一部送りつけた。この記事が、わたしのアウディとの実体験に基づくものだと添え書きしたのは、言うまでもない。ついぞ返事は返ってこなかったが、今では一連のできごとに、前ほどいやな感情を抱かなくなった。とはいえ、それが報復のおかげなのか、時間が癒してくれたおかげなのかはわからない。

謝罪の力

やっと車が戻ってきて、整備主任がキーをわたしてくれた。別れ際、かれはこう言った。「すみませんね、でも車ってものは、壊れるものですよ」かれが言ったのは、ただの真実だったが、意外なほどわたしの心をなだめる効果があった。「そうだな」とわたしは心の中で思った。「車は壊れるもんだ。これはよくあることで、そこまで頭に来るようなことじゃない。プリンタが紙づまりを起こしたって、そういうもんだと、腹も立たない。それと同じじゃないか」

それなら、わたしはじっさい、どうしてあんなに腹が立ったのだろう？ もし顧客サービスが「申し訳ありません。でも、車はときに壊れるものですよね」と言って、いくらかでも気遣いを示してくれていたなら、一連のできごとは、かなりちがう展開を見せていたはずだ。ひょっとすると謝罪には、人間関係をよりよいものにし、仕事やプライベートでのやりとりにおける報復本能を抑える効果があるのではないだろうか？

自分の経験を振り返ると、わたしは愛妻のスミにしょっちゅう謝っていて、それでうまく行くことも多い（ちなみにアイェレットは基本的に人格者だから、そもそも謝る必要がない）。これをふまえて、わたしたちはもう一度同じ実験をとおして、「すみません」という言葉に、どんな力があるのかを調べることにした。

今回の実験の設定も、最初の実験とほとんど同じだ。この時もダニエルをコーヒーショップに送りこんだ。かれはお客に声をかけて、五ドルの見返りに、ペア文字探しの課題をやってくれるかどうかたずねた。ただしこのとき、三つの条件に分けて実験を行なった。対照条件（「いらだちなし」）では、ダニエルはまずコーヒーショップの客に、五分で五ドルの仕事をやってくれるかどうかたずね、同意が得られたら（ほとんどの人が快諾してくれた）、文字の並んだ例の用紙をわたして、手順を説明した。五分後、ダニエルはテーブルに戻ってくると、用紙を回収し、実験協力者に四ドル余分にわたして（一ドル札を四枚と五ドル札を一枚）、五ドルの領収書を書かせた。第二の「いらだち」条件も、手順はほぼ同じだが、説明の途中でダニエルが電話に出るふりをした。

　さて第三のグループだ。このグループは、基本的に「いらだち」条件と同じだが、ちょっとだけひねりを加えた。今回ダニエルは、実験協力者に報酬を支払い、領収書に署名を求める段になって、ひと言わびを入れたのだ。「すみません」とかれは言った。「ぼくは電話に出るべきじゃなかった」

　最初の実験結果をふまえて、いらだった人たち（第二グループ）は、余分な現金を返す傾向がずっと低いと、わたしたちは予想し、結果はそのとおりだった。では、第三グループはどうだったか？　驚いたことに、謝罪には絶大な効果があった。「謝罪」条件で、実験協力者がダニエルに返した金額は、「いらだちなし」条件とまったく同額だった。つまり、「すみません」という言葉には、いらだちの影響を完全に帳消しにする効果があったのだ（今後のために、魔法の公式を載せておこう。いらだち１＋謝罪１＝いらだち０《ゼロ》）。この実験から、謝罪には、一時的にせよ、効果があることがわかった。

　でもちょっと待ってほしい。むかつくふるまいでどんなに人をいらだたせても、すぐに

「すみません」とあやまりさえすればすむ、と早合点しないよう、ひとこと言っておく。わたしたちの実験は、ダニエルとコーヒーショップの客との、一度きりのやりとりだった。ダニエルと客たちが、何日も続けて実験と謝罪を繰り返していたら、結果はどうなっていたかわからない。「オオカミ少年」の話が教えてくれるように、「すみません」の大安売りをすれば、当然効果も薄れる。

またわたしたちは、ボストンのコーヒー愛好家の報復感情をなだめる方法を、もう一つ見つけた。たまたまわかったことだが、ダニエルの失礼な電話から、実験協力者が報復する機会（報酬をもらって、領収書に署名をするとき）までの時間を、一五分増やすだけで、報復感情が少しおさまって、戻ってくる金額が増えたのだ（ここでもひとことくぎを刺しておく。いらだちの度合いがとても強いときは、ただ時間が過ぎるのを待つだけでは、報復衝動を消し去れるかどうか、わからない）。

医師が謝罪するとき

意外かもしれないが、医師も人の子、ときにまちがいを犯すことがある。そうなったとき、医師はどう対処すべきだろう？　医療ミスを認めて謝罪した方がよいのだろうか？　それとも、あやまちを否定した方がよいのだろうか？　後者には、はっきりした論拠がある。この訴訟社会では、医師がミスを認めると、訴えられたとき裁判に負ける可能性がとても高いのだ。だがその一方では、医師の謝罪が患者の怒りを鎮め、そもそも訴えられる可能性を軽減することもあるだろう。

患者への謙虚な思いやりと、計算高いお役所主義とのせめぎあいでは、結局は「すみません」が勝利を収めることが多い。たとえばボルチモアのジョンズ・ホプキンス・ブルームバーグ公衆衛生大学院で行なわれた研究で、[11]医師が医療ミスに対処する様子を映したビデオを患者に見せたところ、患者は、謝罪を表明して自分の非を認めた医師の方を、ずっと好意的に評価した。それだけではない。マサチューセッツ大学医学部の、別の研究チームによる実験では、医師が非を認めて謝罪し、将来のあやまちを防止する対策を講じたとき、患者は医師を訴えることにあまり関心を示さなかったという。[12]

そんなことから、もしあなたが外科医で、悪くない方の膝を手術したり、患者の体内に器具を置き忘れてしまったとしたら、謝罪には大いに意味がある。患者の激怒はおさまり、あなたの診察室にどなりこんで、手術していない方の足であなたをけとばし、あなたのお気に入りの文鎮を窓から投げ捨てようとは思わなくなるだろう。それに謝罪には、あなたをずっと人間味のある人物に見せ、訴えられにくくする効果がある。こうした研究結果をふまえて、昨今では医学界の主流意見として、医師があやまちを犯したときには謝罪し、非を認めることが推奨されている。とはいえ、怒りと報復の悪循環を加速させるとわかっているのに、自分のあやまちを否定して、他人のせいにしてしまうのもまた、人間の性《さが》の一つなのだ。

どうしても報復したくなったら

古今東西の賢人たちが、復讐の見せかけの利益に、警鐘を鳴らしている。マーク・トウェインはこう言った。「そこにこそ、復讐の欠点がある。復讐の期待に胸をふくらませても、復讐そのものは苦痛であって、喜びではない。復讐の最大の結末が、苦痛であることはまちがいない」ウォルター・ウェックラー（アメリカの辞書編集者）は、こうまで言っている。「塩水が渇きを癒さないように、復讐には、感情を和らげる効果はない」アルベルト・シュヴァイツァーも指摘する。「復讐は……転がる石のようなものだ。だれかが岩を丘の上まで押し上げても、岩は凶暴さを増してかれに向かって転がり落ち、弾みをつけてくれた者の骨を砕いてしまう」

このように、復讐を戒める賢明な助言はたくさんあるが、わたしたちは報復せずにいられるのだろうか？　報復欲求は、人間の心理反応の中でも、最も基本的なものではないだろうか。この欲求は、他人を信頼するという、人間のすばらしい能力と表裏一体なのだ。またそれは、人間の本質の一つだからこそ、抑えるのがむずかしい。わたしたちは、人生に「禅」のような姿勢でのぞむべきなのだろうか？　もっと長い目でものごとを見るべきなのだろうか？　一〇まで、いや一〇〇〇万まで数えて、時間を味方につけるか？　だがそんなことをしても、残念ながら、このよくある感情を、せいぜいほんの少し和らげるにすぎない（わたしたちの感情の暗い面については、第10章「短期的な感情がおよぼす長期的な影響」でも説明する）。

　報復感情をどうしても抑えきれないときは、悪影響を招かない方法で、うっぷんを晴らす工夫をしてみるのもいいだろう。たとえば小さなプラカードの片面に大きな字で「よい一日を！」と書き、裏面にはずっと小さい字で「●●野郎！」と書く。このカードを車のダッシュボードに常備しておいて、だれかにスピードの出しすぎや割りこみなどの危険運転でひどい目にあわされたら、「よい一日を！」の面を、窓から見せてやる。ひどいことをした相手をからかうようなジョークを書きためて、インターネットに匿名で投稿したり、友だち相手に発散するのもいいだろう。腹の立つできごとを説明する、パワーポイントのプレゼンテーションを作ったり、《ハーバード・ビジネス・レビュー》にケース・スタディを投稿するのも、うまい方法だ。

報復も役に立つことがある

高速道路で死にかけた経験を別とすれば、アウディにまつわるできごとは、全体として有意義なものだったといえる。おかげで報復という現象についてじっくり考え、実験を行ない、自分の考えを誌上で発表し、そのうえこの章を書くこともできたのだ。じっさい、復讐を動機とした成功物語の例には事欠かない。こういう物語は、仕事が自分の存在意義になっているような、起業家やビジネスマンが主人公だ。企業のＣＥＯや会長が地位を追われると、自分を追放した相手を見返すことが人生の使命になり、かつての地位をとり戻したり、もとの会社に対抗する競合企業を立ち上げたりして、華々しく成功する人もいる。

たとえば一九世紀末の話だが、コーネリアス・ヴァンダービルトは、アクセサリー・トランジット・カンパニーという蒸気船会社を所有する実業家だった。しかし自家用ヨットでヨーロッパに旅行に出かけたとき、バラ色の人生は終わりを告げる。旅から帰ってきたかれを待ち受けていたのは、留守をまかせた二人の仲間の裏切りだった。二人はヴァンダービルトの持ち株を、かれに無断で買いとっていたのだ。「おまえたち、わたしを裏切ったな。だが法の手は遅すぎるから訴えはしない。わたし自身の手で、おまえたちを破滅させてやる」かれはヨットを旅客船に改造し、その名も「オポジション」（敵）という競合企業を興した。はたして新会社は順調に成長し、ヴァンダービルトは、最終的にもとの会社の支配権をとり戻した。結局、会社の規模は当初より大きくなり、問題社員を二人減らすことができた。[13]

復讐から始まった成功物語の例を、もう一つ。[14] 映画プロデューサーのジェフリー・カッツェンバーグは、ウォルト・ディズニーを首になったが、二億八〇〇〇万ドルの報奨金を訴訟で勝ちとり、ディズニーに対抗して、映画会社のドリームワークスＳＫＧを立ち上げた。同社はその後映画『シュレック』で、華々しい成功を収める。この映画はディズニーのおとぎ話を茶化しているうえ、劇中の悪役が当時のディズニーの社長（カッツェンバーグと確執のあった元上司、マイケル・アイズナー）にそっくりなのだ。こうしてシュレックの背景を知ったからには、ぜひもう一度映画を見て、復讐がいかに建設的（でおもしろい）かを味わってほしい。

第5章のまとめ

- 復讐は人間の奥深い本能だ。
- この本能は不合理だが、社会の信頼関係を保つ働きがある。
- 顧客による報復は、企業に大きなダメージを与えることがあるため、顧客をなだめるメリットは大きい。
- 復讐心をバネに成功する人も多い。

第二部　家庭での理屈に合わない不合理な行動

第6章
順応について
なぜわたしたちはものごとに慣れるのか
（ただし、いつでもどんなものにも慣れるとは限らない）

人間は柔軟な生きものだ。何にでも慣れてしまう。
——フョードル・ドストエフスキー

一九世紀末は、カエルやミミズをはじめとする、多くの生きものにとって、受難の時代だった。欧米で生理学の研究が盛んになり（チャールズ・ダーウィンのおかげでもある）、科学者は不幸な被験者たちの体を喜々として切り裂き、切断し、つぎ合わせた。科学界の言い伝えによれば、生きものをゆっくり熱して、環境変化への順応を調べる実験も行なわれたらしい。

この種の実験のうち、いちばん有名なものが、本当に行なわれたかどうかは知らないが、カエルの入った水を温める実験だ。カエルをとても熱い湯の中に入れたら、泡食ってすぐに飛び出すにきまっている。だが室温くらいの水に入れれば、チビ助はそこにのんびり居座る。水温をゆっくり上げていくと、カエルは水温の上昇変化に慣れるから、いつまでも湯の中にとどまっている。そしてそのまま水温を上げ続けると、やがてカエルはゆだって死んでしまうというわけだ。

このカエルの実験が本当かどうかは、やってみたことがないからわからない（たぶん、カエルは飛び出すのではないだろうか）。とはいえ、ゆでガエルの話は、順応の原理をよく表わしている。一般に、人間を含むどんな生きものも、時間がたてばほとんど何にでも順応すると考えられている。

このカエルの物語は、悪い意味で引き合いに出されることが多い。たとえばアル・ゴア元副大統領は、地球温暖化の影響への無知に警鐘を鳴らすためのたとえとして、この話を使った。そのほか、人権侵害が緩慢に進行していることを警告するのに使われることもある。ビジネスマンやマーケティング担当者は、製品やサービス、方針（価格引き上げなど）の変更を、段階的に行なう根拠として、このたとえを持ち出す。ゆっくり時間をかければ、顧客はいつか（願わくは、気づかないまま）慣れてしまうというわけだ。この順応になぞらえたたとえは、本当によく使われている。《アトランティック》誌のジャーナリスト、ジェームズ・ファローズなどは、『ゆでガエルの資料室』と題したウェブのコラムで、こんなことを言っているほどだ。「沼地が姿を消し、河川の汚染が進むなか、カエルは今でさえ、十分つらい目にあっているというのに、政治的レトリックにまで引っ張り出される始末だ。カエルのためを思って、またばかばかしい公的議論から卒業するためにも、このカエルのくだらない作り話は、もうやめにしようじゃないか(15)」

じっさい、カエルは驚くほど順応能力が高い。水陸どちらの環境でも生きられるし、環境にとけこむために色を変え、捕食者を追い払うために、毒ガエルのまねをするものさえいる。人間も、極寒の荒涼たる北極圏から、灼熱の乾燥した砂漠までの多様な環境に身体的に順応するという、とほうもない能力を持っている。身体的順応は、人間のさまざまな能力の中でも、広くもてはやされている。

順応の驚異をもっとよく理解するために、わたしたちの視覚系のしくみについて考えてみよう。あなたは昼間に映画館に行ったことがあるだろうか。マチネが終わって、うす暗い映画館から、日がさんさんと降りそそぐ駐車場に出ると、最初は何も見えないほどまぶしく感じるが、わりあい早く目がなれる。暗い映画館からまぶしい日差しの中に移ることは、順応の二つの側面をよく表わしている。一つは、わたしたちが真っ昼間（輝度一〇万ルクスにもなる）から夕暮れ時（一ルクスということもある）まで、広い範囲の明るさに対応できるということだ。星明かり（わずか〇・〇〇一ルクスの場合もある）のなかでも、ある程度は見える。そして二つめが、目は順応するのに少し時間がかかるということだ。

暗闇から明るい場所に出た直後は、目をちゃんと開けていられないほどだが、何分かたつと新しい環境に慣れて、しっかり見えるようになる。じっさい、しばらくするとあまりにも見事に順応して、まぶしさに気づかなくなるほどだ。

光への順応は、人間の全般的な順応能力の、ほんの一例にすぎない。新しいにおいや感触、温度、背景音などに触れたときも、同じことが起こる。初めはこういった刺激がとても気になるが、時間がたつにつれて、どんどん気にならなくなっていき、ある時点で順応して、ほとんど気づかなくなるのだ。

要するに、わたしたちが周囲の世界に向けられる注意の量は限られていて、それをうまく使って世界を観察し、世界について学ばなくてはならない。順応は、この限られた注意資源を、いま変化が起きつつあるものに――つまり機会や危険をもたらすものに――集中させ、新奇なものだけをより分ける、とても大事なフィルターの役目を果たしているのだ。順応のおかげで、身の回りでつねに起きている何百万ものできごとのうち、重要な変化だけに注意を向け、重要でないものを無視することができる。たとえばここ五時間ほど、周りのにおいが変わらなければ、何もにおわなくなる。でもソファに寝っ転がって本を読んでいるとき、ガスのにおいがしてきたら、すぐに気がついて家を飛び出し、ガス会社に連絡するだろう。ありがたいことに、人間の体はいろいろな面で、順応に長けているのだ。

痛みが順応について教えてくれること

順応にはもう一種類、「快楽順応」と呼ばれるものがある。これは、人が苦痛や快感を伴う経験に慣れ、それを苦痛や快楽とは感じなくなるというものだ。たとえば、こんな思考実験をやってみよう。ちょっと目を閉じて、あなたが交通事故にあい、下半身不随になったと想像してほしい。歩くことも走ることもままならず、車イスでの生活を強いられる。思うように動けなくなったために、いろいろな厄介ごとや苦しみが増え、それまであたりまえのようにやっていた多くのことが、二度とできなくなり、将来への可能性が閉ざされてしまう。あなたはそんなふうに想像して、足が動かなくなったら、一生ずっとみじめな気もちですごすことになると思うのではないだろうか。

でもじつのところ、わたしたちは未来を想像するのは得意でも、その未来に自分がどのように順応するかは、予想できないのだ。自分が時とともに生活スタイルの変化に慣れ、ケガに順応するうちに、心配していたほどひどい状況ではないと思うようになるとは、なかなか想像できない。そのうえ、自分がこの新しい状況に、未知の思いがけない喜びを感じるようになるなどとは、とても考えられないのだ。

わたしたちが予想より早く、しかも予想以上に順応することが、これまでの多くの研究によりわかっている。問題は、順応がどのように起こるのか、そして順応がわたしたちに影響をおよぼすとしたら、その影響はどれほど大きいのか、ということだ。

わたしはテルアビブ大学の一年生だったとき、苦痛に順応するということについてじっくり考え、のちにそれを実験的に検証する機会を得た。*大学に入って初めてとった授業の一つが、脳生理学だった。授業の目的は、脳のさまざまな部位の構造を理解し、それを行動と関連づけることだった。ハナン・フレンク教授は、わたしたちにこんなことを問いかけた。飢え、てんかん、記憶などは、どんなしくみで起こるのだろう？　言語はどのようにして発達し、生まれるのだろう？　最初は大して期待していなかったのだが、ふたを開けてみれば、この授業はいろいろな意味で型破りだった。たとえばフレンク教授が、自分の人生経験をもとに、研究内容を決めていたこともそうだ。

ハナンはオランダに生まれ、一八歳になった一九六八年に、イスラエルに移住した。イスラエル軍に入隊してまもなく、乗っていた装甲車が地雷を踏んで爆発し、両脚を失った。ハナンはこの経験から、当然のように、苦痛を主な研究対象の一つにしていて、授業でもこのテーマをかなりくわしく扱った。わたしもこのテーマには並々ならぬ関心をもっていたから、じっくり話し合いたくて、ハナンの研究室に足しげく通った。二人とも似たような経験をしていたため、苦痛について、とても立ち入った専門的な議論ができた。二人が苦痛や回復、ケガを克服する苦しみなどについて、同じような経験をたくさんしていることはすぐわかった。おまけに二人とも同じリハビリセンターに入院して、時期は何年も離れていたのに、何人かの同じ医師や看護師、理学療法士にお世話になっていたのだ。あるとき、歯医者から帰ってきたばかりのわたしは、歯を削ったのに、麻酔も鎮痛剤も必要なかったという話をハナンにした。「ふしぎな体験でした」とわたしは言った。「はっきりした痛みを感じるし、ドリルで削られている感覚もあるし、神経も感じるのに、全然つらくなかったんです」驚いたことに、ハナンもケガをして以来、歯医者では麻酔を断っているという。わたしたちは首をひねった。二人は異常なマゾヒストなのだろうか？　それとも長い間苦痛にさらされたせいで、歯を削るという、それに比べればささいな経験を、あまり恐ろしいと思わなくなったのだろうか？　わたしたちは直感的に、また半ば当然のように、きっと後者だろうときめこんだ。

それから一週間ほどして、ハナンの研究室に呼ばれた。ハナンは二人で交わした会話について、あれからずっと考え続けていたのだ。そして、わたしたちが他の面では正常だと仮定して、「ケガをしたために、苦痛があまり気にならなくなった」という仮説を、実験をとおして検証したらどうかと、勧めてくれた。わたしが初めて手がけた社会科学研究は、

＊苦痛は、身体的要因にも、快楽的要因にも影響を受ける体験だ。それゆえ、身体的順応（たとえばカエルが水温の上昇に順応する）と快楽順応（新車のにおいを感じなくなる）をつなぐ架け橋として、多くのことを教えてくれる。

こんなふうにして始まったのだ。

わたしたちは、兵役中に負傷した人のための、特別なカントリークラブの附属病院に、ささやかな実験場を設けた。このカントリークラブは、すばらしい場所だった。車イスバスケットボールの試合に、足や腕をなくした人のための水泳レッスン、それに目が見えない人のためのバスケットボール・レッスンまで行なわれていた（視覚障害者バスケットボールは、ハンドボールによく似た競技で、コートはバスケットボールよりずっと広く、鈴入りのボールを使う）。リハビリセンターでわたしを診てくれた理学療法士のモシェも、視覚障害者としてチームの一つに所属していて、かれのプレーを観戦するのが、とくに楽しみだった。

わたしたちはカントリークラブのあちこちに、こんなポスターを貼った。「簡単でおもしろい実験への協力者求む」そんなわけで、やる気のある実験協力者が、実験場に続々と集まってくれた。全員が、さまざまな負傷を経験した人たちだった。わたしたちは加熱器とサーモスタットのついたたらいを用意して、湯を四八度に温め、そこに片腕を浸してもらった。腕が湯に入ったときからタイマーで時間を計り、熱いという感覚が痛みの感覚に変わった正確な瞬間（「痛覚閾値」と呼んだ）を教えてもらった（ちなみに実験協力者は全員男性だった）。そしてそのままたらいに腕を浸し続けてもらい、もう熱くてがまんできなくなったとき、湯から出してもらった（これを痛覚許容限度の尺度とした）。次にもう片方の腕でも、同じ手順を繰り返した。

こんなふうに、実験協力者に身体的な苦痛を与えたあとで、次は過去にどんな負傷をしたか、初回入院期間中と過去数週間に、それぞれどんな苦痛を経験したかをたずねた（実験協力者は平均すると、実験の一五年前にケガをしていた）。かなり時間はかかったが、それでも四〇人ほどの実験協力者に関する情報を、なんとか集めることができた。

次に、実験協力者の痛みに耐える能力が、負傷したことで高まったかどうかを調べようとした。このためには対照群を見つけて、痛覚の閾値と許容限度を、二つのグループ間で比較する必要があった。わたしたちは、たとえば学生や、ショッピングセンターの買い物客など、重傷を負ったことがない人たちを集めることも考えた。でもよくよく考えてみれば、そういうグループと比較すると、ほかの要因が混入しやすい。たとえば学生なら、実験群よりずっと年齢が若いし、ショッピングセンターでランダムに集めた人は、経歴、ケガ、人生経験といった点で、ばらつきが大きすぎる。

そこで、ちがう方法をとった。実験協力者四〇人の医療ファイルを、ハナンとわたしが長い時間をすごした、あのリハビリセンターに勤める医師一人、看護師二人、理学療法士一人に見てもらい、この標本を、軽傷のグループと、比較的重傷のグループに分けてもらったのだ。この作業をとおして、いろいろな点で似通っているが（全員が軍隊経験者で、負傷と入院を経験していて、同じ退役軍人向けカントリークラブに所属していた）、負傷の程度が異なる、二つのグループができた。二つのグループを比較すれば、実験協力者の負傷が、長い年月がたってからもまだ痛みの感覚に影響をおよぼしているかどうかを、調べられるはずだ。

「重傷」グループの代表格が、ノームだ。軍隊で地雷の解体を担当していたが、あるとき不運なことに、手に持っていた地雷が爆発して、その破片で重傷を負い、片脚と片眼の視力を失った。一方、軽度の負傷を負ったグループの代表格が、イェフダだ。任務中に肘を骨折し、チタンプレートを入れて関節を修復する手術を受けたが、それを除けば健康状態は良好だった。

さて結果はどうだったか。軽傷グループの実験協力者は、熱い湯に痛みを感じた瞬間（痛覚閾値）が平均四・五秒後だったのに対し、重傷グループは一〇秒たってからようやく痛みを感じ始めた。しかし、もっと興味深い発見があった。軽傷グループが湯から腕を引き上げた（痛覚許容限度）のが約二七秒後だったのに対し、重傷グループは五八秒ほども、腕を湯に入れっぱなしにしていたのだ。

わたしたちはこのちがいに、とくに驚いた。というのも、実験ではやけどをする人が出ないように、湯に浸す時間の上限を六〇秒と決めていたからだ。実験協力者には前もって六〇秒ルールのことは伝えていなかったが、六〇秒が経過した時点で、腕を湯から引き上げてもらった。軽傷グループでは、だれにもこのルールを発動する必要はなかった。ところが重傷グループは、一人を除く全員が、時間いっぱいまで腕を湯に入れていたため、腕を出してもらわなくてはならなかったのだ。

ハッピーエンド？　そう、ハナンとわたしは、ほかのことはともかく痛みへの反応という点では、心配していたほど変人でないことがわかった。そのうえ、痛みに慣れるプロセスには、一般的な順応が関わっているらしいこともわかった。わたしたちの実験の協力者がケガに苦しんだのは、何年も前のことだというのに、かれらの苦痛に対する全般的な姿勢や、痛みに耐える能力は、負傷を通じて変化し、その変化は長い間持続しているように思われた。

なぜ過去の痛みの経験が、実験協力者の反応をこれほどまでに変えてしまったのだろう？　二人の実験協力者が、手がかりを与えてくれた。この二人は、ほかの実験協力者とちがって、外傷ではなく、病気に苦しんでいた。一人はがんで、もう一人は重度の腸疾患だった。そして悲しいことに、二人とも末期患者だった。実験協力者を募るポスターに、条件を書き忘れたために、わたしたちが求めていたようなケガをしていないこの二人が、協力を申し出てくれたとき、どうしていいかわからなかった。むだな痛みを与えたくなかったが、感謝されていないとか、歓迎されていないと思われるのも不本意だった。そこで礼儀上、二人には実験には参加してもらうが、データは分析に使わないことにした。

実験が終わって二人のデータを見ていると、ふしぎなことに気がついた。かれらの痛覚許容限度は、重傷者より低かった（あまり長い間、湯に手をつけていられなかった）だけでなく、軽傷者よりも低かったのだ。たった二人の実験協力者のデータから結論を引き出すことはできないが、かれらの病気と、ほかの実験協力者（やわたし）の負った傷の種類のちがいが、「なぜ重傷を負うと痛みが気にならなくなるのか」という疑問への手がかりを与えてくれそうな気がした。

わたしが入院中に耐えた痛みは、その大部分が、回復と結びついていた。手術、理学療法、入浴治療のどれをとっても、身もだえするほど苦しかったが、それでも耐えられたのは、それを受ければ回復が早まるという期待があったからこそだ。たとえ治療がいらだたしくても、効果がなくても、回復を促すためのものだということはわかっていた。

たとえばケガをしてからの数年間で、いちばんつらかったのは、皮膚を伸ばすことだった。ひじやひざを曲げた状態で座っていると、たった一時間でも、瘢痕《はんこん》がほんのちょっとずつ縮んでいく。そのため、治りかけている皮膚が収縮して、腕や脚をまっすぐに伸ばせなくならないように、理学療法の助けを借りながら、自分で皮膚を伸ばさなくてはならなかった。瘢痕を開かないように気をつけながら（開いているように思えるほど痛かった）、突っ張った皮膚を思いっきり強く伸ばす。縮みかけている傷跡を、一日に何度も伸ばさないと、瘢痕収縮がますますひどくなって、そのうち自由に動けなくなってしまう。そうなると、また皮膚移植手術をして、収縮した瘢痕に皮膚を継ぎ足し、そこから皮膚を伸ばすプロセスを、また一から始めなくてはならなくなる。

皮膚の収縮との闘いのなかでも、とくに厄介だったのが、首の正面の瘢痕だった。下を向いたり、肩の力を抜いたりするたびに、ここの皮膚の緊張が緩んで、傷跡が縮み出す。理学療法士に言われて、瘢痕を伸ばすために、夜はいつもベッドに仰向けに横たわり、頭をマットレスの端から出して反らした状態で寝た。こうすれば、首の正面の皮膚を、ギリギリまで伸ばすことができるというわけだ（今も首が痛むたびに、あの寝づらい姿勢を思い出す）。

わたしが言いたいのは、こんな不愉快きわまりない治療にさえ、わたしの限界を改善し、体を動かせる範囲を広げる目的があったということなのだ。たぶん、わたしと同じようなケガをした人たちは、痛みと、順調な回復への希望とを結びつけるようになるのだろう。そしてこの痛みと希望との結びつきこそが、苦痛を伴う経験につきものの、恐れを和らげるのではないだろうか。それにひきかえ、苦痛の実験に協力してくれた二人の慢性疾患患者は、自分の苦痛と、快方に向かう希望とを結びつけることができなかった。たぶんかれらは、病気の悪化や迫り来る死期を、痛みと結びつけたのだろう。明るい連想をもてなかったかれらには、痛みがさらに恐ろしく感じられたにちがいない。

この考え方は、今までに行なわれた苦痛に関する研究の中でも、とくに興味をそそる研究の結果とも符合する。第二次世界大戦中、イタリアのアンツィオの上陸拠点に派遣されていた、ヘンリー・ビーチャーという名のアメリカ人医師が、二〇一人の負傷兵を治療した。治療の記録を書きとめながら、かれはふとあることに気がついた。負傷兵は、「貫通性の外傷」から「広範な軟部組織損傷」まで、さまざまな重傷を負っていたのに、鎮痛剤を所望したのは、四人につき三人にすぎなかったのだ。ビーチャーはこの観察記録を、いろいろな事故で負傷した、自分の民間人患者の治療記録と比べてみた。その結果、民間人の負傷者の方が、戦闘で負傷した兵士よりも、たくさんの薬剤を所望したことがわかった。

ビーチャーの所見は、痛みの経験がとても複雑なものだということを教えてくれる。わたしたちが経験する痛みの量は、傷のひどさだけでなく、どんな状況で苦痛を経験するか、苦痛にどんな解釈や意味を与えるかによっても決まると、かれは結論づけた。ビーチャーならきっと予想しただろうが、わたしもケガが治るころには、痛みがあまり気にならなくなっていた。もちろん、痛みが快感になったとか、ほかの人より痛みを感じなくなったということではない。そうではなく、順応のおかげで、そしてわたしが痛みと治癒の間に打ち立てた、明るい連想のおかげで、痛みにつきものの否定的な感情が、多少なりとも和らいだのだ。

やけどと出産

わたしの大学で学習心理学の授業を教えていたイナ・ウェイナー教授は、女性には出産という大仕事があるから、男性よりも痛覚閾値と許容限度が高いという持論をもっていた。この説はもっともらしく聞こえたが、わたしがやけど病棟で見聞きしたこととはちがっていた。そこで知り合った、ダリアという五〇歳くらいの女性は、料理中に意識を失って、病院にかつぎこまれた。火のついたコンロの上に倒れて、左腕の広い範囲にやけどを負い、全身の約二%の皮膚を移植することになったのだ（ほかのおおぜいの患者に比べれば、まだましな方だった）。ダリアもほかの患者と同じくらい、入浴治療と包帯の取り外しを嫌っていて、出産の苦しみなんて、やけどや治療の苦しみに比べればどうってことないわ、とよくこぼしていた。

わたしはウェイナー教授にこの話をしてみたが、てんでとりあってもらえなかった。そこで、当時実験のプログラミングのバイトをやっていたコンピュータ室に、湯沸かし器具を持ちこんで、ちょっとした実験をやってみた。通りかかった学生を呼びとめて、湯の中に手を入れてもらい、もうがまんできないというまでの時間を計って、痛覚許容限度を調べたのだ。もちろん、学生の性別も記録した。結果は歴然としていた。男性の方が、女性よりずっと長く手を入れていられた。

次の授業が始まるとすぐ、わたしははやる思いで手を挙げて、ウェイナー教授とクラス全体に、結果を報告した。でも彼女は平然として、あなたが証明したのは、男が愚かだっていうことだけよ、と言い放った。彼女は小馬鹿にしたように言った。「いったい全体どうしてあなたの実験なんかのために、湯に手をつっこむ気になるっていうの？　女が本気を出すのはね、痛みに本当の目的があるときだけよ」

この日、わたしは科学について、大切な教訓を学んだ。女性についてもだ。それに、何か強い信念をもっている人に、そうではないことをわかってもらうのが、とてもむずかしいということを思い知った。*

快楽順応

さて、親愛なる読者諸君には、身体的順応（目が慣れるなど）の働きや、苦痛への順応のしくみを、大体わかってもらえたと思う。次は、快楽順応のより一般的なケースについて考えてみよう。快楽順応とは、わたしたちが暮らす環境や、家、恋人、そのほかほとんどのものに慣れるプロセスのことだ。

新しい家に引っ越したてのころは、磨き上げた堅木張りの床に感激したり、けばけばしい黄緑色の食器棚に気がめいったりするかもしれない。でも二、三週間もすれば、こういう要素は背景にとけこんで、目につかなくなる。二、三ヶ月もたてば棚の色にそれほどイライラしなくなる代わりに、見栄えのする床にもあまり感激しなくなる。こんなふうに感情が平坦化するプロセス、つまり当初の肯定的、否定的な受けとめ方が薄れていくプロセスを、「快楽順応」と呼ぶ。

目が明るさや環境の変化に慣れるように、わたしたちは、期待や状況の変化にも順応する。たとえば心理学者のアンドリュー・クラークは、イギリス人労働者が仕事に感じる満足感は、給料の絶対水準ではなく、給料の変化と強く相関していることを立証した。別の言い方をすると、一般に人は今もらっている給料の水準が高かろうが低かろうが、いつかはそれに慣れる、ということだ。つまり、基本給がいくらであっても、昇給すれば嬉しいし、減給になればがっかりする。

快楽順応に関する初期の研究を一つ紹介しよう。フィリップ・ブリックマン、ダン・コーツ、ロニー・ジャノフ＝バルマンが、次の三つのグループに、生活全般に対する満足度

＊男性と女性のどちらが痛覚閾値が高いか、またそのことは何らかの形で出産と結びついているのかという疑問には、まだ答えが出ていない。

を評価してもらい、これを比較した。半身不随の人、宝くじ当選者、そして障害をもたないが特別幸運でもない、ふつうの人たちだ。もしもこの調査が行なわれた時期が、障害を引き起こした事故や宝くじ当選の直後だったら、たぶん半身不随の人はふつうの人よりずっとみじめな気もちで、宝くじ当選者はずっと幸せな気もちだっただろう。しかしデータが集められたのは、できごとが起きてから一年がたったころだった。結果はどうだったか？　三つのグループの間には、たしかに満足度の水準にちがいは見られたが、そのちがいは思ったほど大きくなかった。半身不随者はふつうの人ほど生活に満足していなかったし、宝くじ当選者はふつうの人より満足度が高かったが、どちらのグループの生活満足度も、ふつうの人の水準に、意外なほど近かったのだ。別の言い方をすると、重傷を負うとか、宝くじに当たるといった、人生を変えるほどの大きなできごとは、満足度に大きな影響をおよぼすが、この影響は時間とともに、大幅に薄れるということだ。

人生のいろいろなできごとをきっかけに、内面の満足感が「静止状態」から外れてしまうことがあっても、いつかもとの水準に戻るという考えは、過去一〇年間に行なわれた、多くの研究によって裏づけられている。わたしたちは、どんな新しい状況にも快楽順応するというわけではないが、新しい家、車、人間関係、ケガ、仕事、果ては投獄など、多くの状況に、しかも大いに順応するのだ。

全体としてみれば、順応は人間の特質の中でも、とくにありがたいもののように思われる。だがその一方では、快楽順応が邪魔をして、適切な意思決定が下せないこともある。自分が順応することが――少なくとも、じっさいにどの程度順応するかまでは――前もって正確に予測できないことが多いからだ。もう一度、半身不随者と宝くじ当選者について考えてみよう。かれらが新しい状況にどの程度順応するかは、かれら自身にも、家族や友人にも、予測できなかった。同じことが、わたしたちをとり巻くいろんな状況にも当てはまるはずだ。たとえば失恋する、昇進を逃す、応援していた候補者が敗れるなど。わたしたちは、自分の思いどおりにいかなかったら、きっと長い間にわたってみじめな気もちになるだろうと予想し、逆に思いどおりにいけば、未来永劫幸せな気分が続くと考える。だが一般に、そのような予想は外れることが多い。*

まとめると、こういうことになる。わたしたちは、暗い映画館から日のあたる駐車場に出たとき何が起こるかは、正確に予測できるが、快楽順応の程度や速度については、予測を外すことが多く、たいてい、どちらの面も予想どおりにはならない。長い目で見れば、よいことが起こっても思ったほど幸せにはならないし、悪いことが起こってもそれほど不

*もっとくわしく知りたい人は、ダニエル・ギルバートの『明日の幸せを科学する』（早川書房）を読んでほしい。

幸にはならないものなのだ。

失恋の慰め

ロミオは、最初の恋人のロザラインにふられて、この世の終わりかと思うほどうちひしがれ、部屋に閉じこもって、一晩中眠れずに悶々としていた。両親はそんなロミオのことを心配した。気分はどうだい、と従兄がたずねたが、ロミオは自分をはねつけた女性への叶わぬ恋を気に病んで、自殺でもしかねない様子だった。「彼女は、恋の思いを一切断ったという」とかれはこぼした。「おかげで、いまその話をしているぼくは、生ける屍《しかばね》も同然なのさ」ところがその夜、かれはジュリエットに出会い、ロザラインのことなどすっかり忘れてしまうのだ。

ロミオほど移り気な人はそういないかもしれないが、わたしたちは予想以上に早く、失恋から立ち直るものだ。ポール・イーストウィックとエリ・フィンクル、タマル・クリシュナムルティ、ジョージ・ローウェンスタインは、大学生を対象に、三八週間にわたる調査を行ない、恋愛についての直感と現実とを比較した。研究者はまず、恋人のいる学生に、破局したらどんな気分になるかを予想してもらった（ロザラインに失恋したロミオのようになるという答えが多かった)。そして、ひたすら待った。長い調査期間のことだ、恋人との別れを経験した学生も、当然出てくる。研究者は、千載一遇とばかりに、恋愛の崖から落ちたときに、じっさいどんな気分になったかをたずねた。それから事前の予想と、じっさいの感情とを比べてみた。

結果、失恋は学生たちが予想したほど、衝撃的なできごとではなく、悲しみの感情は、最初に覚悟していたより、ずっと早く消え去ってしまったのだ。もちろん、失恋がつらくないということではないが、大体において、それはわたしたちが思うほど強烈な経験ではないのだ。

世の大学生が(とくに恋愛に関しては)かなり移り気なのは、まちがいない。だがこの研究結果は、世代を問わず、だれにでも当てはまるのではないだろうか。一般にわたしたちは、自分の将来の感情状態をうまく予想することができない。結婚している人に、離婚したらどんな気分になるかたずねたら、絶望のどん底に落ちるという答えが返ってくるだろう。こういう暗い予測は、大まかに言えば正しいが、離婚はどちらの側にも、それほど壊滅的なダメージを与えないことが多いのだ。この結論をもとに行動するのが、はたして社会全体にとって望ましいことかどうかはわからないが。それでも、失恋をそう気に病むことはないのは、たしかなようだ。いつしか多少なりとも順応していつもの生活に戻り、そのうちまた新しい恋をするだろう。

なぜ快楽順応の度合いは、予測がむずかしいのか。一つには、何が起ころうと人生は続いていき、やがて満足感に影響をおよぼすような、ほかのできごと（よいことも悪いことも含め）が起きるという事実を、予測をするときにはすっかり忘れているからだ。たとえばあなたはプロのチェリストで、バッハの演奏に命を賭けているとする。あなたにとって音楽は、生活の糧《かて》でもあり、喜びでもある。ところが交通事故にあって左手に大ケガを負い、二度とチェロが弾けなくなってしまった。事故の直後は、たぶん激しく落ちこみ、残りの人生をずっとみじめな気もちですごすことになると予想するだろう。なにしろ人生そのものだった音楽が失われたのだ。だが不幸と悲しみのどん底にいるあなたに、わかっていないことがある。それは、あなたがとてつもなく順応性が高いということだ。

アンドリュー・ポトックは、ヴァーモント州に住む盲目の作家だ。ポトックは才能豊かな画家だったが、遺伝性の網膜色素変性症を患い、視力を徐々に失い始めた。しかし、目が見えなくなっていくうちに、それまで色を使って絵を描いていたのと同じように、言葉を使って文章を書けることに気づいたのだ。かれは失明の経験を、一冊の本に著した(16)。そこでこんなことを書いている。「わたしは絶望の奈落に突き落とされ、そこから二度と抜け出せない気がしていた。ところが、まるで魔法のように、苦悩から解放された。ある晩、わたしは夢を見た。自分の口から言葉が次々と紡ぎ出され、まるでパーティでもらう巻き笛を吹くように、するすると広がっていく。言葉は、どれも美しく色づいていた。夢から覚めたとき、何か新しいことができることを知った。自分から心地よい言葉が出てくると、心が軽くなるのを感じた。そして驚いたことに、みんなも喜んでくれたのだ。作品が世に出ると、新しい力を得て生まれ変わったように感じた」

「目が見えなくてとくに困るのが、何もかもがゆっくりになってしまうことだ」とポトックは続ける。「外出すると、自分は今いったいどの辺にいるのだろうと、いつも忙しく頭を働かせ、たえず細心の注意を払っていなくてはならない。周りのだれもが、風を切って歩いているように感じられる。でもあるとき、気づくのだ。ゆっくりも、そう捨てたものじゃないと。まわりに注意を向けることにも、それなりのよさがある。そして、ゆっくりをたたえる本を書きたくなる」もちろん、ポトックは目が見えないことを、いつも無念に思っている。盲目のせいで、日々さまざまな苦難に見舞われている。だがかれにとって盲目は、それまで訪れようとも思わなかった、見知らぬ国へのパスポートでもあるという。

そこでもう一度、あのチェリストになったつもりで考えてほしい。やがてあなたの生活スタイルは変わり、新しいことに関わるようになる。たとえば新しい人間関係を築く、愛する人とすごす時間を増やす、音楽史の専門家をめざす、タヒチに旅するといったことだ。

「ダン、去年この車を買ったときは、有頂天になったものだわ。
でも、もう嬉しくないの。
お次はキッチンのリフォームなんて、どうかしら？」

こういうことの一つひとつが、あなたの精神状態に大きな影響をおよぼし、感情を高揚させる。もちろん、事故を残念に思う気もちはいつもある。体は不自由だし、あれさえなければちがう人生だったのにと悔やまれる。でもその影響は、当初思っていたほど強烈でもないし、絶えずつきまとうようなものでもないのだ。なぜ「時がすべての傷を癒す」かといえば、それは、わたしたちがいつしか自分を取り巻く世界のあり方に、多少なりとも順応するからなのだ。

快楽のウォーキングマシン

わたしたちは、自分の快楽順応の度合いを予測できないせいで、消費者としてついついものを買いすぎてしまう。新しいものが手に入れば、今よりもっと幸せになれるような気がするのだ。たしかに新しい車は気分がいいが、悲しいかな、そんな気分は数ヶ月しか続かない。そのうちに車を運転するのにも慣れ、スリルは消えてしまう。そこで何か別の、幸せな気分にしてくれるものを探す。新しいサングラス、コンピユータ、それとも別の新車がいいだろうか。このサイクルは、「快楽のウォーキングマシン」と呼ばれる。わたしたちが隣人と張り合うのは、これが原因なのだ。わたしたちは、新しいものを手に入れれば幸せになると思うが、その幸せが、ほんのつかの間しか続かないことには気づかない。そして新しいものに順応してしまうと、また別の新しいものを探しに出かける。「これさえ手に入れれば今度こそ、ずっといい気分でいられるはずだ」と自分に言い聞かせる。前ページの風刺画は、快楽のウォーキングマシンの愚かしさを茶化している。この女性はステキな車をもっているし、新しいキッチンまで手に入れるかもしれないが、長い目で見れば、彼女の満足度はそう変わらないだろう。ことわざにも言うように、「どこに行っても自分からは逃れられない」のだから。

デイヴィッド・シュケイドとダニー・カーネマンが行なった研究が、この原理をうまく説明している。二人は「カリフォルニアの住民は幸せだ」という通説が、本当かどうかを調べてみた。何といっても、天候に恵まれたカリフォルニア*に住んでいるのだ、幸せに決まっている。結果はまあ予想どおりといってもいいが、一般に中西部の住民は、好天続きのカリフォルニアの住民の方が、生活の満足度がずっと高いと思いこんでいたし、反対にカリフォルニアの住民は、長い氷点下の冬を耐え忍ばなくてはならない中西部の住民の方

＊サンフランシスコなどの例外はある。

が、生活全般の満足度がずっと低いはずだと思っていた。そんなわけで、どちらの州の住民も、こう考えた。シカゴ住民が太陽のふりそそぐカリフォルニアに引っ越したら、生活スタイルが大幅に向上するし、逆にロサンゼルス住民が中西部に引っ越せば、満足度は劇的に下がるはずだ。

この予測は、どれくらい当たっていたのだろう？　ある程度は当たっていた。たしかに引っ越したばかりの人は、予想どおり、気候のせいで生活の質が大きく向上、または低下したと感じた。ところが何事もそうだが、いったん順応が働き、新しい街に落ち着いてしまうと、生活の質は、引っ越す前の水準に徐々に戻っていったのだ。要するに、何かが起こって、一時的に心を激しく動かされても、長い目でみれば、それほど有頂天にも、みじめにもならないということだ。

快楽順応を逆手にとる

快楽順応には、よい面もあれば悪い面もあるのは明らかだ。このことを利用して、より有意義な人生を送る方法はないだろうか？　順応が自分に有利に働くときは（たとえばケガを抱えて生きていくのに慣れるなど）、当然このプロセスを促した方がいい。だが順応したくないときに、新しい車や町、恋愛などに感じる高揚感を、長続きさせることはできないだろうか？

順応を遅くするカギは、中断にある。これを試してみたのが、レイフ・ネルソンとトム・メイヴィスだ。二人は一連の実験を通して、わたしたちが愉快または不愉快な経験に感じる全体的な喜びやいらだちに、ちょっとした中断が――かれらはこれを「快楽的中断」と名づけた――どのような影響を与えるかを計った。簡単に言えば、楽しいことをやっている最中にひと休みすれば、楽しい気分が高まるかどうか、また反対につらいことを中断すれば、いやな気分がますます強まるかどうかを調べようとした。

この実験とその結果を説明する前に、何か気が進まない雑用について、ちょっと考えてほしい。確定申告の準備、試験勉強、家中の窓を磨く、気むずかしいテスおばさんを含む親戚一人ひとりに、帰省のお礼状をしたためるなど、何でもいい。あなたはまとまった時間をとって、この厄介な仕事を片づけようとするが、ふと考えた。この仕事は、一気に片づけた方が楽だろうか、それとも途中で一度休憩を入れた方がいいのか？　逆に、今度は何か楽しいことをしている自分を思い浮かべてほしい。たとえばキュッと冷えたラズベリー・アイスティーを片手に、熱い風呂につかっているとか、ボウル山盛りの新鮮なイチゴを食べている、温石マッサージを楽しんでいるなど。この楽しみは、一度にまとめて味わった方がいいのだろうか、それとも一度休憩して、しばらく別のことをやった方が、もっと楽しめるだろうか？

レイフとトムは、実験協力者にこの質問をしてみた。すると一般に、厄介なことは中断を入れながら休み休みやりたいが、楽しいことは中断せずに一気に楽しみたいという人が多かった。しかしレイフとトムは、その直感は、順応の基本原理からすると、完全にまちがっているのではないかと思った。きっと、いやなことは中断せずに一気にやった方が苦痛が少ないし、楽しいことは何度かに分けてやった方が、楽しめるはずだ。何かをしている最中に中断すれば、順応が妨げられる。ならば、いやなことを中断すればもっといやになるが、楽しいことは中断した方がもっと楽しくなるのではないかと考えたのだ。

レイフとトムは、まずこの仮説の、つらい方の半分を調べた。一つめのグループでは、実験協力者にヘッドフォンをかぶせて、美しい音楽……ではなく、掃除機の騒音を聞かせた。小型掃除機「ダストバスター」の騒音どころではない、巨大掃除機の爆音を、五秒間聞かせたのだ。二つめの、さらに不運なグループも、同じ体験をしたが、爆音は四〇秒間も続いた。哀れな実験協力者が、ひじかけを握りしめ、歯を食いしばって身もだえしながら、けなげに耐えている姿が、目に浮かぶようだ。

そして最後のグループは、四〇秒間掃除機の音を聞かされた後で、数秒間の無音があり、それからまた同じいらだたしい爆音を五秒間聞かされるという、不愉快きわまりない体験をした。客観的に見れば、この最後のグループは、残りの二つのグループよりも、不愉快な音を聞かされる時間が長かった。なら、いらだちもその分大きかっただろうか（家でもこの実験ができる。だれかに頼んで、あなたが床に寝そべっているその横で、掃除機をつ

不愉快な体験に中断が与える影響

実験協力者を３つのグループに分けて、それぞれに次の音を聞かせた。(A) ５秒間の掃除機の爆音。(B) 40 秒間の同じ爆音。(C) 40 秒間の爆音の後、数秒間の中断をおいて、５秒間の爆音。それぞれのグループに、最後の５秒間に、どれだけいらだたしい気分だったかを、数字で表わしてもらった。

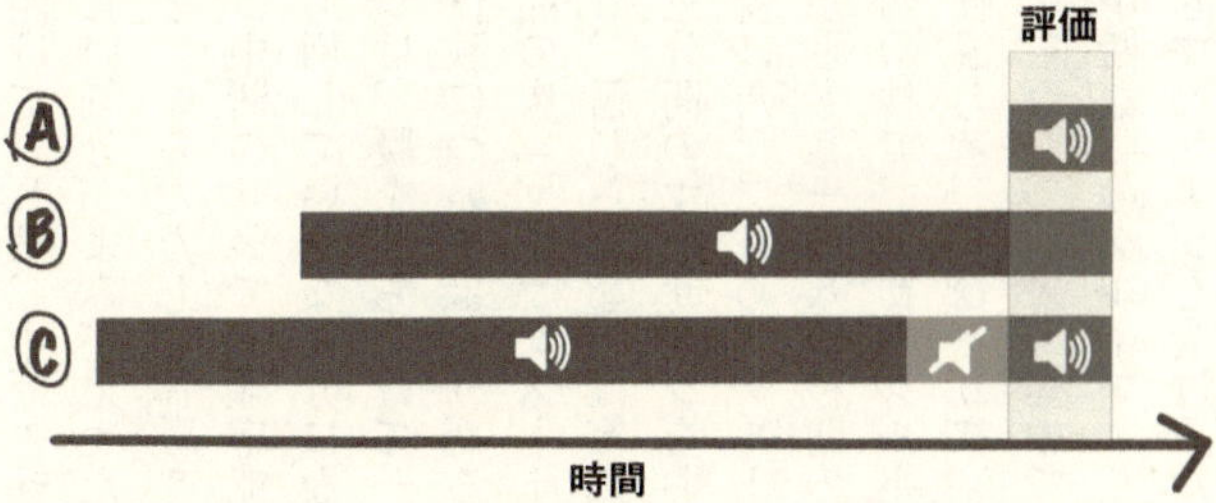

けたり切ったりしてもらう。それぞれの条件の最後の五秒間が、どれだけ不愉快だったか、考えてみよう）。

　実験協力者は、こういう音を聞かされてから、実験の最後の五秒間のいらだち度を、数字で評価した。結果、いちばん甘やかされた実験協力者、つまり五秒間しか音を聞かされなかった人たち（第一グループ）の方が、不愉快な音を聞かされた時間がずっと長かった実験協力者（第二、第三グループ）よりも、いらだち度がずっと高かったのだ。あなたもそう考えたかもしれないが、掃除機のウィーンという音を四〇秒間も耐え忍んだ人たちは、爆音に慣れてしまい、音が終わる前の最後の五秒間の経験を、それほどひどいと感じなくなったことが、この結果からわかる。ところで、短い中断をおいた人たちはどうだっただろう？　ふたを開けてみれば、中断のせいで事態は悪化した。せっかくの順応が消えてしまい、いらだたしい気分がよみがえったのだ。

この話の教訓？　いらだたしい体験や退屈な体験は、中断した方がつらくないように思われるが、じつは中断のせいで、順応能力が低下してしまうから、もう一度その体験に戻ったとき、前にも増していやな気分になるのだ。家を掃除したり、確定申告の準備をしたりするときのコツは、腰を落ち着けて一気に片づけてしまうことだ。

では、楽しい体験についてはどうだろう？　レイフとトムは、実験協力者の残りの半数を、アイデア商品の店「ブルックストーン」に連れていった。あの店の展示品で、いつも行列ができている、信じられないほど気もちのいいマッサージチェアをご存じだろうか？　そこで、全員に三分間のマッサージをおごったのだ。最初のグループは、中断なしで三分間マッサージを受けた。二番めのグループは、八〇秒間マッサージを受けた後、二〇秒間中断して、それからもう一度八〇秒間のマッサージを受けた。つまり、マッサージの時間は合わせて二分四〇秒で、最初のグループより、二〇秒短かったことになる。マッサージが終わると、実験協力者一人ひとりに、マッサージを全体としてどれだけ楽しんだかを、数字で評価してもらった。結果、途中で中断が入り、マッサージの合計時間が短かったグループの方が、中断なしのグループよりも、この体験を楽しんだことがわかった。そのうえ、もう一度同じマッサージを受けるために、いくら支払ってもいいかたずねたところ、

気もちのいい体験に中断が与える影響

実験協力者を２つのグループに分けて、それぞれに次のマッサージを受けてもらった。(A)３分間のマッサージ。(B) 80 秒間のマッサージの後、20 秒間の中断をおいて、再び 80 秒間のマッサージ。それぞれのグループに、マッサージを全体としてどれだけ楽しんだか、数字で評価してもらった。

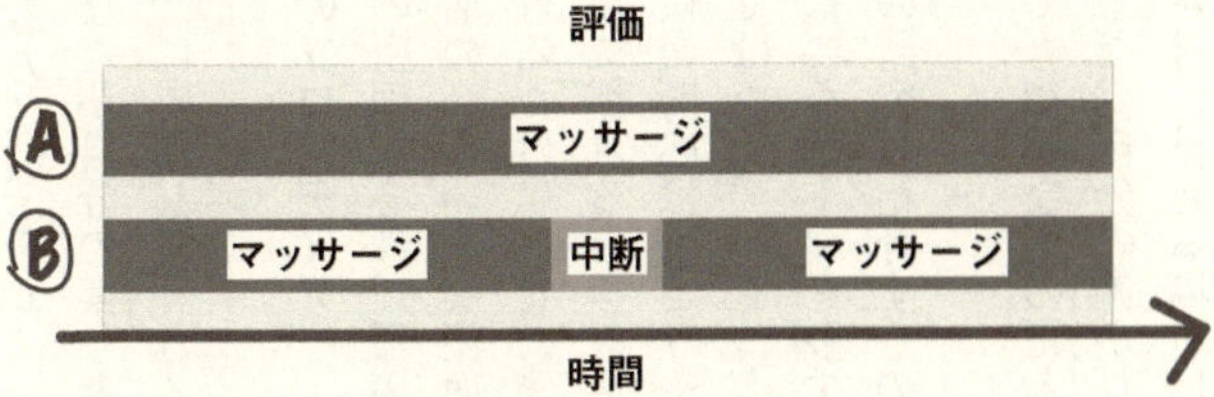

かれらは最初のグループの二倍もの金額を支払うと答えたのだ。

以上の結果は、明らかに直感に反している。確定申告の準備をしているとき、ほんの二、三分でいいから、一息入れることほど、甘美な楽しみがあるだろうか？　ベン＆ジェリーズ・アイスクリームの人気ナンバーワン、チェリー・ガルシアを山盛り食べている最中に、どうしてスプーンを置かなくてはいけないのか？　一日中楽しみにしていたのに？　せっかく熱い風呂を堪能しているのに、どうして飲み物のお代わりを人に頼む代わりに、寒い外に出て、自分で作らなくてはいけないのだ？

そのカラクリはこうだ。つらい仕事から逃れて一息入れようとする前に、ちょっと考えてみよう。やりたくないことを中断した後で、また再開すれば、前にも増してつらくなる。これと同じで、熱い風呂から思い切って飛び出し、自分の（恋人の）飲み物のお代わりを作るのはいやだという人は、熱い風呂に戻ったときの喜びを考えればいい（そのうえ、あなたが自分の楽しみを長続きさせるためにやっているとは知らない恋人が、あなたの「献身」に感謝してくれる、というおまけまでついてくる）。*

順応、それは次のフロンティア

順応は、人間の生理、心理、環境の深層で起こる、驚くほど多岐にわたるプロセスで、わたしたちの生活のいろいろな側面に影響をおよぼしている。あまりにも多岐にわたり、どこにでも見られるだけに、まだまだわかっていないことが多い。たとえば、わたしたちが新しい生活環境に慣れるとき、そのすべてが快楽順応なのだろうか、それとも一部だけなのだろうか。快楽順応は、どうやってわたしたちに魔法をかけるのだろう。快楽順応に至る経路は一つではなく、いくつもあるのだろうか、など。だがいまから語るわたし自身の体験が、この重要なテーマを多少なりとも解き明かすヒントになるかもしれない（この後も、快楽順応の研究を紹介するので、このまま読み進めてほしい）。

快楽順応がとても複雑なものだということをわかってもらうために、わたしの体験を話そう。わたしはまだ、自分の置かれた状況に、完全には順応しきっていない。わたしのケガは、ほとんどが目に見える場所にある（首、顔、両脚、両腕、両手に瘢痕がある）から、ケガをしてまもなく、周りの人に自分がどう見られているかを気にするようになった。自分が人の目にどう映っているかを知って、とてもみじめな気もちを味わってきた。最近では、ふだんの生活で知らない人に会うこともそうなくなったから、自分がどう見えているかを、前ほど気にせずにすんでいる。それでも大きな会合に出るときや、とくに知らない人や知り合ってまもない人が近くにいるときは、どんなふうに見られているかをひどく意識するし、ついつい気にしてしまう。たとえばだれかに紹介されたとき、相手が自分をどんな目で見るか、ケガをした右手を握ってくれるか、どんなふうに握るかといったことを、無意識のうちにチェックしているのだ。

こんなに長い年月がたっているのだから、そろそろ自己イメージにも慣れそうなものだが、じつを言うと、時間がたっているのに、わたしの感受性はたいして弱まっていない。

＊中断といえば、テレビもそうだ。わたしたちは、暮らしからコマーシャルを追放するために、むかしからいろんな装置や、ティーボのような自動録画サービスに、大枚をはたいてきた。しかし実は、『ロスト』や『アメリカン・アイドル』の最新回は、ひょっとすると、CMの中断がしょっちゅう入るからこそ、一層楽しめるのではないだろうか？　レイフ、トム、ジェフ・ガラクは、なんとこれも試してみた。結果、テレビ番組を中断なしで見た人は、番組が進むにつれて、喜びが薄れていったが、CM入りで見た人は、番組が何度も中断したことで、喜びの度合いが高まったのだ。そうは言っても、こういう研究結果とはかかわりなく、わたしはこれからもティーボを使い続けるだろう。

たしかに前に比べれば、見た目はましになった（瘢痕は時とともに目立たなくなるし、あれから何度も手術を受けた）が、自分の外見に人がどういう反応を見せるだろうかという不安は、そう薄れていないのだ。なぜ、よりによってこの面では、順応が働かないのだろう？　もしかしたら、例の掃除機の実験にちょっと似ているのかもしれない。忘れたころに、知らない人に会って、その反応を目の当たりにすることが、順応を邪魔している一因なのだろう。

順応の失敗については、もう一つ体験談がある。それは夢の話だ。事故にあってまもないころ、夢に出てくるわたしは以前と同じ、若くて健康で、体に瘢痕のない少年の姿をしていた。きっと外見が変わり果てたことを、心の中で否定していたか、無視していたのだろう。何ヶ月かすると、ちょっと順応が見られ、夢の中に、治療や処置、病院での生活、身の回りにある医療器具などが出てくるようになった。だがどの夢でも、わたしはまだ無傷だった。健康体なのに、なぜかいろんな医療機器を、体のあちこちからぶら下げているのだ。そしてとうとう事故から一年ほどたったころ、夢に自分の姿が出てこなくなった。夢の中のわたしは、遠くから見ている傍観者になっていた。おかげで朝起きて、自分の体を目にするたび、ああこんなにひどいケガをしたのかと、また一から実感し直す、感情的苦痛はなくなった（これはよいことだ）。だがケガをした自分という、新しい現実に慣れることもなかった（これはよくないことだ）。そんなわけで、夢から自分を追い出したことは、ある程度助けになったが、フロイトの夢分析のようにはいかず、そのせいで様変わりした状況に完全には順応できなくなったようだ。

順応にまつわる三つめの体験談は、わたしが学者としてのキャリアに、幸せを見つけられたことと関係がある。気分のいいときにまとめて働き、痛みがひどいときはあまり働かなくてすむような仕事につくことができた。この仕事を選ぶことで、自分の制約を抱えて生きていけるようになったのは、わたしが「積極的順応」と呼ぶプロセスによるところが大きい。このタイプの順応は、身体的順応とも、快楽順応ともちがう。それは進化論の自然淘汰にちょっと似ていて、長い間に下すいろんな決定をとおして、数え切れないほどの小さな変化を起こすことで、順応していくため、最終的に、自分の状況や制約にぴったり順応できるのだ。

子どものころは、学者になろうなんて夢にも思わなかった（だれが学者になりたがるだろう?）。それにわたしは、長い時間をかけて、ゆっくり一歩ずつ歩を進めながら、進路を選んできた。高校時代、わたしはクラスでも無口な方だった。たまに大声で冗談を飛ばすことはあっても、教室での討論に参加することなど、ほとんどなかった。わたしは大学一年生の間、まだ治療中で、ジョブスト・スーツというものを着用していた*ため、ほかの学生がとりくんでいた活動の多くができなかった。そこで自分にも参加できる活動に打ちこんだのだ。それが、学ぶことだった（恩師はだれも信じてくれないだろう）。

そうするうちに、どんどん学業にのめりこんでいった。学ぶことが楽しくなったし、自分に以前と変わっていない面が少なくとも一つはあることを、自他に証明できることに、大きな満足をおぼえるようになった。ケガをしても、自分の知性や思想、考え方は変わっていなかった。そんなふうにして時間のすごし方や、楽しく思える活動が、少しずつ変わっていき、あるとき自分の制約や能力と、研究者としての生活が、しっくり合っていることに気がついた。これは思いつきで下した決断ではなく、長い間に進めてきた小さな一歩の積み重ねだ。その一歩一歩をとおして、自分にぴったり合った、今ではありがたくも順応したこの生活に、近づいていったのだ。しかも幸運なことに、それはわたしが心から楽しいと思える生活だった。

わたしの負ったケガは、壮絶で苦痛に満ち、長い間わたしを悩ませた。でもこれほどのケガを負ったにしては、わたしの人生は全体として、何とうまくいっているのだろうと、自分でも驚くほどだ。仕事でも、プライベートでも、大きな幸せを見つけた。それに、時間がたつにつれて、痛みに耐えやすくなってきた。痛みに対処するコツを身につけただけでなく、どうしたら痛みを抑えられるかもわかってきた。ではわたしは、いま自分が置かれている状態に、完全に順応しているのだろうか？　いや、そんなことはない。でも二〇歳のころには考えられなかったほど順応したのはたしかだ。そんなわたしは、順応の驚異的な力を、とてもありがたく思っている。

こうして順応について理解を深めたことで、順応の原理を生活に役立てることはできないだろうか？

順応を役立てる

たとえば卒業を間近に控えた、アンを例にとって考えてみよう。アンはこれまでの四年間、寮のエアコンもない狭苦しい部屋で、シミだらけのゾッとするような中古の家具に囲まれて、二人のだらしないルームメイトと暮らしてきた。寝る場所はずっと二段ベッドの上段。洋服や本や豆本のコレクションを置く場所にも苦労する有様だった。

卒業まであと一月というとき、ボストンで夢のような就職先が見つかった。アンは生まれて初めて、自分だけのアパートに引っ越し、初めてのお給料をもらうのを心待ちにしな

＊ジョブスト・スーツとは、皮膚に圧力をかけて回復を促す目的で、体を頭からつま先まですっぽり覆う、弾性膜のスーツだった。目、耳、口の部分にしか穴があいていなかったから、このスーツを着ると、肌色のスパイダーマンと銀行強盗を足して二で割ったような姿になった。

†わたしの姿を見た人は、ただケガに気がつくだけでなく、こういう外見をしているから、知性も損なわれてしまったと思いこんでいるふしがあった。だからこそ、自分の知性が、事故にあう前と変わらずに、まだ機能していることを証明することが、わたしにとってとても大切だった。

がら、買いたいものをリストアップしていった。さて彼女が長い目で見た満足感を最大限に高めるには、どんなふうに買い物を計画すればいいだろう?

一つの方法として、アンはもらったばかりのお給料を握りしめて(もちろん、家賃やその他の請求書を支払ってから)買い物に行き、一気に散財してもいい。中古品はごっそり処分して、ほれぼれするような新しいソファに、NASA開発の低反発素材を使ったベッド、めいっぱい大きなプラズマテレビに、ずっと手に入れたかったNBAのボストン・セルティックスのシーズンチケットまで大人買いできる身分なのだ。これだけ長い間、窮屈な生活をがまんしてきたのだから、心の中でこう考えるかもしれない。「自分にごほうびをあげてもいいころだわ!」あるいは、ちょっとずつものを買い足していく方法もある。まずは寝心地抜群の新しいベッドから始めて、半年後にテレビ、年が明けてからソファを買うといった具合だ。

アンのような立場の人は、十中八九、自分のアパートを飾りつけるのに夢中になって、パーッとお金を使ってしまうだろう。でももうわかっていると思うが、わたしたちが新しいものにあっという間に順応してしまうことを考えれば、少しずつものを買い足していく方が、じつは満足度が高いのだ。買い物をセーブして、次の買い物まで時間をおく。こうして順応プロセスのペースをゆるめれば、自分のお金の「満足購買力」を、めいっぱい引き出すことができる。

購入の間隔をあけて満足度を高める

下のグラフは、アンのお金の使い方として考えられる、2つの方法を表わしたものだ。点線は、アンが「散財戦略」をとったときの満足度を表わしている。散財の直後、アンは幸せいっぱいだが、買ったものが目新しさを失えば、満足感はあっという間に薄れる。また、実線は、「断続戦略」をとったときのアンの満足度を表わしている。この場合、当初の満足度は、散財戦略におよばないが、変化を繰り返すことで、満足感がたえず再活性化される。どちらに軍配が上がるだろう？　アンは「断続戦略」をとった方が、全体的な満足度を高めることができるのだ。

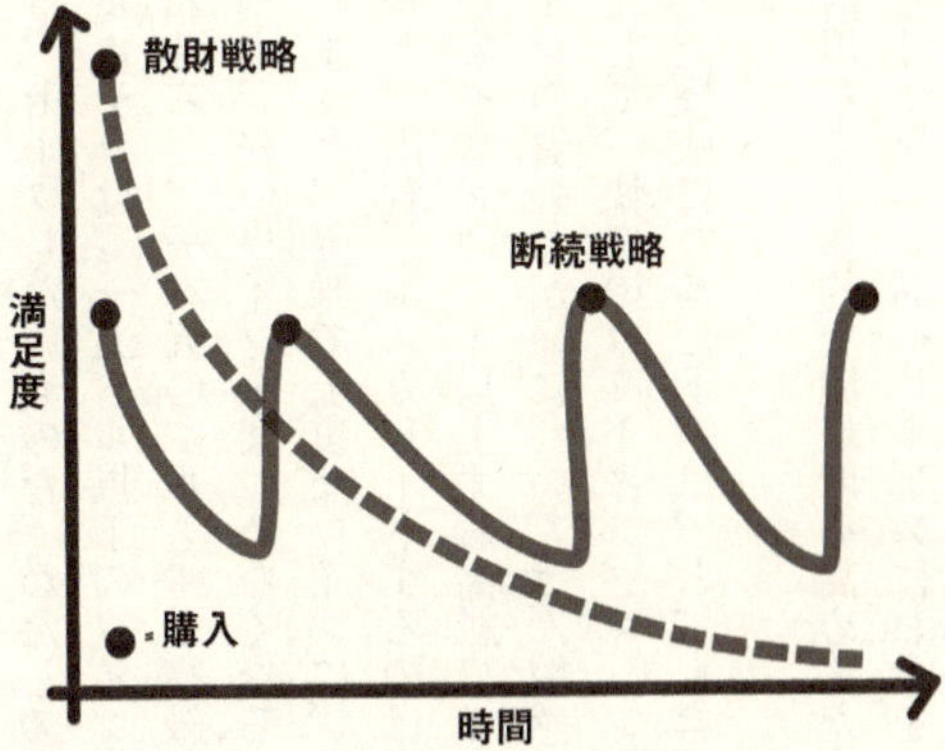

ここでのコツは、楽しみのペースを落とすことだ。ソファを買って二ヶ月ほどは、ごきげんでいられるだろう。でも新しいテレビを買うのは、ソファのワクワク感が薄れてからにする。お金を切りつめなくてはいけないときは、この逆をすればいい。出費を減らすときは、狭いアパートに引っ越し、ケーブルテレビを解約し、贅沢なコーヒーを控えるといったことを、全部まとめて一気にやってしまう。たしかに当初の苦痛は大きくなるが、長い間のト

ータルで見れば、苦痛の量は少なくなるはずだ。

順応を自分に役立てるもう一つの方法は、消費の上限を決めておくことだ。まあ、せめてアルコール消費くらいは、セーブしたいものだ。わたしの大学院生時代の指導教官の一人だった、トム・ウォールステンは、一五ドル以下のワインの専門家になりたいというのが口癖だった。トムに言わせると、一本五〇ドルもする高級ワインに手を出せば、その等級のワインに慣れてしまって、安いワインを楽しめなくなる。*それに一本に五〇ドル出すのがあたりまえになってしまうと、優雅で上質なワインに、味覚が順応し、やがて八〇ドル、九〇ドル、一〇〇ドルと、出費がエスカレートするのは目に見えている。そんなわけでかれは、こう考えた。そもそも五〇ドル以上する高級ワインを飲んだことがなければ、自分の好きな価格帯のワインの質のちがいに、いちばん敏感でいられるから、満足度が高まるはずだ。こんなふうにして、快楽のウォーキングマシンをまぬがれ、支出を抑え、一五ドルワインのちょっとした権威になったトムは、とてもきげんよく暮らしている。

同じ理屈から、順応を活用して全体的な満足度を高めるために、いつも触れる身近なものよりも、もっと一時的ではかない商品やサービスにお金をかけるのも一つの手だ。たとえば一般的に言って、ステレオや家具はしょっちゅう触れるものだから、すぐ慣れてしまう。それにひきかえ、つかの間の体験（四日間の小旅行、スキューバダイビングのツアー、コンサートなど）は、すぐ終わってしまうから、そう簡単に順応できない。なにも、ソファを売り払ってスキューバダイビングに行くべきだとは言わないが、どういう経験が順応しやすいのか、しにくいのかを知っておくとよいだろう。そんなわけで、もしあなたがつかの間の体験（スキューバダイビング）と、しょっちゅう触れるもの（新しいソファ）のどちらにお金をかけようか悩んでいて、どちらも全体的な満足度が同じくらいなら、つかの間の体験を選んでみよう。ソファが長い間にわたって満足度におよぼす影響は、あなたの思っているよりずっと小さい。逆に、スキューバダイビングが与えてくれる楽しみと記憶は、たぶん思ったよりずっと長続きする。

喜びの度合いを高めるには、日常生活に意外性や予測不能性をもちこむのもいい。これがよくわかる実例を一つあげよう。自分で自分をくすぐっても、くすぐったくないのを知っているだろうか？　なぜだろう？　それは、自分をくすぐろうとしても、自分の指の動きが、体には全部お見通しだからだ。動きを完全に予測できるから、それがくすぐったさを相殺してしまう。だがおもしろいことに、右手で右半身をくすぐっても、全然くすぐったくないのに、右手で左半身をくすぐると、左右の神経系のタイミングの微妙なずれが、

＊じつはワインの値段と品質の間の相関関係はゼロに近いのだが、その説明は別の機会に譲るとしよう。

わずかながらも予測不能性を生み、そのためほんの少しだが、くすぐったく感じるのだ。

思いがけなさが役立つのは、プライベートや恋愛生活だけではない。仕事生活にもこの知識を役立てることができる。経済学者のティボール・シトフスキーが、著書『人間の喜びと経済的価値——経済学と心理学の接点を求めて』（日本経済新聞社）の中で語っているように、わたしたちは仕事でも、プライベートでも、安全で確実な道を選び、着実に手堅く前進できるような行動をとることが多い。だがシトフスキーによれば、本当の進歩、そして本当の喜びは、危険を覚悟で、今までとはまったくちがうことをやることでこそ、手に入れられるものだという。だから、今度プレゼンテーションをするときや、チームで仕事をするとき、とりくむプロジェクトを決めるときは、何か新しいことを試してみよう。苦心してひねり出したジョークがウケなかったり、企業の垣根を越えた協力関係が失敗することもあるだろうが、全体としてみれば、前向きな変化を起こせるかもしれない。

順応に関するもう一つの教訓は、周りの人の状況と関係がある。周りのだれかが、自分にないものを持っていると、ちがいがきわ立ち、その結果なかなか順応できないことがある。わたしの場合、三年間の入院生活それ自体は、さほどつらくなかった。周りの人はみんなケガをしていたし、自分にできること、できないことは、ほかの人とそうちがわなかったからだ。自分の限界と困難がどれほどかを思い知ったのは、病院を離れてからだ。これを受け入れるのは、とてもつらく、気がめいることだった。
もう少し具体的な例を挙げて説明しよう。たとえばあなたはあるラップトップに目をつけていたが、高すぎるからとあきらめた。安いもので手を打っても、そのうち慣れるだろう。だが隣席の同僚が、あなたの欲しかった例のラップトップを持っているとなると、話は別だ。その場合、毎日のように自分とお隣さんのラップトップを見比べることで、順応のペースが落ち、満足度も下がってしまう。より一般的には、順応するプロセスについて考えるときは、いろんな環境要因を勘定に入れて、それが自分の順応能力にどんな影響をおよぼすかを考え合わせなければいけない。残念ながらわたしたちの幸せは、世間並みの生活ができるかどうかということにも、多少は影響される。だが幸い、わたしたちはどんな環境に身を置くかを、ある程度は自分で選ぶことができる。劣等感を感じない隣人を選びさえすれば、より幸せにすごせるのだ。

最後にもう一つ、教訓がある。それは、経験の内容によって、順応の度合いが変わるということ、そして人によって、順応する方法がちがうということだ。自分の順応のパターンをよく知り、どんなものが順応ボタンを発動させるのか、させないのかを、知っておくといい。

つきつめれば、わたしたちは湯の中のカエルと同じだ。順応のよい面を役立て、悪い面を抑えるには、そのしくみを解き明かす必要がある。そのためには、水の温度をいつも計っていなければならない。熱いと感じ始めたら、飛び出して冷たい池を探し、人生の新しい喜びを見つけ、それを楽しむとしよう。

第6章のまとめ

- 人生を変えるほどの大きなできごとにも、いつか順応する。
- よいことが起きても思ったほど幸せにはならないし、悪いことが起きてもそれほど不幸にはならない。
- 順応するプロセスを中断すると、順応が遅くなる。これを利用して、厄介なことは一気に片づけ、楽しいことは休み休みやれば、満足度が大いに高まる。

第７章
イケてる？　イケてない？
順応、同類婚、そして美の市場

全身大の大きな鏡が、ナースステーションでわたしを待っていた。何ヶ月もの間、数メートル以上の距離を歩いていなかったから、廊下を端から端まで歩いて、ナースステーションに行くのは、本当につらかった。どれだけ時間がかかったろう。やっとの思いで角を曲がり、自分を見つめ返している像をじっくり見てやろうと、鏡ににじり寄っていった。わたしの脚は曲がり、包帯でぐるぐる巻きにされていた。背中はすっかり前かがみになり、包帯で巻かれた腕は、だらんと垂れ下がっていた。全身がねじ曲がっていたのだ。自分の姿と思っていたものとは、異質でかけ離れていた。頭の中の「ぼく」は、ハンサムな一八歳だった。これが自分だなんて、ありえない。

いちばんひどかったのは顔だ。右半分がぱっくり裂けて、赤や黄色の肉塊と皮膚のきれはしが、溶けたろうそくのように垂れ下がっていた。右目は耳の方に大きく引っ張られ、口、耳、鼻の右端が、黒くこげてゆがんでいた。

細かいところまで全部見きわめるなんて、とてもできなかった。どこをとっても変形していたのだ。わたしはその場に突っ立って、鏡の中の自分を何とか受け入れようとしていた。鏡の中から自分を見つめ返している像のどこかに、むかしのダンが埋まってはいないだろうか？　だが体の残骸の中で見覚えがあったのは、自分を見つめる左目だけだった。これが本当に自分なのか？　この変わり果てた姿が自分だと理解することも、信じることも、受け入れることもできなかった。それまでも、治療のときに包帯をはがされて、体のいろんな部分は見ていたし、おぞましい瘢痕があることも知っていた。顔の右半分にひどい重傷を負ったことも、知らされていた。でもふしぎなことに、こうして鏡の前に立つまでは、ピンと来なかったのだ。わたしは鏡の中のものを見つめたいという思いと、この新しい現実から目をそらしたいという衝動に、引き裂かれそうになっていた。だがほどなくして、脚の痛みに立っていられなくなり、わたしはすごすごと病床に引き返した。

ケガが体におよぼした影響に向き合うだけでも、十分つらいことだった。しかし一〇代の自分がもっていた自己イメージが激しく損なわれたことは、わたしの回復にまったく異質の難題を突きつけた。あのころのわたしは、ちょうど社会の中に居場所を求め、自分がどんな人間であり、男性であるのかを理解しようとしていた。そんなとき、いきなり病院に三年間も押しこまれ、仲間たちに（まあ少なくとも、わたしの母には）かっこいいと思われていた姿から、ひどい姿になり下がってしまったのだ。わたしはルックスを失うことで、だれもが――とくに若者が――自分が何者かを知るための大切な手がかりを失ったのだ。

自分の居場所はどこ？

その後の数年の間に、友だちがたくさん見舞いに来てくれた。学校で一緒だった友人や仲間の、健康で、美しく、苦痛とは無縁の男女が、じゃれあい、くっつき、離れる様子を見せつけられた。みんなあたりまえのように恋愛にのめりこんでいた。事故にあう前のわたしは、自分がティーンエイジャー社会のピラミッドのどの辺にいるのか、ちゃんと把握していた。このグループの女の子何人かとデートして、だれが自分とつき合ってくれるか、くれないかが、大体わかっていた。

でも今の自分は、デートの相手として、どれくらいの価値があるんだろう、とわたしは思った。ルックスを失ったために、自分のデート市場での価値が下がったことはわかっていた。むかしつき合っていた女の子たちをいま誘ったら、ひじ鉄を食らわされるだろうか？ そうにきまってる。彼女たちの頭の中も、手にとるようにわかった。なにしろもっといい選択肢が、ほかにいくらでもあるのだ。それに、自分だって逆の立場なら、同じようにするだろう。では、もし魅力的な女の子たちに相手にしてもらえないのなら、自分と同じように体や容姿が不自由な子としか結婚できないんだろうか？　そんなところで「妥協」しなければいけないんだろうか？　デート相手としての価値が急落したから、つき合う相手についても、考え直さなくてはならないのか？　それとも、まだ一縷《いちる》の望みはあるのだろうか。いつの日か、わたしの瘢痕に目をつぶり、知性やユーモアのセンス、料理の腕を愛してくれる人が現われるだろうか？

恋人としての自分の市場価値が急落したことを、もう認めないわけにはいかなかった。それでも心のどこかでは、自分のなかで損なわれたのは、外見という一部分だけだという思いがあった。自分（本当の自分）が大きく変わってしまったとは、どうしても思えなかった。だからこそ、自分の価値が突然失われたなどとは、よけい信じられなかったのだ。

心と体

初めのうちは、全身やけどについてよく知らなかったから、やけどが治ったら、ケガをする前の姿に戻れるものと思いこんでいた。それまでも、軽いやけどをしたことはあったが、二、三週間もすれば、うすい跡を残してほとんど消えてしまったのだ。だが当時は知らなかったのだが、こういう深くて範囲の広いやけどは、ふつうのやけどとはまるで次元がちがった。本当の苦しみや、ケガと自分の体に対するいらだちは、やけどが治りかけていたあのころ、まさに始まろうとしていたのだ。

傷口がふさがると、今度は刻一刻と傷跡がひきつれていく痛みに耐えながら、皮膚の収縮と闘い続けなければならなかった。そのうえ全身を覆う、ジョブスト加圧包帯にも苦労した。指を伸ばしたり首を固定したりするためのいろいろな仕掛けは、治療効果はあったが、それをつけたせいで、ますます自分が自分でないような気がした。体の各部を支えたり動かしたりするための、慣れない器具のせいで、自分の体が以前と同じだとはとても思えなくなった。自分の体がいやで仕方がなく、自分を裏切った敵のように思えた。おとぎ話の『カエルになった王子』や、映画の『仮面の男』のように、中に閉じこめられた本当の自分に、だれも気がついてくれないような、そんな気分だった。*

一〇代のわたしは、とくに哲学的なタイプでもなかったが、このころから、日々感じていた、「心と体は別物」という、心身の二元性について深く考えるようになった。自分が激痛に苛まれ、体の中にとじこめられているという意識に悩んだが、あるとき、絶対にこれを乗り越えてみせると腹を決めた。それからは、治りかけていた皮膚をめいっぱい伸ばすようにして、わざと痛みを感じるような動きをすることで、自分の心が体をねじ伏せて服従させ、勝利を収めている様子を想像した。心身二元性をひたすら信じ、心にまちがい

＊自分の体にとらわれの身になった人間の物語は、ほかにもある。オウィディウスの『変身物語』や、『美女と野獣』、『ジョニーは戦場へ行った』、『潜水服は蝶の夢を見る』など。

なくこの戦いに勝たせようと、必死にがんばった。

この作戦の一環として、自分のすべての行動や決定を、体ではなく、心で決めると誓った。痛みに支配された人生なんか、まっぴらだし、体に決定を指図などされて、たまるもんか。体の要求を無視する方法を身につけて、もとの自分のままでいられる、精神の世界に暮らすんだ。そうすれば、体なんかに支配されずに、思いどおりに生きられる！

またデート市場での自分の価値が下落したという問題については、頭からすっかり追い払うことで、避けてとおることに決めた。体の要求をいっさい無視するのだから、性的な欲求に屈することもなくなる。人生からロマンスを締め出せば、自分がデートの相手としてどうなのか、自分を好きになってくれる人がいるのか、といったことを気に病まなくてすむ。これで一件落着だ。


ところが、ケガから何ヶ月かたつと、これまであまたの禁欲主義者や修行僧、純粋主義者たちが身をもって学んだのと同じ教訓を思い知らされた。心で体を支配するのは、口で言うほど簡単なことではなかった。

やけど病棟での毎日の試練の一つに、あの恐ろしい入浴治療があった。まず看護師に消毒薬の風呂に浸けられ、しばらくしてから、包帯を一つひとつ引っぺがされる。全部はがし終わると、死んだ皮膚をこすり落とされ、やけどに軟膏のようなものを塗って、新しい包帯を巻き直された。これがいつものやり方だ。でも皮膚移植手術の翌日だけは、入浴が省略された。手術で縫合したばかりの傷口に、湯をとおして体のほかの部分の雑菌が入ると、感染症を起こすおそれがあったからだ。そういう日は、ベッドに横たわったまま、スポンジで全身を拭いてもらったのだが、いつもの治療に輪をかけて痛かった。包帯を水でふやかしていないから、はがすのがいつにも増して苦痛だった。

ある日の全身清拭で、思ってもみなかったことが起こった。包帯が全部はがされると、タミという、若くてとても魅力的な看護師が、お腹と腿を拭いてくれたのだが、そのとき突然、何ヶ月も感じることのなかった感覚が、体の奥のどこかからわき上がってきたのだ。自分が勃っていることに気がついて、恥ずかしくて死にそうだったが、それは回復に向かっているすばらしい証拠よ、とタミは笑いとばしてくれた。タミの機転のおかげで、きまりの悪さは多少和らいだが、それでもいたたまれなかった。

その夜、病室で一人、医療機器のビープ音を聞きながら、一日のできごとを思い返した。ティーンエイジャーのホルモンが、活動を再開したのだ。わたしがかつての若者とは、似ても似つかない姿になったことなど、ホルモンはおかまいなしのようだった。それに、体に行動を支配させまいと頑張ったところで、ホルモンの働きには勝てないことを知って愕《がく》然《ぜん》とした。そしてこのとき、はたと気づいたのだ。自分は心身がたしかに分離していると強く信じていたが、そうではなかった。心身を調和させて生きていくすべを、学ぶ必要があるのだと。

こうして正常な世界、つまり心身の要求を受けとめて生きている人たちの世界に戻ってきたわたしは、社会での自分の立ち位置について、またぞろ考え始めた。とくに、体の調子がよく、痛みもそうひどくないときには、わたしたちが一部の人たちに魅力を感じ、一部の人たちには嫌悪を感じる、社会的プロセスについて考えるようになった。まだほとんどの時間を病床ですごしていたから、何も行動は起こせなかったが、自分の恋愛はこれからどうなるんだろうと考え始めた。自分の置かれた状況を悶々と分析するうちに、いつしか個人的な関心を超えて、恋愛のしくみに全般的な関心をもつようになった。

同類婚と順応

鳥やハチや人間の世界で、似たもの同士が引き合うことは、別に鋭い観察力をもっていなくてもすぐわかる。たいていの場合、美しい人は美しい人同士くっつくし、「容姿に恵まれない*」人は、自分と似たような仲間とつき合う。社会科学者は、この「類は友を呼ぶ」現象を長い間にわたって研究していて、「同類婚」という名前までつけている。もっとも、勇敢、才能豊か、金持ち、または屈強だが、容姿には恵まれない男性が、美しい女性とくっついた例は、いくらでもある（ウディ・アレンとミア・ファロー、ライル・ラベットとジュリア・ロバーツ、それにイギリスのロックスターとモデルや女優の妻のほとんどがそうだ）。だが、一般に同類婚は、人がどのようにして恋人や結婚相手を見つけるかをよく表していると言える。もちろん、同類とは、見た目の美しさだけをいうわけではない。お金、力、ユーモアのセンスといった側面も、人間の魅力をつくっている要因だ。それでも現代社会では、見た目の美しさが、「恋愛階層」でのわたしたちの立ち位置や、同類婚の可能性を、ほかのどんな特質よりも大きく左右しているように思われる。

同類婚は、魅力度ランクのトップに君臨する男女にとっては朗報だ。だが中下位にひしめく大多数の人にとってはどうだろう？　わたしたちは、恋愛階層での自分の立ち位置に順応するのだろうか？　スティーヴン・スティルスの往年のヒット曲、『愛への賛歌』のように「そばにいる人を愛する」ことを、どうやって覚えるのだろう？　ある日レナード・リー、ジョージ・ローウェンスタインとわたしが、コーヒーを飲みながら議論し始めたのが、この問題だった。

ジョージは、だれのことを念頭に置いているのやらわからなかったが、こんな問いを投げかけた。「外見に魅力がない人は、どうなると思う？　自分と魅力度が同じような相手

＊「容姿に恵まれない」という言葉を使うのは、ほかに使うべき言葉を知らないからだ。単に外見が魅力的な人と、そうでもない人がいるということが言いたいだけだ。

としか、デートも結婚もできない。おまけに学者だったら、生まれつきの不細工を、うなるほどの金で埋め合わせることもできないんだぜ」そしてジョージは、わたしたちの次の研究プロジェクトの中心テーマとなった、こんな疑問を口にしたのだ。「そいつは毎朝目覚めるたびに、隣に眠る人を見て、こう思うんだろうか？　『まぁ、俺にはせいぜいこんなところだろうよ』それとも、なんらかの形で順応するうちに変わっていき、自分が妥協したことにも気づかないんだろうか」

同類婚の実験、またはディナーパーティを気まずくする秘訣

あなたは、パーティに到着したばかりだ。会場に入ると、主催者におでこに何かを書かれ、絶対に鏡を見てはいけないし、何が書いてあるのかを人に聞いてもいけないと言われる。会場を見回すと、ほかの招待客のおでこにも、一から一〇までの数字が書かれている。あなたは、いろいろな人に話しかけて、できるだけ数字の大きい人とペアを組まなくてはいけない。あなたは当然、「一〇」の人にいそいそと近寄るが、彼女はあなたを一瞥しただけで、ふいと行ってしまう。仕方なく「九」、「八」……と目標を下げていき、結局、救いの手をさしのべてくれた「四」の人とペアになり、

ドリンクを取りに行った。

この簡単なパーティゲームは、同類婚の基本的なしくみをよく表わしている。このゲームを現実世界の恋人候補とやると、大きい数は大きい同士、中くらいの数は中くらい同士、小さい数は小さい同士でくっつくことが多い。一人ひとりに価値がきまっていて（パーティゲームでは、数字がはっきり書かれている）、他人の反応を手がかりに、恋愛階層での自分の立ち位置を割り出し、魅力度が自分と同程度の相手を見つけるのだ。

容姿に恵まれない人は、自分が外見的魅力に乏しいという事実に、どうやって順応するのだろう。一つ考えられるのは、イソップ物語の『キツネとブドウ』にちなんで、「すっぱいブドウ戦略」とでも呼べる方法だ。ある暑い日、キツネが畑を歩いていると、たわわに実った熟れたブドウが、鈴なりになっているのを見つけた。ブドウは、のどをうるおすのにちょうどいい。キツネはちょっと下がり、助走をつけて、ぴょんと跳び上がったが、届かない。もう一度、いやもう一度とやってみるが、どうしても届かない。キツネはとうとうあきらめて、こんな捨てゼリフを残して、去っていくのだ。「あんなブドウ、すっぱいにきまってるさ」「すっぱいブドウ」とは、この物語から生まれた考えで、自分の手に入らないものを価値のないものと片づけがちな、人間の性向を言う。

この寓話を美しさに当てはめると、順応はわたしたちに魔法をかけて、とても魅力的な人たち（ブドウ）を、それを手に入れられない人たち（キツネ）の目に、あまり望ましくない（すっぱい）ものとして映し出すということになる。だが真の順応は、わたしたちの見方を変える以上の魔法をかけるのかもしれない。もしかすると真に順応すると、ただ自分の手に入らないものにそっぽを向くのではなく、自分に心理トリックをかけて、現実を受け入れられるものに変えてしまうのかもしれない。

この場合の順応は、具体的にどのようなしくみで起こるのだろう？　容姿に恵まれない人たちが順応する方法として考えられるのは、一つは相手に求める容姿を、完璧さの尺度でいう一〇や九からもっと落として、自分のレベルに近づけることだ。もしかしたら、大きすぎる鼻や薄毛、出っ歯などの特性を、好ましく思うようになるのかもしれない。この方法で順応した人は、オーランド・ブルームやハル・ベリーのような美男美女の写真を見ると、肩をすくめて、こう言うのではないだろうか。「うーん、この整ったちっちゃい鼻が、気にくわないんだよな」「こんなにつやつやした黒髪はいやだわ」

外見的魅力に乏しい人たちが順応するプロセスは、もう一つ考えられる。美意識は変わらないが、ユーモアのセンスや優しさといった、外見以外の特質を相手に求めるようになるのかもしれない。『キツネとブドウ』の物語で言えば、キツネが道ばたに生えている、干からびた野イチゴのよさを見直すことをいう。枝になっているブドウがどうしても取れなければ、野イチゴをおいしいと思うようになるのだ。

これをデートの世界にあてはめると、どういうことになるだろう？　わたしの友人に、十人並みの容姿の中年女性がいる。彼女は何年か前、恋愛・結婚マッチングサイトのマッチ・ドットコムで、結婚相手を見つけた。「かれはね、見てくれはパッとしなかったわ。髪は薄いし、メタボ気味で、毛深くて、それにちょっと年上だったし。でもそんなこと、大した問題じゃないってわかったの。わたしの理想は、頭がよくて、しっかりした考えをもっていて、ユーモアのセンスがある人。かれは、それをすべて兼ね備えていたってわけ」（ところで、仲人役の人が「ユーモアのセンスがある」と言うのは、暗に「見た目が悪い」という意味だと知っているだろうか？）

ここまで、わたしのように容姿に恵まれない人が順応する方法を、二つ挙げた。自分の美意識を変えて、不完全さに価値を認めるようになるか、相手に求める特質の優先順位を変えるかだ。おおざっぱに言うと、こんなふうになる。背が低くて髪の薄い男性にしか好かれない女性は、(a)そういう特質を、相手に求めるようになるのだろうか？　それとも、(b)まだ背が高くて髪がふさふさの男性とデートしたいと思っているが、それがかなわぬことを知って、優しさやユーモアのセンスといった、外見以外の特質に目を向けるようになるのだろうか？

人は容姿のハンデにどのように対処するか？
考えられる３つの方法

解決策

- **(a) 美意識を変える**
  （わたしは髪の薄い人が好き）
- **(b) 特質の優先順位を見直す**
  （髪の薄い人は嫌いだけど、他のよさに目を向ける）
- **(c) 順応しない**
  （髪の薄い人は嫌い。恋愛階層での自分の立ち位置に順応しない）

順応に至る、この二つの経路のほかにも、もう一つ、可能性がある。人間は、どんなものにも慣れるという、とほうもない能力をもっているが（第6章の「順応について」を参照のこと）、この場合にかぎって順応が働かないという可能性についても、考える必要がある。つまり、容姿に恵まれない人は、外見のせいで自分の恋愛階層が低いという事実に、完全に順応できていないということだ（あなたが五〇歳以上の男性で、二〇代の女性が自分と喜んでデートしてくれるという幻想をまだ抱いているなら、わたしが言っているのはまさにあなたのことだ）。順応できない人は、繰り返し失望感を味わうことになる。魅力に乏しい人が順応しなければ、自分にふさわしいはずのゴージャスな相手にアタックしてはふられ続けることになるからだ。それに、容姿に恵まれない相手で妥協して、結婚でもしたら、自分にはもっとふさわしい相手がいるはずだと後悔し続けるだろう。これはすてきな恋愛や、ましてや幸せな関係の秘訣とは言い難い。

図に表わした三つの方法のうち、容姿に恵まれない人が、自分のハンデに対処する方法を、いちばんうまく言い当てているのは、どれだとあなたは思うだろうか？

わたし自身は、恋愛相手に求める特質の優先順位が変わるという、二番目の可能性が高いと思っていたが、これを調べるためのプロセスそのものが、とても興味深かった。

イケてる？ イケてない？

レナード、ジョージとわたしは、人が恵まれない容姿に順応するしくみを理解するために、ジェームズ・ホンとジム・ヤングという、二人の創意あふれる若い男性に話をもちかけて、かれらのウェブサイト「ホット・オア・ノット」で実験をする許可をもらった。* このサイトに入ると、幅広い年齢の男女の写真が迎えてくれる（一八歳未満はお断り）。写真の上には、一（NOT——イケてない）から一〇（HOT——イケてる）までの一〇段階のチェックボックスがついていて、チェックを入れて評価すると、ほかのユーザがつけたスコアの平均値が表示され、別の人の写真が現われる。

他人の写真を評価するだけでなく、自分の写真を投稿して、ユーザから評価を受けるこ

＊www.hotornot.com をまだ訪れたことがない人は、人間心理を垣間見るためだけにも、ぜひ訪れてみてほしい。

ともできる。* レナード、ジョージ、わたしにとって、これはとくにありがたい特徴だった。なぜならこれによって、評価をする人自身の魅力度がわかるからだ（ちなみにホット・オア・ノットでわたしの写真についたスコアは、最後にチェックしたとき、六・四だった。写真映りが悪かったせいだろう）。このデータがあるおかげで、たとえばホット・オア・ノットで、魅力的でない（二としよう）と評価された人が、とても魅力的（九とする）と評価された人に比べて、他人の魅力を高めに評価するのか、低めに評価するのかを調べることができる。

なぜこの特徴が役に立つのか？　それはこう考えたからだ。もし容姿に恵まれない人が順応していないなら［図でいうとcにあたる］、かれらは非常に魅力的な人と同じような基準で、他人の魅力度を評価するはずだ。具体的にいうと、もし順応が起こらなかったなら、スコアが「二」の人と「八」の人は、どちらも「九」の人を「九」、「四」の人を「四」と評価するだろう。だがもし容姿に恵まれない人が、他人の魅力に対する見方を変える形で［図でいうとaの方法］順応していたなら、非常に魅力的な人とはちがう基準で、他人の魅力度を評価するはずだ。この方法で順応したなら、「二」の人は、「九」の人を「六」、「四」の人を「七」などと評価するのに対し、「八」の人は、「九」の人を「九」、「四」の人を「四」と評価するはずだ。そしてわたしたちにとって願ったりかなったりだったのは、魅力度を数字で測れることだった！　簡単にいうと、人が他人の魅力度を評価するとき、本人の魅力度が評価に影響をおよぼすかどうかを調べれば、順応の度合いについて何かがわかるのではないかと考えたのだ。ジェームズとジムは、わたしたちのプロジェクトに興味をもってくれて、ホット・オア・ノットの会員一万六五五〇人の、一〇日間分のオンラインデートに関する情報を使わせてくれた。サンプルの会員は、全員異性愛者で、大半（七五％）が男性だった。†

最初の分析でわかったのは、何が美しく、何がそうでないかという点で、ほとんどの人の認識がほぼ一致していたということだ。どんな人も、自分の外見にかかわらず、オーランド・ブルームやハル・ベリーのような美男美女を、「イケてる」と感じる。歪んだ顔や出っ歯は、容姿に恵まれない人たちの新しい美の基準にはならないのだ。

美の基準に一般的な合意が存在したことで、すっぱいブドウ説［図中のａ］はなさそうだとわかった。でも、まだ二つの可能性が残っている。一つは、外見以外の特質を重視することで順応する可能性［図中のｂ］。もう一つは、人が自分の美的レベルに順応しない

＊ホット・オア・ノットの性質上しかたのないことだが、わたしたちの実験データは、ほかの特質に比べて外見を重視しすぎているのだろう。だが、たとえそうだとしても、ここで検証した原理は、ほかの形の順応にも一般化できるはずだ。

†この最初の段階には、同性愛のパートナーを探している人のデータは含めなかったが、それも興味深い拡張研究になりそうだ。

人は容姿のハンデにどのように対処するか？
考えられる３つの方法
（ホット・オア・ノットの最初の分析後）

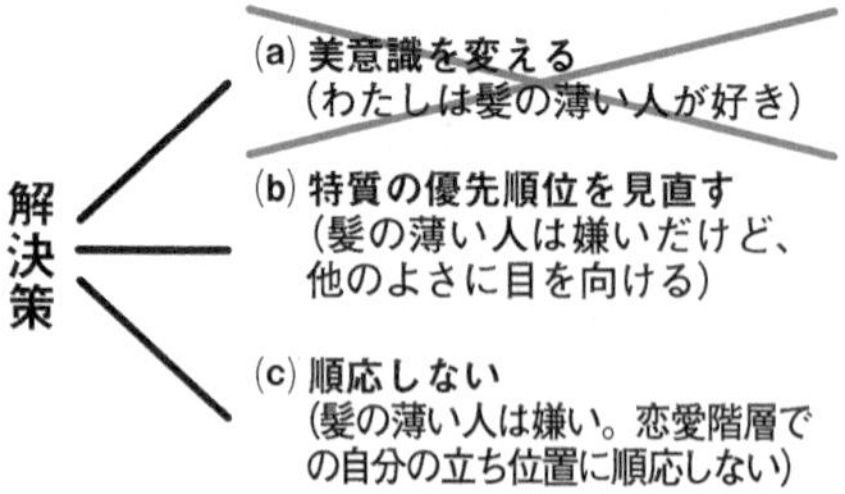

解決策
(a) 美意識を変える
（わたしは髪の薄い人が好き）
(b) 特質の優先順位を見直す
（髪の薄い人は嫌いだけど、
他のよさに目を向ける）
(c) 順応しない
（髪の薄い人は嫌い。恋愛階層で
の自分の立ち位置に順応しない）

可能性だ［図中のｃ］。

次に、容姿に恵まれない人たちが、不器量なせいでハンデを負っていることを、まったく自覚していない（または、少なくともオンライン上では、まったく気づいていないかのようにふるまう）可能性を調べることにした。このために、ホット・オア・ノットの「ミート・ミー」（わたしに会って）という、もう一つの興味深い機能を利用させてもらった。たとえばあなたが男性で、ある女性の写真を見て、会いたいと思ったら、写真の上にあるミート・ミーのボタンをクリックすると、会いたいというあなたのメッセージが、あなたの簡単なプロフィールとともに、女性側に送信されるしくみになっている。ここで重要なのは、ミート・ミーを使うときには、ただ外見が好きというだけで、相手を選んでいるのではないということだ。相手が、自分の誘いを受け入れてくれそうかということも、考慮のポイントになる（名も知らぬ相手に断られるのは、面と向かってふられるよりずっと痛みは少ないにせよ、悲しいものだ)。

ミート・ミーの機能がとても便利だということをわかってもらうために、ちょっと想像してほしい。あなたは髪が薄めで、メタボ気味で、しかも毛深いときているが、ユーモアのセンスだけは、大いにもち合わせている。あなたが他人につけるイケてる度のスコアを見るかぎり、あなたが他人の魅力度を評価するときには、鏡に映るその姿に影響を受けていないようだ。でもあなたのその残念なお腹とイケてなさは、だれに求愛するかという判断に、どんな影響を与えるのだろう? あなたもゴージャスな女性に求愛するだろうか? もしそうなら、自分の容姿のハンデに、本当に気がついていない(少なくとも影響は受けていない)ことになる。逆に、もしあなたが(オーランド・ブルームやハル・ベリーを一〇と評価しているにもかかわらず)ちょっと目標を下げて、自分のレベルにもう少し近い人に会おうとするなら自分の魅力のなさに影響を受けていることになる。

データを分析した結果、サンプル内のスコアの低い人たちは、自分の魅力(のなさ)の程度を、はっきり自覚していることがわかった。この自覚は、他人の魅力度に対する認識や評価には(イケてる度のスコアを見るかぎり)影響をおよぼさなかったが、会いたい相手の選び方には影響をおよぼしていた。

順応とスピードデートの秘訣

人は容姿のハンデにどのように対処するか？
考えられる３つの方法
（ホット・オア・ノットの最初の分析とミート・ミーの分析後）

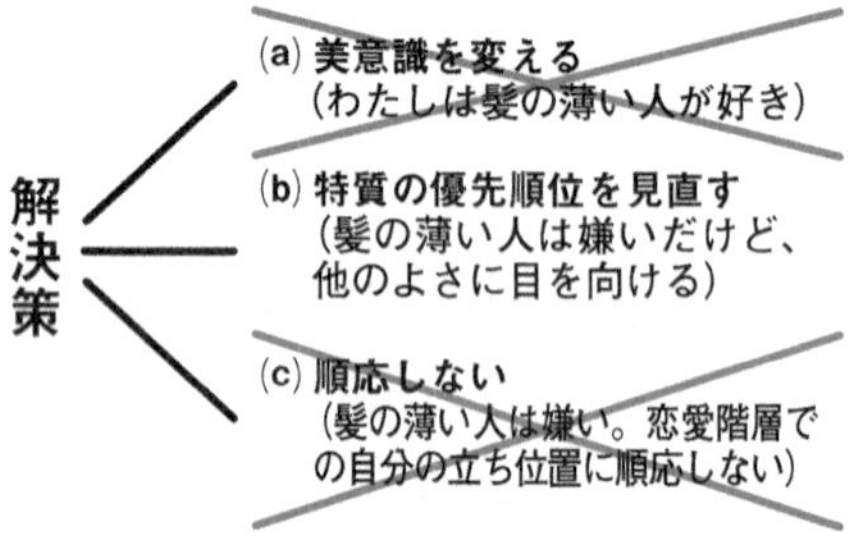
解決策
(a) 美意識を変える
（わたしは髪の薄い人が好き）
(b) 特質の優先順位を見直す
（髪の薄い人は嫌いだけど、
他のよさに目を向ける）
(c) 順応しない
（髪の薄い人は嫌い。恋愛階層で
の自分の立ち位置に順応しない）

ホット・オア・ノットのデータのおかげで、人が自分の外見的魅力に順応するプロセスに関する三つの仮説のうち、二つ「aとc」を排除することができた。残る選択肢は、一つ。わたしの友人の中年女性のように、パートナーの外見をそれほど重視しなくなり、それ以外の特質を愛するようになることで順応するという説だ「b」。

二つの選択肢が排除されたからといって、残った説が裏づけられたことにはならない。これを裏づけるために必要なのは、人が外見を補うような、ほかの魅力を重視するようになるという証拠だ（ダーリン、あなたってほんとにかしこい／おもしろい／やさしい／気がつく／星占いでわたしにぴったりな／「　」のね（空欄を埋めよう））。残念ながら、ホット・オア・ノットのデータでは、これがわからなかった。このデータでは、たった一つの要素（写真で見た魅力度）しか測定できないからだ。わたしたちは言葉にし難い魅力を測定できる状況を探し、スピードデートの世界に目を向けた。
わたしたちがどんなスピードデートを考案したかを説明する前に、まずは初心者の諸君に、この現代的なデートの儀式について、簡単に手ほどきをさせてもらいたい（とくに社会科学に没頭している研究者には、一度経験してみることをお勧めする）。

ご存知とは思うが、念のために言っておくと、いまやスピードデートは、五つ星ホテルの高級バーから、地元の小学校の空き教室まで、また仕事帰りのサラリーマン向けの夕方の合コンから、週末にしか時間がとれない人のためのブランチまで、ありとあらゆる形で行なわれている。スピードデートをしていると、永遠《とわ》の愛を追いかけていたはずが、トルコのバザールで値切り交渉をしているような錯覚に陥ることもある。そうは言ってもスピードデートは、クラブ通いやブラインドデート、友人に仕組まれたデートなど、よりゆるやかな方式のデートに比べれば（いろいろと悪口を叩かれてはいるが）、安全で、恥をかくおそれも少ない。

一般的なスピードデートの手順は、二〇世紀初めに時間・動作研究の専門家が設計した製造工程に似ている。二〇歳から五〇歳くらいの少人数（異性愛者のイベントなら男女半々）が受付をすませ、それぞれ受付番号とスコア用紙をもらって、二人がけのテーブルにつく。参加者の半数、ふつうは女性が、ずっと同じ席に残る。四分から八分ごとにベルが鳴り、そのたびに相手の男性は、メリーゴーランドさながら、隣のテーブルに一斉に移動する。

テーブルに着いているときは、何を話してもいい。予想どおり、たいていの人は、いやこのスピードデートのやり方には驚いたねえ、といった感想をおずおずと述べるところから始めて、相手から参考になりそうな情報を、なるべくわざとらしくないやり方で引き出すために、ちょっとした世間話をする。さてベルが鳴って、相手を変えるときになったら、判定を下す。ボブがニーナとデートしたければ、スコア用紙のニーナの受付番号の横に「イエス」と書くし、ニーナはボブとデートしたければ、ボブの受付番号の横に、「イエス」と記入する。

イベントの終わりに、主催者はスコア用紙を回収して、両想いのカップルを探す。ボブがロニーとニーナの二人に「イエス」で、ロニーはボブに「ノー」だが、ニーナがボブに「イエス」の場合、ニーナとボブだけが、お互いの連絡先を教えてもらえるから、その後は二人でもっと話すのも、ふつうのデートをするのも自由というわけだ。

だがわたしたちの考案したスピードデートには、特別な趣向をいくつか加えた。まずイベントの前に、実験協力者の一人ひとりからアンケートをとって、デート相手を探すとき、容姿、知性、ユーモアのセンス、思いやり、自信、社交性といった基準を、どれくらい重視するかを答えてもらった。二つめの特徴として、「デート」が終わっても、実験協力者はすぐには次のテーブルに移らず、ちょっと時間をとって、いま会った相手について、例の特質（容姿、知性、ユーモアのセンス、思いやり、自信、社交性）を評価してもらった。それから、その相手ともう一度会ってみたいかという質問にも答えてもらった。

この設定で実験を行なうことで、三種類のデータが手に入った。デート前のアンケートから、実験協力者が一般にどんな特質を恋人に求めるか。デート後の反応から、実験協力者がデートした相手の特質をどう評価したか。そして相手と近いうちに本物のデートをしたいと思ったかどうかが、それぞれわかった。

では、わたしたちがいちばん知りたかったことに移ろう。容姿に恵まれない人たちは、美しい人たちと同じ程度に、相手の外見を重視するのだろうか？　もしそうであれば、それは順応していないことの証拠になる［c］。それとも、ユーモアのセンスといった、外見以外の特質を重視するのだろうか？　もしそうなら、相手に求めるものを変える方法で順応しているということになる［b］。

まず、イベントが始まる前に答えてもらったアンケートをとおして、実験協力者の一般的な好みに関する回答を調べた。恋人に求めるものに関して言えば、魅力的な人は、外見へのこだわりが強く、魅力に乏しい人は、外見以外の特質（知性、ユーモアのセンス、思いやり）を重視していたことがわかった。この結果によって初めて、容姿に恵まれない人は、デート相手に求める特質の優先順位を変えるという説［b］が、裏づけられた。次に、スピードデートの参加者一人ひとりが、イベントで出会った相手をどう評価したか、そし

人は容姿のハンデにどのように対処するか？
考えられる３つの方法
（ホット・オア・ノットの最初の分析とミート・ミーの分析、スピードデートの実験後）

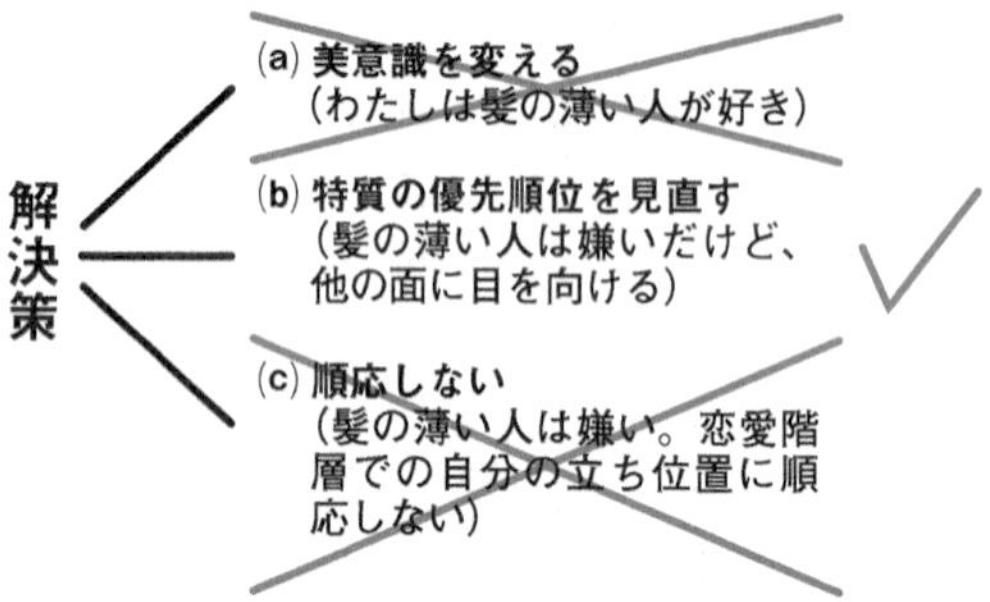
解決策
(a) 美意識を変える
（わたしは髪の薄い人が好き）
(b) 特質の優先順位を見直す
（髪の薄い人は嫌いだけど、他の面に目を向ける）
(c) 順応しない
（髪の薄い人は嫌い。恋愛階層での自分の立ち位置に順応しない）

てこの評価が、相手と本物のデートをしたいという願望にどのように結びついたかを調べた。ここでも、同じパターンが認められた。容姿に恵まれない人は、ユーモアのセンスなど、外見以外の良さのある相手を、もう一度会いたい相手として選ぶことがずっと多かった。他方、魅力的な人は、外見を高く評価した人を、デート相手として選ぶ可能性がずっと高かったのだ。

　以上、ホット・オア・ノット、ミート・ミー、そしてスピードデートの実験から得られた結果を総合すると、次のことがわかった。人の魅力度は、その人の美意識には影響を与えないが、優先順位には大きな影響を与える。要は、外見の魅力に乏しい人たちは、外見以外の特質を重視するようになるということだ。

　こうくると当然、容姿に恵まれない人たちは「考え深い」のか、という疑問がわいてくる。

なにしろ美しさより、それ以外の特質を重視するというのだ。でも正直言って、その議論には、できれば足を突っこみたくない。結局のところ、もしぱっとしないティーンエイジャーが成人してイケメンになったなら、やはりほかのイケメンと同じように、美しさを主な評価基準として、デート相手を選ぼうとするのではないだろうか。美しさが本当に重要かどうかという価値判断はさておき、優先順位を見直すというプロセスが、順応に役立つことはまちがいない。結局のところ、わたしたちはみな、いまの自分や自分のもっている資質と、折り合いをつけて生きていかなくてはならない。そしてつきつめれば、うまく順応し、適応することが、幸せになるためのカギなのだ。

かれの視点、彼女の視点

デートの世界に関する調査は、性別によるちがいを多少なりとも検証しなければ、手落ちというものだ。ここまで説明してきたのは、男女合わせた結果だ。でも魅力に対する考え方は、男性と女性とではちがうのではないかと、あなたは思っているのではないだろうか？

ではじっさいにどうだったか、教えよう。ふたを開けてみれば、ホット・オア・ノットの調査で見られた性差のほとんどが、デートや性別に関する固定概念とほぼ一致した。たとえば一般に、「男性はデートの相手に関して、女性ほどえり好みしない」と言われているが、これはただの固定観念ではなかった。男性が「ミート・ミー」の誘いを女性に送る確率は、女性が男性を誘う確率の二・四倍だった。

また「男性は女性より、相手の外見にこだわる」という、漠然とした印象も、このデータによって裏づけられた。このことは、「男性は女性より、自分の魅力度を気にしない」という調査結果とも一致する。おまけに、男性は女性よりずっと楽観的だった。かれらは「お目当て」の女性の魅力をじっくりチェックして、「高嶺の花」、つまり自分よりも数ランク上の相手にねらいを定めることが、女性に比べてずっと多かった。ついでに言えば、男性の、何人もの女性をデートに誘う傾向や、高望みをする傾向(これをよくないことと思う人もいる)をとって、「男性はデート相手に関して偏見がない」とぼかして言うこともできる。

同類婚の困難を乗り越えて

人には、すばらしい特質もあれば、望ましくない欠点もある。わたしたちはたいていの場合、幼いころから自分の特質に折り合いをつけることを学び、社会や恋愛階層での自分の立ち位置に、そこそこ満足するようになる。わたしのケースが特殊なのは、自分はこういうものだと信じて育ったのに、突然事故に遭ったせいで、長い時間をかけてゆっくりと適応する機会も与えられずに、いきなり新しい現実をつきつけられたからだ。たぶん、こんなふうにいきなり状況が変わったために、自分の恋愛の問題を、一層はっきり自覚するようになったのだろう。またそのせいで、デート市場を冷ややかな、距離を置いた目で見るようになってしまった。

ケガをしてから何年もの間、自分は恋愛ができるんだろうかと、くよくよ悩んだ。瘢痕のせいで、自分の同類婚でのランクががた落ちになったことはわかっていた。でも、何かが「まちがっている」と、思わずにいられなかった。一方では、デート市場もほかの市場と同じように機能することを知っていたし、自分の市場価値が一夜にして暴落したこともわかっていた。でも頭の片隅では、自分は本当は変わっていない、自分の価値が下落したなんてでたらめだ、という根深い気もちを、どうしてもふり払うことができなかった。

あるとき、自分の気もちを整理しようとして、心の中で自問した。もし自分が健康体で、いまの自分と同じようなケガをした女の子にデートに誘われたら、どうするだろう？　デートしたいと思うだろうか？　それともケガのせいで、デートしたくなくなるだろうか？　正直言って、自分の答えにがっかりしたし、こんな自分がすてきな女性を見つけられるはずがないと悲観した。最終的に、この状況を受け入れるしかないという結論に達し、そのことで深く落ちこみもした。ケガをする前は自分とデートしたがっていた女の子たちが、もう自分を恋人候補として見てくれないと思うとつらかった。そして妥協するという考えに、ゾッとした。自分も、「妥協された人」も、そんなことで幸せになれるとはとても思えなかった。

ノースカロライナ大学チャペルヒル校の大学院で学んでいたとき、こうした問題が一気に解決した。ある晴れた日、心理学部長に呼び出されて、セミナー委員を命じられた。委員会の集まりで何をやったかなんて、セミナーのお知らせのロゴを作ったこと以外、ほとんど覚えていない。覚えているのは、ただ一つ、テーブルの向かいに、これまで会った中でとびきりすてきな女性がすわっていたことだけだ。それが、スミだった。どう考えても、同類婚ではわたしと別世界の人だったのに、二人ですごす時間はどんどん長くなり、いつしか二人は友人になった。スミはわたしのユーモアのセンスを気に入ってくれた。そして、魔法としかいいようのない変化を経て、いつしかわたしを恋人候補と見てくれるようになったのだ。

一五年の月日がたち、二人の子どもをもうけた今、ホット・オア・ノットのデータを見ながら、女性が男性ほど外見を気にしないのは、なんてラッキーなことだろうと、幸せをしみじみかみしめている（ありがとう、女性の読者諸君）。それに身もふたもない言い方かもしれないが、例のスティーヴン・スティルスの歌には、一理も二理もあると思えるようになった。「そばにいる人を愛そう」というのは、なにも不倫を勧めているのではなく、わたしたちには、自分のパートナーのよさを発見し、愛する能力がそなわっている、と歌っているのだ。わたしたちは瘢痕や贅肉、出っ歯、おかしな髪型といった欠点をもつ相手に、ただ妥協するのではなく、いつか見方が本当に変わって、顔や体の仮面の裏に隠れた相手の本質を、ますます愛するようになる。これもまた、人間の順応能力のよさなのだ！

第7章のまとめ

- 容姿に恵まれた人は恵まれた人同士、恵まれない人は恵まれない人同士でつき合うことが多い。
- 容姿に恵まれない人は、外見以外の魅力を重視することで、現実に順応する。

第8章 市場が失敗するとき
オンラインデートの例

数世紀前の伝統的社会では、お見合いおばさん《イェンタ》と呼ばれる結婚仲介人が、とても重要な役割を担っていた。結婚したい男女（とその親たち）は、『屋根の上のバイオリン弾き』の劇中歌さながらに、「すてきな人を見つけてね、いい相手をつかまえてね」とお見合いおばさんに伝える。お見合いおばさんは、相手をしぼりこむために、若い人のことを、家族関係から何まで、根ほり葉ほり調べあげ（「イェンタ」が、やがて「ゴシップ」や「おしゃべり」の意味をもつようになったのはこのせいだ）、つり合いそうな相手が何人か見つかると、花嫁、花婿候補とその家族を引き合わせる。こんなふうにお見合いおばさんは、効率のいい、有益なビジネスをしていた。男女の仲をとりもつマッチメーカー（経済学用語でいえばマーケットメーカー）としてのサービスに、報酬をもらっていたのだ。

時は流れて、一九九〇年代半ば。お見合いおばさんはもういないが（欧米社会の大半には、見合い結婚すらない）、オンラインデートもまだ生まれていない時代だ。恋愛や個人の自由が謳歌される時代になったが、つまりそれは、婚活は自力でやれということでもあった。たとえばわたしの友人（名前はセスとでもしておこう）の苦難の話をしよう。セスは優秀で、ひょうきんで、ルックスもけっこうよかった。そして、教授になったばかりで、終身在職権《テニュア》にふさわしい資質をもっていることを証明するために、朝から晩まで働きづめだった。夜の八時や九時より前に研究室を出ることはまずなかったし、土日もほとんど職場にかんづめ状態だった（研究室が隣り合わせだったからよく知っている）。週末になると母親が電話をよこし、ちくちくとお小言を言った。「息子や、働き過ぎじゃないかい？」と彼女は言うのだった。「いつになったら、すてきなお嬢さんを見つけてくれるの？　わたしはそろそろ、孫をかわいがるには年をとりすぎてしまうよ！」

セスはとても優秀で、才能に恵まれていたから、仕事上の目標を果たす能力は十分あったが、ロマンスの目標には届かないように思えた。これまでずっと学者肌で通してきた人間が、突然バーに入りびたるなど、できない相談だ。個人広告を出したり、だれかの広告に応募するのも、考えただけでゾッとした。越してきたばかりの学園都市に、少ないながらも友人はいたが、かれらもとくに社交的というほどではなかったから、ディナーパーティに呼ばれる機会もめったになかった。大学院にはたくさん女子学生がいたし、流し目を送ってくる様子を見ると、誘ったら喜んでデートに応じてくれそうだったが、そんなことをしたら、大学にいい顔をされない（ほとんどの場合、職場恋愛は奨励されない）。セスは独身者向けの催しに、せっせと顔を出した。社交ダンスやハイキングもやってみたし、一度などは宗教の集まりをのぞいたことさえあった。でもそんなことをして心から楽しいと思ったことは、一度もなかった。それにほかの人たちも、とくに楽しんでいるようには見えなかった。「ハイキングクラブってのが、とくにヘンだった」と、かれは後で語ってくれた。「あそこにいた連中は、だれ一人として、大自然を楽しむことなんか眼中にないのさ。ただハイキング愛好家の相手を見つけたい一心なんだ。ハイキング好きは、いろんな点でいい人だと思いこんでるわけだ」

かわいそうなセス。自分にふさわしい女性と幸せな生活を送れるはずの、いいやつなのに、当時は相手を効率よく探す方法がなかった（ご心配なく。かれは何年か恋人探しのさみしい生活を送った後で、今の奥さんとめぐり会った）。要するに、お見合いおばさんのような、腕っこきのとりもち役がいないために、セスは市場の失敗の犠牲者になったのだ。じっさい、独身者の市場は、西洋世界での最もゆゆしい市場の失敗の一つと言ってもいいだろう。

セスの苦難は、オンラインデート・サイトが出現する前の話だ。この種のサイトは、理屈から言うと、夢のような、なくてはならない市場だ。この現代版お見合いおばさんについて考える前に、まずは一般に市場というものがどんなしくみになっているか、考えてみよう。市場とはひと言で言えば、人々が効率よく目的を遂げるための調整機能だ。市場はとても有用で、近年ますます集中化、組織化が進んでいる。たとえばスーパーマーケットは、どういう点が「スーパー」なのだろう？　スーパーに行けば、パン屋、肉屋、八百屋、ペットショップ、ドラッグストアなどに、徒歩や車で行く手間が省け、一週間に必要なものを、手近な一つの場所でまとめて買うことができる。より一般的に言うと、市場は、ごく個人的な選択を含む、わたしたちの生活のあらゆる側面で、なくてはならない重要な役割を担っているのだ。

食料市場、住宅市場、雇用市場、種々雑多な物品の市場（またの名をｅＢａｙともいう）のほかに、金融市場がある。たとえば銀行は業務を集中させることで、仲介、貸付、借入を便利に提供している。その他の市場参加者、たとえば不動産ブローカーなどは、お見合いおばさんと同様、売り手と買い手のニーズを把握し、適切な相手同士を結びつけている。中古車の時価を査定する会社「ケリー・ブルー・ブック」なども、買い手と売り手に交渉の参考価格を提供しているという意味で、マーケットメーカーの一つに数えられる。ひと言で言えば、市場は経済のとてつもなく有益で大切な一部分なのだ。

もちろん市場が失敗する――ときに華々しく失敗する――おそれがあることは、折にふれて思い出させられる。エネルギー市場ではエンロンが、また二〇〇八年の住宅ローン危機では多くの金融機関が証明したとおりだ。だが総じて見れば、市場は調整機能を提供することで、基本的には世の中の役に立っていると言える（あたりまえのことだが、便益だけを与えてくれ、弊害は生じないような市場を設計できたら、どんなにいいだろう）。

独身者の出会い市場は、わたしたちの暮らしの中で、集中的な市場が廃れ、だれもが自分で自分の面倒を見なくてはならなくなった側面の一つだ。組織的な市場がなければ、デートの相手を探すのに、とても手間がかかる。これを実感してもらうために、ちょっと想像してほしい。ある町に、きっかり一〇〇〇人の独身者が住んでいて、全員が結婚したがっている（何だかリアリティー番組みたいだ）。この小さな市場に、お見合いおばさんがいなければ、だれとだれがピッタリなのかを、どうやって判断すればいいのだろう？　気が合うだけでなく、末永く添い遂げるような二人を、どうやって見つければいいのだろう？　全員が全員と何回かずつデートして、理想の相手を見つけるのが望ましいが、超高速のお見合いイベントでもない限り、時間がかかりすぎる。

これを念頭に置いて、アメリカ社会に暮らす、独身者の現状について考えてみよう。アメリカの若者は、学業や仕事のために、これまでにないほど頻繁に引っ越しをするようになった。高校時代に花開いた友情や恋愛感情も、ひよっこたちが家を巣立てば、いきなり打ち切りとなる。大学も、高校と同じように、友情や恋愛の場を提供するが、学生が卒業して新しい仕事に就くために新しい町へ旅立てば、やはりそこでおしまいだ（最近の企業はインターネットのおかげで、広大な距離をものともせずに、四方八方から学生をリクルートすることが多いため、友人や家族から遠く離れて働く人が、とても増えている）。

こうして遠方で就職した卒業生は、自由になる時間があまりない。とくに若くて未熟な社会人は、競争の厳しい雇用市場で自分の実力を証明するために、長時間働かなくてはならない。それに社内恋愛は、たとえご法度でなくても、奨励されていないことが多い。ほとんどの若い人は、仕事をしょっちゅう変えるから、それまでの生活を捨て、人づき合いも中断することになる。引っ越すたびに、直接的、間接的な友人関係を育むことがむずかしくなり、相手を見つける見こみはさらに薄くなる。なぜなら友人の紹介で結婚する人が多いからだ。つまり全体としてみれば、若い人たちの就職市場の効率性が高まったせいで、恋愛市場の効率性にしわ寄せがきていることがわかる。

オンラインデートの出現

わたしはセスやほかの何人かの友人が困っているのを、気の毒に思った。しかしそれもオンラインデート・サイトが登場するまでの話だ。マッチ・ドットコム（Match.com）、イーハーモニー（eHarmony）、ジェイデート・ドットコム（JDate.com）などのサイトを知ったときは興奮した。「独身者の出会い市場が抱える問題を解決するのにうってつけじゃないか」と思ったのだ。そこでオンラインデート・サイトの世界をくわしく調べてみた。

　こういうサイトは、具体的にどんなしくみになっているのだろう？　恋人募集中の架空の女性、ミシェルについて考えてみよう。ミシェルはあるオンラインデートのサービスに申しこみ、まず、自分自身や自分の好みについてのアンケートに答えた。サービスによって質問の内容はちがうが、基本情報（年齢、地域、収入など）のほか、価値観や考え方、生活スタイルについて聞かれるという点では、大体同じだ。アンケートでは、恋愛観についても答えた。どんな関係を望んでいるのか？　結婚相手に求めるものは？　ミシェルは、自分の年齢と体重を明かして、*自分はのんびり屋の陽気なベジタリアンで、高身長、高学歴、高収入のベジタリアンの男性と、結婚を前提にしたおつき合いがしたいとアピールした。それから、自分の人となりをもっとよく表わす、短い紹介文を書き、最後に公開用の写真をアップロードした。

　ここまでのステップが完了すると、魂の伴侶の品定めをする準備が整った。システムが何人かのプロフィールを勧めてくるから、その中からもっと知りたい人を何人か選んで、自己紹介文を読み、写真を吟味する。気に入った相手がいれば、サービスを通して電子メールを送り、相手も関心をもってくれたら、しばらくメールのやりとりをする。そしてうまくいけば、じっさいに会う約束をする、という段取りだ（「オンラインデート」と一般には呼ばれるが、じつはこの言葉には語弊がある。たしかにプロフィールを選んだり、電子メールを通じてやりとりをするのはオンラインだが、じっさいのデートは、現実の「オフライン」の世界で行なわれる）。

オンラインデート・サイトのじっさいのしくみを知ると、この役に立ちそうな市場にわたしが抱いていた期待は、失望に変わった。独身者の出会い市場を何とかする必要があるのはたしかだが、オンラインデート・サイト市場のようなやり方で、独身者が抱える問題をうまく解決できるとは、とても思えなかった。あんな○×式の質問やチェックリストや基準で、生身の人間のユーザを正確に表わせるとでもいうのだろうか？　何しろわたしたちは、そういった部分の単なる寄せ集めではないのだ（まあ、例外はいるが）。身長や体重、宗教、収入だけが、人間を作っているのではない。わたしたちは、話し方やユーモアのセンスといった、大まかな主観的特性や、美醜に関わる特性などをもとに、お互いを評価する。そのほか、におい、目の輝き、手の動かし方、笑い声、眉のしかめ方などの特性をすべてひっくるめたものが、わたしたちなのだ。こういった特性は、言葉で表しがたいため、データベースではとらえきれない。

いちばんの問題は、オンラインデート・サイトがユーザを、まるでメガピクセル、レン

＊ミシェルは当然、少々さばを読むはずだ。オンラインデート・サイトでは、数字をごまかす人が多く、オンラインの世界では、男性はじっさいより背が高く金持ちで、女性はやせていて若い。

ズ口径、記憶容量など、いくつかの特性だけで完全に説明できるデジタルカメラのような、検索可能な商品のように扱っていることだ。だがじっさいには、たとえ百歩譲って恋人候補を「商品」と見なせるとしても、それは経済学で言う「経験財」に近いものになるはずだ。食体験や、香水、美術などと同じで、人間を、こうしたオンラインデート・サイトのような方法で、簡単かつ効率的に分析することはできない。だいたい、人に惹かれる気持ちや恋愛感情の機微を考えに入れずに、デートでの相性を予測しようとするのは、プレーブックに載っている戦術を分析するだけでアメリカンフットボールをわかろうとしたり、栄養表示を読んだだけでクッキーの味を想像しようとするようなものだ。

それなら、なぜオンラインデート・サイトは、数字で表わせる特性を使って、ユーザに自分自身や理想の相手を説明させるのだろう？　たぶんこのやり方を選んだのは、「プロテスタント」、「リベラル」、「身長一七三センチ」、「体重六一キロ」、「健康」、「専門職」といった言葉が、検索可能なデータベースに変換しやすいからなのだろう。ということは、もしかしてオンラインデート・サイトは、システムをコンピュータの得意なことに合わせるために、漠然とした理想のパートナー像を、単純な変数の型にはめようとし、結果的にシステム自体の利用価値を下げてしまっているのではないだろうか？

この疑問に答えを出すために、わたしはジーナ・フロスト（元ＭＩＴメディアラボの博士課程の学生で、現在は社会起業家）、ゾーイ・チャンス（ハーバードの博士課程の学生）、マイク・ノートンの三人と組んで、オンラインデート・サイトを使った最初の実験をすることにした。まず、あるオンラインデート・サイトに、こんなバナー広告を出した。「MITのデートに関する調査への協力者求む」ほどなくして、デートの経験を語ってくれる協力者が、おおぜい集まってくれたので、アンケートに答えてもらった。たとえば、デート相手のプロフィールを（身長や収入といった特質をキーワードにして）検索するのにかけた時間、相性の良さそうな相手とメールをやりとりするのに費やした時間、最終的に相手と直接（「オフラインで」）会った回数といった質問が並んだ。

調査協力者は平均すると、プロフィールの検索に週五・二時間、恋人候補とのメールのやりとりに六・七時間と、ふるい分け段階だけでも、週に一二時間ほども費やしていた。さてこれだけの活動に、いったいどれだけの見返りを得たのだろう？　調査協力者が、現実世界で恋人候補にじっさいに会った時間は、週一・八時間でしかなかったのだ。しかもそのほとんどが、一度きりの、お茶を飲むだけのじれったいデートで終わっていた。

これぞ、市場の失敗ではなかろうか。一二時間に対して一・八時間という、この六対一にも満たない比率が、何よりの証拠だ。たとえば、六時間かかって車を走らせ、やっとの思いでたどり着いたビーチで、友人と（いやそれどころか、よく知りもせず、本当に好きになるかどうかもわからない相手と）たった一時間しかすごせなかったら、どんな気分だろう。この程度の勝算では、なぜまともな人がわざわざオンラインデート・サイトに時間をかけようとするのか、その理由を説明できないように思われる。

もちろん、オンラインでのデートはウィンドウ・ショッピングのようで、それなりに楽しめるという人もいるだろう。それも聞いてみた。オンラインデートの経験者に、オンラインで相手を探すのと、直接会ってデートするのと、そんなことなんかすっかり忘れて、家でゴロゴロしながら映画でも見るのと、どれが楽しいかという質問をしたところ、オンラインでの相手探しより、直接会ってデートする方がずっと楽しいという答えがほとんどだった。では映画はどうだろう？　そのとおり！　オンラインデートはもうこりごりだから、家のソファでゴロゴロしながら、恋愛映画の『ユー・ガット・メール』でも見た方がずっとましだという答えだったのだ。

そんなわけで最初の調査では、オンラインデートと呼ばれるものは、思ったほど楽しくなさそうに思えた。じっさい、オンラインデートという名前からしてまちがっている。この体験を正確に表わすには、「オンライン検索とプロフィール執筆」とでも呼んだ方がいい。

オンラインデート・サイトがうまく行かない原因が、ユーザを検索可能な特性の型にはめようとしているからなのかは、この調査ではわからなかった。そこで、この問題をもっとズバリ調べる、追跡調査をすることにした。今度はオンラインデートをする人たちに、恋人探しをするとき、どんな特性や性質をいちばん重視するかたずねた。それから、挙げてもらった特性のリストを、実験に関与していないプログラマーの集団に渡した（ちなみに「プログラマー」とは研究助手のことで、あらかじめ設定した基準に従って、自由回答を分類してくれた）。調査協力者が挙げた特性は、コンピュータのアルゴリズムを使って簡単に計測、検索できるものだろうか（たとえば身長、体重、目と髪の色、学歴など）。それとも、経験に根ざした、検索しにくいものだろうか（たとえばモンティ・パイソンのギャグが好きとか、ゴールデンレトリバー犬に夢中など）。オンラインデートの経験のあるユーザが挙げた特性を分析した結果、経験に根ざした特性の数は、検索可能な特性の数の三倍にものぼった。しかもこの傾向は、短い関係ではなく、長期的な関係を求めている人たちに、強く見られたのだ。以上の結果から、オンラインデートで検索しやすい特性を用いるのは、この手の活動に慣れている人にとっても、不自然なことだとわかった。

残念ながら、これはオンラインデートにとって朗報とは言えない。オンラインデートをする人は、その活動そのものをとくに楽しんでいるわけではない。オンラインでの恋人探しは骨が折れ、時間を食うわりに、何だかしっくり来ないし、あまり役に立たないと思っているから、オンラインでの「デート」を、ほとんど楽しめない。要するに、肝心の目的を遂げるのに役立つかどうかさえわからないツールに、信じられないほどの時間を費やしているのだ。

オンラインデートの失敗——スコットの物語

あなたの知り合いの中で、いちばん几帳面な人はだれだろう。ワードローブを季節、色、サイズ、よそゆき度で分類して整理している女友だちだろうか。逆に、いちばんずぼらな知り合いはだれだろう。よごれ物を「一日目」、「部屋用」、「ジム用」、「異臭」の山に分けている若者だろうか。人はだれでも、なるべく便利で楽で快適な暮らしを送るために、とてつもない独創性を発揮して自分の生活を整理するものだ。

わたしがあるとき会った、スコットというMITの学生は、信じられないような方法で、恋人候補をふるい分けていた。スコットの目的は、理想の女性を見つけること。かれは、とんでもなく複雑で時間のかかるシステムを使って、この目的を遂げようとしていた。毎日インターネットで、自分の決めた基準を満たす女性を、少なくとも一〇人は見つける。いろいろな基準があったが、とくに大卒で、スポーツが得意で、英語以外の言語に堪能な人が希望だった。おめがねにかなう女性が見つかると、用意しておいた三種類の手紙の一つを送りつけた。この手紙には、どんな音楽が好きか、どこの学校を出たか、愛読書は何か、といった質問が書かれていた。満足のいく返事をくれた相手は、四段階の選別プロセスの、第二段階に進めた。

第二段階では、また別の質問を書いた定型の手紙を送り、「正しい」返事が返ってくれば、次の段階に進めた。第三段階では、女性に電話をかけて、さらに質問を浴びせ、会話が弾めば第四段階に進め、とうとうコーヒーショップでご対面とあいなった。

そのほかに、スコットは有望な――ものすごい勢いで増えつつある――恋人候補の消息を追うための、手のこんだシステムを開発した。頭脳明晰で分析型のスコットは、結果をスプレッドシートに逐一入力していた。シートには女性の名前、現在の段階、さまざまな質問への答えと、恋人としての総合的な資質からみた累積スコアまでが入力されていた。シートに記録する女性の数が増えれば増えるほど、理想の女性が見つかる可能性も高まるはずだ。スコットはこのやり方に、相当なこだわりをもっていた。

恋人探しを始めて数年たったころ、スコットはアンジェラという女性とお茶をした。そしてこのデートのあとで、彼女がすべての面で理想の女性だという確信をもった。アンジェラは基準を満たしていたし、それよりなにより、自分に好感をもってくれているように思えた。スコットは天にも昇る気もちだった。

目的を達成したスコットには、この綿密なシステムはもう不要に思えた。だがせっかくのシステムをむだにするのもしのびない。そんな折、わたしがデート行動を研究していることを小耳に挟んで、わたしの研究室に来てくれたのだ。かれは自己紹介すると、自分のシステムについて説明し、わたしの研究に絶対役立つはずだと言って、苦労して集めた全データの入ったディスクをくれた。手紙のひな型から、質問、それにもちろん、えり抜きの恋人候補から集めたデータの、何から何まで全部だ。わたしはびっくりしたし、ちょっと寒気がした。スコットはなんと、一万人以上の女性のデータを集めていたのだ。

だが残念なことに、いや当然ともいうべきか、物語は悲しい結末に終わった。二週間ほどたったころ、スコットはあれほど周到に選んだ恋人に、プロポーズを断られたのだ。それだけではない。スコットは、自分の網の目からだれ一人逃すまいと、必死になるあまり、この時間のかかる評価プロセスに熱中しすぎて、「本物の」社会生活にかける時間がなくなってしまった。そして気がつくと、愚痴を聞いてくれる相手もいなくなっていたのだ。

結局のところ、スコットも失敗した市場の犠牲者なのだった。

バーチャルデートの実験

最初の調査の結果は、相当気のめいるものだった。でも、根っからの楽天家のわたしだ。この問題について理解を深めたことで、もっと効果的にオンラインで交流する方法を開発できるはずだという希望を捨てなかった。オンラインデートをもっと楽しいものにする、しかも自分にふさわしい相手を見つけられる可能性を高めるような方法はないものだろうか？

そこでわたしたちは一歩下がって、ふつうのデートについて考えてみた。ほとんどの人が、人生でいつか経験する、あの奇妙でややこしい儀式のことだ。進化の観点からすれば、デートは長い時間をかけて試され、改善されてきたため、恋人候補がお互いを知るのに役立つ方法といえるだろう。もしふつうの（つまりオフラインの）デートが、優れたしくみだと――少なくとも、これまでわたしたちが生み出した中では、最高のしくみだと――いうのなら、オンラインデートをもっと楽しく、役立つものに変えようというこの試みで、ふつうのデートをたたき台にしない手はない。

ふつうのデートが、がらんとした場所に二人きりで座って、お互い相手のことだけを食い入るように見つめたり、肌寒い雨の日への痛切な不満を語り合うようなものでないことは、ちょっと考えてみればすぐわかる。デートというのは、要するに何かを一緒に体験することだ。たとえば二人で映画を見たり、食事を楽しんだり、ディナーパーティや美術館で会ったりする。つまりデートとは、会話が弾む環境で、だれかと一緒に何かを経験することに尽きる。美術展やスポーツのイベント、動物園などでだれかとすごせば、その人が周りの世界とどのように関わっているかがわかる。ウェイトレスにつらくあたって、チップをけちるようなタイプなのか、辛抱強く思いやりのあるタイプなのか。いろいろ観察するうちに、相手とじっさいに暮らすのがどういうことなのかが見えてくる。

長い時間をかけて自然に進化してきたデートのしくみには、イーハーモニーの技術者が考えたしくみよりも、たくさんの叡智《えいち》が詰まっているはずだ。そう考えたわたしたちは、オンラインデートに、現実世界のデートの要素を組み入れようとした。実生活での人のやりとりをまねるために、「チャットサークル」を利用して、簡単なバーチャルデートのサイトを作った。チャットサークルというのは、MITメディアラボのフェルナンダ・ヴィエガスとジュディス・ドナスが開発した、バーチャル環境だ。実験協力者はこのサイトに行って、まず自分のマーク（四角、三角、丸など）と色（赤、緑、黄、青、紫など）を選ぶ。たとえば丸と赤を選んだ人は、赤い丸の姿になって、バーチャル空間に入り、マウスを動かして、空間に置かれたいろいろなもの（ギャラリー）を調べてみる。それは人の写真だったり、靴だったり、映画のワンシーンだったり、抽象画だったりする。空間にはほかのマーク（人）もいて、近づくと、相手とテキストメッセージで会話することができる。もちろんこの環境では、本物のデートで体験できるいろいろなやりとりをすべてまねることはできないが、わたしたちが考案したバーチャルデートがうまくいくかどうか、とりあえず試すことにした。

実験協力者は、わたしたちの思惑どおり、お互いについて聞き出すだけでなく、ギャラリーを見ながら、二人で見たイメージについても語り合うだろうか。はたして期待したとおり、この環境で行なわれたやりとりは、ふつうのデートで交わされる会話にかなり近いものだった（「あの絵、どう思う？」「うーん、イマイチかな。ぼくはマチスが好きなんだ」）。

わたしたちがこの実験でいちばんやりたかったのは、この（少々貧弱な）バーチャルデートの環境と、標準的なオンラインデートの環境とを比べることだ。そのために、まずデート・サイトの熱心なユーザを集めて、一人の相手と標準的なオンラインデートをしてもらった（相手の基本情報を読み、どんな関係を望んでいるかというアンケートに答え、自由形式の自己紹介文を書き、相手にメールを送る）。それから次に別の相手と、バーチャルデートをしてもらった（一緒に空間を探検し、いろいろなものを見ながら、テキストチャットをする）。全員が、標準的なオンラインデートとバーチャルデートの両方で、一人ずつとデートをした。続いて、いよいよご対面だ。

二つの方法の優劣を比較する舞台として、第7章「イケてる？　イケてない？」で説明したような、スピードデートのイベントを企画した。このスピードデートで、実験協力者は、バーチャルデートと標準的なオンラインデートで会った相手を含むおおぜいの人と、直接対面した。ただしこのスピードデートは、一般的なスピードデートと、もう一つちがう点があった。実験協力者はテーブルで相手と四分間話をしてから、いま会ったばかりの相手について、次の質問に答えた。

・この人のことを気に入りましたか？

・この人とあなたには共通点がありますか？
・この人のことをステキだと思いますか？
・この人と一緒にいると落ち着きますか？

実験協力者はそれぞれの質問に、一（まったくそう思わない）から一〇（とてもそう思う）までの数字で答えた。またスピードデートで必ずやるように、相手と近いうちにまた会いたいかという質問にも答えた。

ここまでおさらいをすると、実験は三部構成になっていた。第一部では、実験協力者全員が、ふつうのオンラインデートと、バーチャルデートを一度ずつ行なった。第二部では、おおぜいの相手とスピードデートをしたが、その中には、オンラインデートとバーチャルデートで会った相手も混じっていた（ただし、以前デートをした相手だということは、本人たちには教えなかった。相手と前にデートをした〔していない〕ことに気づくかどうかは、本人次第だった）。そして第三部として、だれかとスピードデートをするたびに、相手のことをどう思ったか、相手と本物のデートをしたいかという質問に答えた。この手順を踏むことで、最初の体験（バーチャルデートまたはふつうのオンラインデート）によって、本物のデートに結びつく可能性が高まったかどうかを調べようとしたのだ。

結果はどうだったか。男女とも、スピードデートをしたとき、標準的なオンラインデートをしていた相手よりも、バーチャルデートをしていた相手の方を気に入った。じっさい、バーチャルデートの相手とふつうのデートをしたいと思った人の割合は、標準的なオンラインデートの相手と会いたいと思った人の割合の二倍にものぼったのだ。

バーチャルデート形式の方が、こんなにも効果が高かったのはなぜだろう？　ひょっとすると、わたしたちの考案したバーチャルデートの基本的な構造は、太古のむかしから存在する、ある構造と、相性が良かったのかもしれない。その構造とは、ヒトの脳だ。わたしたちのバーチャル世界を体験した人は、そこでふだん日常生活で下しているのと同じような判断を下した。その判断は、わたしたちが実生活で自然に情報を処理する方法に合っていたから、バーチャルデートでのやりとりの方が有益で、情報価値が高かったのだ。

もう少しわかりやすく説明しよう。あなたは独身男性で、長くつき合える女性を探している。そんなあるとき、ジャネットという女性と食事をした。小柄で髪と目の色が茶色、笑顔がすてきで、バイオリンをたしなみ、映画鑑賞が趣味の、もの柔らかな話し方をする、ちょっと内気な女性だ。あなたはワインに口をつけながら、心の中でこう考える。「自分はこの人のことを、どれくらい気に入っているだろう？」それから、こう自問する。「この人と、どれくらい長くつき合いたいだろう？　今だけ、しばらくの間、それともこの先ずっと?」

次にあなたは、ジュリアという女性とデートに出かける。ジャネットとジュリアは、いろいろな点で、正反対のタイプだ。ジュリアの方が、ジャネットより背が高くて社交的だ。MBAの学位をもっていて、低い声で笑い、趣味はセイリングだという。自分はどちらかといえば、ジュリアよりジャネットの方が好きな気がするし、ジャネットともっと一緒にすごしたいが、なぜジャネットの方が好きなのかを言葉で説明したり、何がその気もちを引き起こしたのかを特定するのはむずかしい。彼女の体つきだろうか? 笑い方? ユーモアのセンス? あなたはジャネットのよさをはっきり言葉で言い表わすことはできないが、それでもジャネットの方が好きだという、強い直感がある*。

そのうえ、たとえば、もしジャネットとジュリアが二人とも、自分にはユーモアのセンスがあると言い、そのとおりだったとしても、ある人がおかしいと思うことが、別の人にはちっともおかしく思えないことがある。ドタバタコメディの『三ばか大将』をおかしいと思う人は、毒のある『空飛ぶモンティ・パイソン』のおもしろさがわからないかもしれないし、毒舌司会者デイヴィッド・レターマンのファンは、人気テレビドラマの『ジ・オフィス』を大しておもしろいと思わないかもしれない。いま挙げた四つのどれかを好きな人なら、ユーモアのセンスがあると言っていいだろう。だが二人のユーモアのセンスが一致するかどうかは、たとえばバラエティ番組の『サタデー・ナイト・ライブ』を一緒に見るなど、何かを一緒に経験してみなければ、わからないのだ。

つきつめれば人間は、マーケティング用語でいう、経験財のようなものだ。ブロッコリーやピーカンパイの化学組成を知っているからといって、じっさいに食べたらどんな味がするのかはわからない。それと同じで、人を一つひとつの特性に分解したところで、その人と一緒にすごしたり暮らしたりするとどうなるのかを知るのには役立たない。これこそが、人間を検索可能な特性の一覧におとしめようとする、オンラインデート市場の問題の核心なのだ。「目の色——茶色」といった言葉は、入力、検索しやすいが、わたしたちはもちろん、恋人候補をそういうやり方で見たり、評価したりはしない。これは、バーチャルデートの強みでもある。バーチャルデートでは、微妙なニュアンスや意味をたくさん伝えることができるし、日常生活でいつも使っている判断力を利用できるからだ。

つまりこの研究結果をふまえると、独身者向けのオンラインデート市場は、人間に自然にできること、できないことを理解した上で、構築すべきだということになる。人が生まれつき得意なことに合ったやり方で、また本来苦手とすることをやりやすくする手段とし

＊これをじっさいに試してみたい人は、何人かの知り合いに、それぞれ自分の人となりを（だれなのかを特定できるような情報は含めずに）、オンラインデート方式で説明してもらうといい。書いてもらったプロフィールを読んで、じっさいにどれがあなたの好きな人で、どれが虫の好かない人なのか、言い当てられるだろうか？

て、技術を活用するような市場にしなくてはならない。

年配者向けのスピードデート

ちなみに、会話のきっかけになるような外部のものを導入することは、恋愛以外の出会いにも、同じくらい効果がある。少し前に、ジーナ・フロストとわたしは、年配者（六五歳以上）向けのスピードデートのイベントを企画した。ある高齢者向け住宅施設に移ってきたばかりの人たちに、社交の輪を広げてより幸せで健康的になってもらうのがねらいだった。* イベントは大成功まちがいなしと思っていたのに、最初の何回かはうまく行かなかった。たくさんの人が登録してくれたのに、いざ席について相手と向き合うと、会話はなかなか始まらず、たいして弾まなかった。

いったいなぜだろう？　標準的なスピードデートの場で交わす会話自体は、とくにおもしろいものではない（「学校はどちら？」「お仕事は？」）。それでも、参加者全員が、会話の相手が自分の恋愛相手にふさわしいかどうかを見きわめるという、同じ基本目標をもっている。これに対して高齢者は、全員がこの基本目標をめざしていたわけではなく、恋愛相手を探している人もいれば、ただ交友関係を広げたいという人もいた。このように目標がまちまちだったせいで、イベントがやりづらく、ぎこちないものになり、不満が残る結果になってしまった。ジーナはすばやく問題を察知して、こんな提案をした。次のイベントでは、全員が何か大切な品（記念品や写真など）を持ち寄りましょう、と。それを話のとっかかりにしようというのだ。次の会合では、もう話をやめさせることはできず、会話の内容も、奥深く、興味をそそるものになった。このイベントをきっかけに、多くの友情が芽生えた。この場合も、外部のものがやりとりを促し、よりよい結果をもたらしたのだ。

おもしろいことに、何かちょっとしたきっかけさえあれば、何かよいことを始められる場合があるのだ。

ホーマー・シンプソンを念頭にウェブサイトを設計する

オンラインデート・サイトが考案されたのに、いまだに独身者のデート市場が失敗して

*健康にとって、社交生活がどれだけ大切かをくわしく知りたい人は、エレン・ランガーの著書 *Counterclockwise*（反時計回り）を読んでほしい。

いることは、社会科学がいかに重要であるかを示しているように思われる。断っておくが、わたしはオンラインデートには大賛成だ。ただ、もっと人間に合った方法でやるべきだと言っているのだ。

ちょっと考えてほしい。靴やベルト、ズボン、コップ、イスといった、物理的な製品を設計する人は、人間の肉体的な限界を考えて設計する。人間にできること、できないことを頭に入れて、だれもがふつうに使えるような商品を考え、作ろうとする（もちろん明らかな例外はあるが）。

それなのに、医療保険や貯蓄計画、退職金積立制度、それにオンラインデート・サイトのような、形のないものを設計するときは、なぜだかわからないが、人間の生まれもった限界のことは、頭からすっぽり抜け落ちてしまうようなのだ。もしかすると、こういったものを設計する人は、ただ楽観的なだけで、だれもが人気テレビシリーズ『スタートレック』のキャラクター、ミスター・スポックのような、超がつくほど合理的な存在だと考えているように思える。無形の商品やサービスの設計者は、人というものはみな、自分のやりたいことがはっきりわかっていて、何事も合理的に計算し、すべての選択肢を比較して、つねに最善かつ最適な行動方針を選ぶものだと思いこんでいるふしがある。

だがもし――行動経済学が全体として明らかにしてきたように、そしてわたしたちがとくにデートについて証明したように――わたしたちが情報を利用し、理解する方法に限界があるとしたらどうだろう？　もしわたしたちが、ミスター・スポックというよりは、だまされやすく、目先のことしか考えず、執念深く、気が短く、思いこみが激しい、あのホーマー・シンプソンに似ているとしたら、どうだろう？　そう考えると気がめいるかもしれない。それでも人間の限界を理解し、考慮に入れれば、よりよい世界を設計できるはずだ。その手始めとして、オンラインデートなどの、情報をもとにした商品やサービスの改良にとりくんではどうだろう。

オンラインデート・サイトを、完全に合理的な人に合わせて作るのは、頭の体操としてはおもしろい。だがもしウェブサイトの設計者が、恋人探しをしているふつうの人たち――つまり限られた能力しかもたない人間――に役立つものを、本気で作ろうとするなら、何をおいてもまず人間の限界を理解し、それを設計の出発点にすべきではないだろうか。なにしろ、あのごく単純な、にわか作りのバーチャルデート環境でさえ、出会いの確率を二倍ほども高められたのだ。そう考えると、人間の能力や欠点を考慮に入れるのは、そうむずかしいことではないのかもしれない。オンラインデート・サイトが、人間に合った設計をとり入れれば、大当たりするだろうし、現実世界に住む、生身の人間同士を結びつけるのに役立つだろう。

より一般的には、工夫次第で市場をよりすばらしく、役に立つものに変えられることが、このオンラインデート市場の検証からわかった。だがその可能性を十分に引き出すには、人間が生まれつきできること、できないことに合った構造をもたせる必要がある。独身者はどうすればいいのさ?」

「それじゃ、もっとましなオンラインデート・サイトが出てくるまでの間、独身者はどうすればいいのさ?」

そう親友に聞かれた。かれは自分の研究室で働く、サラという女性の力になりたいと思っていた。もちろん、わたしにはどう考えてもお見合いおばさんのような芸当はできない。だがこの実験から学べる教訓が、いくつかあるようだ。

一つには、わたしたちのバーチャルデート体験がそこそこ成功したことを考えて、サラはオンラインデートのやりとりを、ふつうのデートでのやりとりに近づけたらどうだろう。自分が見たりやったりするのが好きなことについて、恋人候補と、話してみるのだ。二つめはもう一歩進めて、自分なりのバーチャルデートをやってみるのも手だ。チャット相手におもしろいウェブサイトのことを教えて、現実のデートのように、オンラインで何かを一緒に体験してみる。気が向けば、一緒にオンラインゲームをやってもいい。二人で魔法の王国を旅し、ドラゴンをしとめ、難問を解決する。こういうことをとおして、お互いをわかり合い、相手の人となりを本当に知ることができる。いちばんいいのは、ふだん独身者同士で楽しんでいることを、オンラインでもやってみることだ。そうすれば、本当に相性がいい相手なのかどうかがよくわかる。

オンラインデート・サイトから商品や市場へ

ところで、オンラインデート市場の失敗は、ほかの市場の失敗について、何を教えてくれるだろう？　オンラインデート市場の失敗は、つきつめれば製品設計の失敗なのだ。

説明しよう。製品が役に立たないということは、意図した効果が得られないということだ。人間をいくつかの形容語におとしめようとする、オンラインデート・サイトでは、本当のカップルが生まれにくい。それと同じで、企業がわたしたちの思考様式に合わない商品を提供しても消費者は喜ばない。コンピュータの例で言えば、ほとんどの人が欲しいのは、信頼性が高く、処理が早く、やりたいことを簡単にやれるコンピュータだ。ＲＡＭ（ランダム・アクセス・メモリ）やプロセッサ速度、バス速度がどれだけかなんて説明は、どうでもいい（もちろんこういうことにやたらとこだわる人はいるが）。だがそれがメーカーのやり方なのだ。そんな説明を聞いても、目をつけているコンピュータの使い勝手がどうなのかなど、全然わからない。

別の例として、退職計算サイトを考えてみるといい。この手のサイトは、老後の生活のためにどれくらいの貯えが必要かを計算してくれる。ふだんの生活にかかる費用を入力すると、「退職金口座に三二〇万ドルの残高が必要です」などと言ってくる。残念ながら、それだけの金額があったらどんな生活が送れるのかは、教えてくれない。二七〇万ドルや、一四〇万ドルしかなかったら、どういう生活になるのかもわからない（五四万ドルや二〇万六〇〇〇ドルなら、言わずもがなだ）。それに、七〇歳になって口座の残高がほとんどない人が、一〇〇歳まで生き延びたら、どういう暮らしを送ることになるのかを想像する足しにもならない。計算サイトはただ数字を（しかも手の届きそうにない数字を）返すだけで、それを目で確認したり感覚的に理解できるものにかみ砕いてくれるわけでもない。またその数字を見たからといって、頑張って貯金をふやそうという気にもなれないのだ。

同じように保険会社は、控除免責金額や保険範囲、自己負担額といった用語を使って、自社の商品を説明する。でも、たとえばがん治療を受けることになったら、じっさいどうなるのだろう？　「責任限度額」を説明されても、自動車事故を起こして自分や相手が重傷を負ったとき、自分がいくら支払うことになるかはわからない。また終身年金契約《アニュイティ》と呼ばれる、すばらしい商品がある。これは一〇〇歳まで生きながらえても、無一文にならないようにしてくれるという、ありがたい保険だ。理屈の上では、アニュイティを購入すれば、生涯にわたって固定給のような形で支払いを受けとれる（国による社会保障制度は、本質的には一種のアニュイティ制度だ）。アニュイティは、原理的にはとても意味があるものだが残念ながら、それが自分にとってどれだけの価値があるのかを、正確に計算するのは至難のわざだ。なお悪いことに、アニュイティを販売する人たちは、中古車の悪徳セールスマンと大差ない（例外はいるはずだが、わたしはまだ会ったことがない）。年金保険の価値を見きわめるのがむずかしいのをいいことに、顧客に法外な値段をふっかけるのだ。そんなわけで、ほとんどの年金保険がぼったくりで、この重要きわまりない市場がまるで機能していないという事態が生じている。

ではどうすれば、もっと効率的で役に立つ市場に変えられるだろう？　そこで、ソーシャルレンディング（個人間融資）の例を考えてみよう。たとえばあなたは、車を買うお金をどうにか工面しなくてはならないとする。最近では、家族や友人間で金の貸し借りをする、ソーシャルレンディングの枠組を提供する企業が増えている。この枠組をとおせば、中間業者（銀行）を排除し、不払いリスクを減らし、借り手にも貸し手にも有利な金利を提供することができる。融資を管理する企業はリスクをとらず、裏方に徹して、融資の事務手続きだけを行なう。銀行以外のだれにとっても、いいことずくめのしくみだ。

要は、たとえ市場がうまく機能していなくても、わたしたちはまったく無力ではないということだ。市場がなぜ期待どおりの効果を生まないのか、その原因をつきとめ、問題を軽減するための手だてを講じることで（たとえば自分なりのバーチャルデート体験を工夫したり、親戚同士で金を融通し合うなど）、問題解決を図ることはできる。より一般的に問題を解決するには、顧客のニーズを満たすことを第一に考えた商品を開発すればいい。残念なことに、いや嬉しいことに、商品やサービスを改良する機会は、どこにでも転がっているのだ。

第8章のまとめ

- 人間の不合理な性質を考慮に入れない、商品やサービス、市場は必ず失敗する。
- 現代のゆゆしい市場の失敗の一つが、恋愛・婚活市場だ。オンラインデート・サイトの問題点は、人を検索可能な商品のように扱うことにある。
- 人間にできること、できないことに合った構造をもたせれば、もっと役に立つ市場に変えられる。

第9章
感情と共感について
なぜわたしたちは困っている一人は助けるのに、おおぜいを助けようとはしないのか

一九八七年にものごころついていた人は、「ベビー・ジェシカ」の物語を覚えているだろう。ジェシカ・マクルーアは、テキサス州ミッドランドに暮らす、一八ヶ月の女の子だった。ある日おばの家の裏庭で遊んでいたジェシカは、古井戸にはまって、七メートル下に転落してしまい、それから五八時間半もの間、暗い地下の狭い井戸の途中に引っかかっていた。メディアが事件の経過をこと細かに延々と報道したせいで、苦難は何週間も続いたかのように感じられた。このできごとは、人々の心を一つにした。ミッドランドでは、石油採掘工のにわか救助隊員や近所の人たち、レポーターが、まんじりともせず夜を明かし、世界中の人たちがテレビにかじりついて、救出活動の進展をつぶさに見守った。ジェシカの右足が岩にはさまっていることを救助隊がつきとめると、世界に深い衝撃が走った。排水管につるしたスピーカーから「ハンプティ・ダンプティがおっこちた」の童謡を流し

（なぜこの状況でこの歌？）、ジェシカがそれに合わせて歌ったという話が伝えられると、世界は喜びに包まれた。救助隊が苦心して井戸に平行に垂直抗を掘り、そこからようやく少女が引っ張り出されると、世界は安堵の涙を流した。

この救出劇のあとで、ジェシカ宛てに七〇万ドルを超える寄付金が届いた。《バラエティ》、《ピープル》といった大衆誌が、ジェシカの感動の物語をこぞって掲載した。《オデッサ・アメリカン》紙の記者スコット・ショーは、救助隊員の腕に抱かれた幼児の写真で、一九八八年度のピューリッツァー賞を受賞した。ボー・ブリッジスとパティ・デュークの主演で、『ジェシカ〜幼児転落・奇跡の脱出』というテレビ映画が作られ、ボビー・ジョージ・ダインズとジェフ・ローチの手によるバラードが、ジェシカの物語を永遠に伝えた。

ジェシカと両親が、とてもつらい思いをしたのはたしかだ。しかし、一〇〇日間で赤ん坊を含む八〇万人がむごたらしく殺された、一九九四年のルワンダ虐殺よりも、ベビー・ジェシカの方が、ＣＮＮでの扱いが大きかったのはなぜだろう？　それになぜわたしたちは、ダルフール、ジンバブエ、コンゴなどでの大量虐殺や飢餓の犠牲者より、テキサスの一少女を気にかけるのだろう？　この疑問をもう少し広げると、こうも言える。なぜわたしたちは、困っている一人のためには、いてもたってもいられなくなって小切手を書くのに、それよりずっと非人道的で、ずっと多くの人が関わる悲劇を前にしても、何かしなければという強い衝動を感じないことが多いのだろう？

　これは、大むかしから哲学者や宗教思想家、作家、社会科学者たちを悩ませてきた、複雑な問題だ。わたしたちが大きな悲劇にとかく無関心なのは、いろいろな原因がからんでいる。生の情報が伝わってこない、人種的偏見の問題、地球の裏側の人の痛みは近くにいる人の痛みほどピンと来ない、など。もう一つの大きな要因は、悲劇の規模がある。この考えを表明したのは、ほかでもない、ヨシフ・スターリンだ。「一人の死は悲劇だ。しかし一〇〇万人の死は、統計上の数字にすぎない」とかれは言っている。スターリンの対極のような存在のマザー・テレサまでもが、同じ心情を表わしている。「顔のない集団を前にしても、わたしは行動を起こさないでしょう。一人ひとりが相手だからこそ、行動できるのです」もしスターリンとマザー・テレサの意見が、ことこの点に関しては（もちろんまったくちがう理由から）一致し、しかもそれが正しいというのなら、わたしたちは一個人の苦しみに対する、とてつもなく深い感受性をもっているのに、おおぜいの苦しみには総じて（気がかりなほど）無関心だということになる。

　わたしたちは、被災者の数が増えれば増えるほど、惨事への関心をますます失っていくのだろうか？　そう考えると、なんともやりきれない気もちになる。それからひと言くぎを刺しておくが、ここからは読んで愉快になるような内容ではない。だが人間が抱えるほかの多くの問題と同じで、自分の行動が、本当は何に駆り立てられているのかを知っておくのは、大切なことだ。

顔のある犠牲者効果

わたしたちはなぜ、おおぜいの苦しみより、一人の苦しみに動かされやすいのだろう？これをもっとよく理解するために、デボラ・スモール（ペンシルベニア大学准教授）、ジョージ・ローウェンスタイン、ポール・スロヴィック（ディシジョン・リサーチの創設者兼代表）の三人が行なった実験を、くわしく説明させてもらいたい。デブ、ジョージ、ポールは、まず実験協力者にアンケートに答えてもらい、五ドルの報酬を支払った。さて実験協力者が報酬を手にすると、今度は食糧危機を説明する文を読んでもらい、この問題に対処するために、今もらった五ドルのうち、いくら寄付してもいいかたずねた。

たぶん察しはついていると思うが、食糧危機に関する情報は、人によってちがう形で与えられた。たとえば「統計的」条件と名づけられたグループには、次の文章がわたされた。

マラウイでは、三〇〇万人を超える子どもたちが、食糧不足に苦しんでいます。ザンビアでは、深刻な雨不足のせいで、トウモロコシの生産量が、二〇〇〇年に比べて四二％も減少し、およそ三〇〇万人もの人が、飢えに苦しんでいるのです。またアンゴラでは四〇〇万人（人口の三分の一）が家を追われ、エチオピアでは一一〇〇万人を超える人が、食糧援助を早急に必要としています。

実験協力者は、たったいま稼いだばかりの五ドルのうちのいくらかを、食糧支援を行なう慈善団体に寄付する機会を与えられた。この先を読む前に、あなたもちょっと考えてみてほしい。「自分が実験協力者だとして、寄付するとしたら、いくら出すだろう？」

二つめのグループは、「顔のある」条件で実験を行なった。このグループは、ロキアという、マリ共和国で飢えに苦しむ、極貧の七歳の少女に関する資料をわたされた。実験協力者は女の子の写真を見て、次の文章を読んだ（募金を求めるダイレクトメールから、そのままとったような文章だ）。

あなたの寄付があれば、ロキアの生活をよりよいものにすることができるのです。セーブ・ザ・チルドレンは、あなたの支援と、寛大なスポンサーの援助のもとに、ロキアの家族や地域社会の人々と力を合わせて、ロキアに食べ物を与え、教育を受けさせ、基本的な医療や衛生教育を提供するために活動しています。

「顔のある」条件の実験協力者も、「統計的」条件と同じように、いま稼いだばかりの五ドルのいくらかを、寄付する機会を与えられた。今度もちょっと考えてほしい。ロキアの物語を読んで、あなたはいくら寄付したいと思っただろう？　一般的なアフリカの飢餓撲滅運動と、ロキアの救済のどちらに、より多くの金額を寄付しようと思っただろうか？
あなたが実験協力者たちに少しでも似ているなら、きっとロキアに、一般的な飢餓撲滅運動の二倍の金額を寄付するだろう（「統計的」条件の平均寄付額は、もらった報酬の二三％だったのに対し、「顔のある」条件の平均寄付額は、その二倍以上の四八％だった）。これが、社会科学で言う「顔のある犠牲者効果」の本質だ。犠牲者の顔や写真を見て、くわしい情報を知ると、同情心がふつふつとわき上がり、それが行動――とお金――を呼ぶ。ところが、情報が個人と結びつかないと、それほど共感がわかず、その結果、行動も起こらない。

もちろんセーブ・ザ・チルドレン、マーチ・オブ・ダイムス、チルドレン・インターナショナル、全米人道協会など、何百もある慈善団体が、顔のある犠牲者効果を見逃すはずがない。こうした慈善団体は、わたしたちのサイフのひもをゆるめるカギが、共感を呼び覚ますことにあると知っている。そして、わたしたちの感情を燃え立たせるには、一人の人間の苦しみを引き合いに出すのがいちばんだと心得ているのだ（個別例 → 感情 → サイフ）。

アメリカがん協会（ＡＣＳ）は、顔のある犠牲者効果の背後にある心理をくすぐるのがとてもうまいようだ。ACSは、感情がカギを握ることをよくわかっているだけでなく、感情を駆り立てる方法も心得ている。どうやってそれをやるのだろう？　一つには、「がん」という言葉そのものに、強力な感情的イメージをかき立てる効果がある。たとえば「形質転換細胞の異常」といった、科学的情報をもとにした呼び名と比べてみれば、ちがいがよくわかる。それにACSは、ほかのレトリックも駆使している。がんを患ったことのある人を、重症度にかかわらず（がんに命を奪われるよりずっと早くお迎えが来そうな人も含め）、すべて「サバイバー」（生き延びた人）と呼ぶのだ。「サバイバー」という、いろいろな感情がこめられた言葉が、この大義にさらに弾みを加えている。サバイバーという言葉は、ぜんそくや骨粗鬆症といった病気の患者に使われることはない。もしアメリカ腎臓財団が、腎不全にかかったことがある人を「腎不全サバイバー」と呼び始めたら、この深刻きわまりない病気との闘いに、もっと寄付が集まるのではないだろうか？

なによりACSは、がんを経験したすべての人に「サバイバー」という称号を授けることで、この大義に深い個人的関心を寄せる人たちの、裾野の広い、思いやりに満ちたネットワークを作り、がんを患っていない人たちとも、個人的なつながりを築くことに成功している。ACSが主催している、マラソンやさまざまなチャリティイベントをとおして、それまでこの大義と直接関わりをもたなかった人たちまでもが、お金を寄付するようになる。それは、がん研究や予防に必ずしも関心がなくても、「がんサバイバー」の知り合いがいるからだ。その一人の知り合いを思いやる気もちがあるからこそ、ACSに時間とお金を捧げようという気になるのだ。

近さ、鮮明さ、そして「焼け石に水」効果

顔のある犠牲者には、お金や時間、労力を進んで捧げようとするのに、統計上の犠牲者（数十万人ものルワンダ人など）のことを聞いても、行動を起こそうとしない人間の傾向は、これまで紹介した実験やさまざまな逸話が裏づけている。しかしなぜこんな行動パターンが見られるのだろう？　複雑な社会問題の多くと同じで、ここにもいろいろな心理的要因が絡んでいる。だがそれについてくわしく説明する前に、まず次の思考実験をやってみてほしい。*

あなたは憧れの仕事の面接に呼ばれて、マサチューセッツ州ケンブリッジに来ている。面接まで、まだ一時間あるから、ホテルから会場まで歩きがてら、町をぶらぶらして、頭をすっきりさせることにする。チャールズ川にかかる橋をわたっていると、下の方から突然叫び声が聞こえた。身を乗り出して見てみると、なんと数メートル上流で、女の子がおぼれかかっていて、あっぷあっぷしながら、助けを求めて叫んでいるではないか。あなたは新調したスーツにしゃれた小物という――しめて一〇〇〇ドルほどの――気合いの入った服装をしている。泳ぎに自信はあるが、女の子を救うには、服を脱いでいる暇などない。

さてあなたはどうするか？　もちろんあなたは、一張羅のスーツが台無しになって、面接がおじゃんになるのもかまわず、女の子を救うために、一も二もなく川に飛びこむだろう。あなたが飛びこむことを決めたのは、もちろん、あなたが親切ですばらしい人物だからこそだ。でもひょっとすると、次の三つの心理的要因にも、影響されたのかもしれない。†

一つめが、犠牲者との距離感だ。心理学ではこの要因を、「近さ」（近接性）と呼ぶ。ここでいう近さとは、物理的な近さにとどまらず、親近感のことでもある。たとえば親族や、自分の属する社会集団、自分と共通点のある人たちは、心理的に近い存在だ。当然のことだが（ありがたいことでもある）、世界の惨事のほとんどは、物理的にも、心理的にも「近く」ない。わたしたちは苦しんでいる人たちのほとんどを、個人的に知らないから、親戚や友人、隣人が困っているときほど、痛みに共感しにくい。心理的近さは、非常に強力な影響をおよぼすため、わたしたちは離れた町でとてもお金に困っているホームレスの

＊この思考実験は、ピーター・シンガーの一九七二年の論文 "Famine, Affluence, and Morality"（飢饉、豊かさ、そして倫理性）をもとにしている。シンガーは最近発表した著作 *The Life You Can Save*（あなたに救える命）の中で、この議論をさらに発展させている。

†ここでは三つの要因（近さ、鮮明さ、焼け石に水効果）を、別々のものとして説明しているが、現実の生活では、これらが組み合わさって作用することも多く、どれが主な要因なのか、必ずしもはっきりしない。

人よりも、高給の仕事を首になった隣人を助けるために、お金を出す可能性がずっと高い。五〇〇〇キロも離れた場所で起こった地震で家を失った人たちに寄付する見こみとなると、さらに低くなる。

二つめの要因は、いわゆる「鮮明さ」だ。わたしがただケガをしたとあなたに言っても、くわしい様子がわからないから、わたしの痛みをそれほど感じてもらえないだろう。でも、わたしがケガをしたときの様子を、こと細かに、涙まじりに説明し、傷がどんなに深いか、傷口がどんなに痛み、どんなにたくさんの血が流れているかを切々と訴えれば、ケガの様子がより鮮やかに目に浮かんで、もっと同情してくれるにちがいない。これと同じで、おぼれている人の叫び声をじっさいに自分の耳で聞き、冷たい水の中でもがいている姿を目にしたら、いますぐ何とかしなくてはと思うものだ。

鮮明さの対極が、「あいまいさ」だ。だれかがおぼれていることを知っていても、その姿が見えず、叫び声も聞こえなければ、感情のスイッチは入らない。あいまいさは、宇宙から撮影した地球の写真にちょっと似ている。大陸の形や青い海、大きな山脈は見えるが、交通渋滞や公害、犯罪、戦争といった、細かいところまではわからない。遠くから見れば、何もかもが平和で美しく見え、何も変える必要がないように思えるのだ。

三つ目の要因は、心理学で「焼け石に水効果」と呼ばれているものだ。これは、惨事の犠牲者を、自分一人で完全に救い出せると思えるかどうかということと関係がある。たとえばある発展途上国で、おおぜいの人が水質汚染で命を落としているとする。ふつうの人にできることといえば、自ら現地に出向いて、清潔な井戸を掘ったり、下水道の建設を手伝うぐらいがせいぜいだろう。だがたとえそこまで献身的にがんばったとしても、数人を救えればよい方で、残りの数百万人が、絶望的に助けを必要としている状況は変わらない。こういう大きな必要を前にして、自分一人の微力ではほとんど何もできないことを思い知ると、感情のスイッチを切って、こう言いたくもなる。「そんなことをして何になる？」と。*

あなた自身の行動も、こういった要因に影響を受けるだろうか？　そこで、ちょっと考えてほしい。例のおぼれかかっている女の子が、はるか遠くの、津波に見舞われた国に住んでいるとする。もし、とてもささやかな金額で（スーツにかかった一〇〇〇ドルよりずっと少ない金額で）、女の子を過酷な運命から救ってあげられるとしたら、あなたはどうするだろう？　やはりお金をつかんで、彼女を救うために「飛びこむ」だろうか？　あるいは同じ状況でも、彼女が、それほど鮮やかでも、差し迫ってもいない危険にさらされて

*もちろん、お金や時間をなげうって、地球の裏側の人たちを救おうとする立派な人がほとんどいない、ということではない。単に、そうしようと思うかどうかは、心理的近さ、鮮明さ、焼け石に水効果にも影響を受けるということだ。

いるとしたら、どうだろう？　たとえばマラリアに感染する危険だったら？　それでも彼女を救わなければという、抑えがたい気もちを、同じように強く感じるだろうか？　それとも、彼女のような無数の子どもたちが、下痢やＨＩＶ／エイズを発症する危険にさらされている（または発症した）としたら？　自分一人の力ではどうにもならないという無力感にとらわれて、やる気を失わないだろうか？　そのとき、助けたいという意欲はどうなるのだろう？

わたしの予想では、遠い国でゆっくりと病気に蝕まれているたくさんの子どもたちを救いたいというあなたの気もちは、がんで余命幾ばくもない親戚、友人、隣人を助けたいという思いほどは、強くないはずだ（意地悪していると思われないように言っておくと、わたしもまったく同じように感じるだろう）。冷たい人間だと、あなたを責めているのではない。ただ、人間だというだけだ。遠い場所で起こった、大規模で、おおぜいの人を巻きこむ惨事を、わたしたちは距離を置いた、醒めた目で眺める。細かい点まで見えなければ、苦しみは鮮やかに迫ってこないし、感情に訴えることもないから、何とかしなければという気もちに駆られないのだ。

考えてみれば、世界中で毎日おおぜいの人が、飢えや戦争、病気で「おぼれかけて」いる。そして、ほんのわずかな犠牲を払うだけで、大きな成果を挙げられるのに、心理的近さ、鮮明さ、焼け石に水効果の相乗効果のせいで、ほとんどの人が手をさしのべようともしない。

ノーベル経済学賞受賞者のトーマス・シェリングは、個人の生命と統計的生命のちがいを、うまく表わしている。

たとえば茶色い髪の六歳の少女が、延命手術を必要としているが、そのために何千ドルもの費用がかかるとしよう。それに、たとえ手術をしても、クリスマスまでしか生きられそうにない。それなのに郵便局には、少女を救おうと、なけなしの寄付金が殺到するだろう。しかしその一方で、マサチューセッツ州の病院設備が老朽化していて、売上税を導入しなければ、救えるはずの命が、ほんのわずかながら失われてしまうと報道されたとする。これを聞いて、ぽろりと涙をこぼし、小切手帳に手を伸ばす人は、そういないはずだ。(17)

合理的思考はどのようにして感情移入を阻止するか

こういった感情への訴えかけについて考えると、疑問がわいてくる。もしも人間を、『スタートレック』のミスター・スポックのような、もっと合理的な存在に変えることができたら、いったいどうなるだろう？　なにしろスポックは、究極の現実主義者だ。合理的であり、賢明でもあるかれは、なるべく多くの人間を救い、問題の本当の大きさに見合った処置を講じることが、最も適切な行動だと判断するはずだ。では冷静な目で問題を見れば、幼いロキア一人を救うよりも、大規模な飢餓を救うために寄付しようという気になるだろうか？

人々がより合理的で計算高い考え方をしたらどうなるかを調べるために、デブ、ジョージ、ポールは、別のおもしろい実験を思いついた。この実験では、まず実験協力者の一部に、次の問題に答えてもらった。「ある会社が、一台一二〇〇ドルのパソコンを一五台購入しました。この会社は、合計いくら支払いましたか？」これはべつにひっかけ問題ではない。この問題を解かせたねらいは、実験協力者にプライミング効果（心理学で、人を一時的に特定の状態に置く方法の総称を表わす用語）を与え、そうすることで計算高い考え方を促すことにあった。他方、残りの実験協力者には、感情をかき立てるような質問に答えてもらった。「ジョージ・W・ブッシュという名前を聞いて、どんな感情が湧きますか？　いちばん強い感情を、一語で表わしてください」

実験協力者はこのどちらかの質問に答えてから、次にロキアという個人に関する情報（「顔のある条件」）か、アフリカの食糧危機という一般的な問題に関する情報（「統計的条件」）のどちらかを与えられた。そして、それぞれの大義にいくら寄付するつもりがあるかをたずねられた。結果はどうだったか？　感情的になるようプライミングされた人たちの寄付額を見ると、一般的な食糧危機よりも、ロキア個人への寄付額の方が、ずっと多かった（プライミング効果を使わない実験と同じだ）。このように、実験協力者がプライミングされた場合と、まったくプライミングされなかった場合とで、似たような結果が出たのは、かれらがことさらに感情を刺激されなくても、もともと思いやりの気もちから、寄付の決定を下したからだと思われる（つまり、感情が意思決定プロセスにすでに組みこまれていたため、感情プライミングをさらに追加しても、変化は見られなかった）。

では計算高い、スポックのような精神状態になるようプライミングされた実験協力者は、どうだったか？　あなたは、こう考えるかもしれない。計算高い考え方をしたことで、ロキアをかわいそうに思う感情バイアスが、「修正」され、その結果、たぶんおおぜいの人を救うための寄付が増えたのではないかと。残念ながら、計算高い考え方をした人たちは、機会均等主義のけちんぼになってしまい、どちらの大義にも、同じくらいの少額しか寄付しなかったのだ。つまり、スポックのような考え方を促すと、思いやりの気もちがすっかり薄らいでしまい、その結果、ロキアにも、一般的な食糧危機にも、あまり寄付したいと思わなくなってしまったのだ（合理的な視点からすれば、たしかにこれはまったく理にかなっている。なにしろ本当に合理的なら、具体的な収益を生まないものや人に、びた一文投じるはずがない）。

わたしはこの結果を見て、とても気がめいった。しかも、結果はそれだけではなかった。デブ、ジョージ、ポールが、顔のある犠牲者効果を調べるためにやった、最初の実験——一般的な飢餓撲滅より、ロキアを救うための寄付が、二倍も多かった——には、じつは三つめの条件があったのだ。この条件では、実験協力者に、ロキア個人の情報と、食糧危機に関する統計的情報の両方を与えた（プライミングは行なわなかった）。

実験協力者がいくら寄付したか、ちょっと考えてほしい。ロキアの問題と、より一般的な食糧危機の両方について、同時に聞かされたとき、かれらはいくら寄付しただろう？ロキアのことだけを聞かされたときと同じ、たくさんの金額を、両方に寄付しただろうか？　それとも、問題が統計的に提示されたと同じ、少ない金額を、両方に寄付したのか？　あるいは、その中間か？　この章全体に漂う、沈んだトーンからあなたが予測した結果は、たぶん当たっている。そう、この混合条件で実験協力者が寄付した金額は、報酬の二九％だった。つまり、「統計的」条件の二三％よりはわずかに多いが、「顔のある」条件の四八％よりはずっと少なかった。ひと言で言えば、実験協力者にとって、計算と、統計的情報、数字のことを考えながら、しかも感情を味わうというのは、とてつもなくむずかしいことだったのだ。

以上の結果を考え合わせると、何とも嘆かわしい話になる。わたしたちはだれか特定の人のことを思いやるよう促されれば、行動を起こす。だがおおぜいの人が関わっているときには、何も手を打たないのだ。また冷徹な計算をしたからといって、大きな問題への関心が呼び覚まされるわけではなく、逆に思いやりの気もちが抑えこまれてしまう。そんなわけで、一般に合理的思考は、よりよい意思決定を導くように思えるが、じつはミスター・スポックのような考え方をすると、人に尽くそうという気もちや、人を思いやる気もちが削がれてしまうのだ。高名な医師で研究者のアルベルト・セント＝ジェルジも言っている。「一人の人が苦しんでいたら、わたしは心を深く動かされ、命賭けてもその人を助けるだろう。なのに大都市が壊滅して、一億人の命が失われようとしているという話を聞いても、一人の人間の一億倍の苦しみは感じられない」[18]

お金はどこに向かうべきか？

こうした実験結果を見ると、人助けをするときには、あまり深く考えずに、感情だけを頼りに決定を下すのがいちばんだと思うかもしれない。残念ながら、ことはそう単純ではない。人は果敢に手をさしのべるべき時に、そうしないこともあれば、不合理だと（少なくとも理屈に合わないと）わかっていながら、苦しむものたちのために手を尽くすこともある。

たとえば何年か前、ハワイ沖で火災事故を起こし、乗員が下船して太平洋を漂流していたタンカーに、フォジアという名の二歳のホワイトテリア犬が、三週間も置き去りにされ

お金と必要のミスマッチ——大規模災害の被災者数と寄付金総額

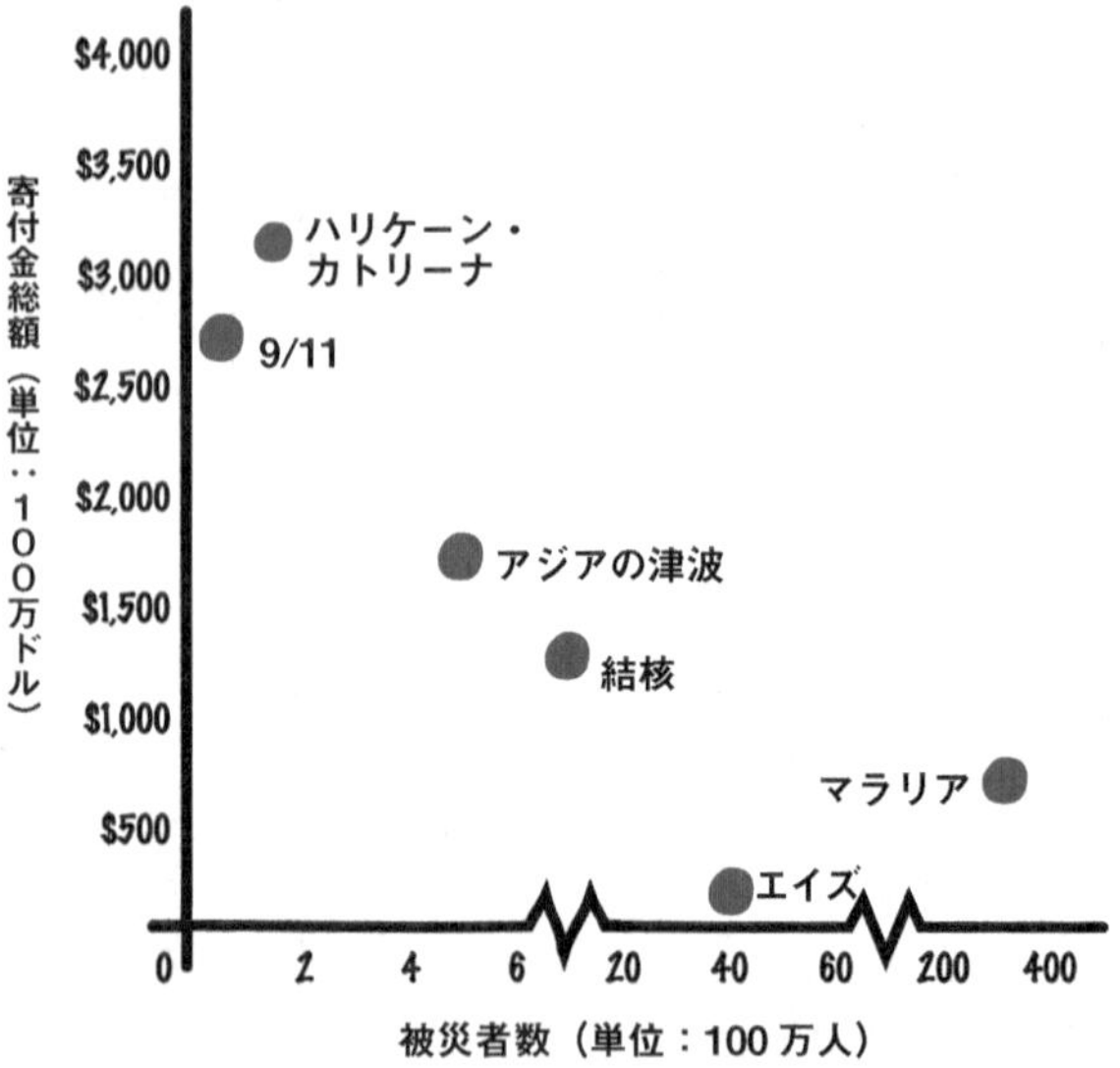

るという事件があった。もちろんフォジアは愛すべき存在だったし、死んでも仕方がないなどとは言わない。だが大局的に見て、この雌犬のために四万八〇〇〇ドルもの納税者のお金をかけて、二五日がかりの救出作戦を実行する必要があったのだろうか？　極貧の人たちを助けた方が、お金をもっと有意義に使えたはずだ。同じように、難破した石油タンカー、エクソン・ヴァルディーズ号が起こした、壊滅的な原油流出事故では、一羽の鳥を洗浄して自然に戻してやるのに三万二〇〇〇ドル、カワウソにいたっては一匹につき八万ドルもかかった。[19] もちろん、犬や鳥や

カワウソが苦しんでいるのを見るのは、とてもつらいことだ。でもこれだけのお金を動物のために使うのは、とくにそのせいで、予防接種や教育、医療などから財源が奪われるとなれば、本当に意味のあることなのだろうか？　このように、わたしたちがだれか（何か）を助けたいと思っているときでさえ、生々しい惨事に心を奪われるという傾向は、必ずしもより良い決定を導くとは限らないのだ。

アメリカがん協会（ACS）に話を戻すと、わたしはACSのすばらしい働きに、何の反感ももっていない。もしACSが営利事業だったら、その機略や、人間の本質への理解や、成功を、手放しでほめたたえるだろう。だが非営利の世界には、ACSが「成功しすぎ」て、国民の熱心な支援を独り占めしているせいで、同じくらい大切なほかの大義に、十分な寄付金が行きわたらないことを、苦々しく思う向きもある（ACSはあまりにも成功しすぎたため、「世界で最も裕福な非営利団体」と揶揄《やゆ》され、ACSへの寄付を阻止しようとする、組織的なとりくみがあるほどだ）[20]。ある意味で、がん以外の大義は、ACSの成功の犠牲になっていると言える。

資源配分の失敗の問題を、もう少し一般的な視点から考えるために、グラフを見てほしい[21]。このグラフは、さまざまな災害（ハリケーン・カトリーナ、二〇〇一年九月一一日のテロ攻撃、アジアの津波、結核、エイズ、マラリア）の被災者を救済するために寄せられた寄付金の総額と、その災害に直接被害を受けた被災者の人数を表わしたものだ。被災者の数が増えるほど、寄付金額が少なくなっていくことを、グラフははっきり示している。またアメリカ国内で起こった災害（ハリケーン・カトリーナと9・11テロ事件）の方が、津波のような、アメリカ国外で起こった災害よりも、多くの資金を集めているのも明らかだ。さらに気がかりなことに、結核やエイズ、マラリアのような病気の予防に対する資金援助が、問題の大きさのわりに、少ないことがわかる。これはおそらく予防が、まだ病気にかかっていない人を救うことを目的としているからだ。仮想の人を、仮想の病気から守るのは、あまりにも漠然とした、現実味の薄い目標だから、わたしたちの心をつかまず、サイフのひもをゆるめさせることもない。

もう一つの大きな問題についても考えてみよう。二酸化炭素（CO_2）排出と地球温暖化だ。あなたがこの問題に関してどんな信念をもっていようと、この手の事柄が、いちばん関心をもってもらいにくいということは、まちがいない。じっさい、もしだれにも関心をもってもらえないような問題を捏造するとしたら、これに勝る例はないだろう。第一に、気候変動の影響は、西洋世界の住人にはまだ肌で感じられない。海面上昇や大気汚染は、バングラデシュの人たちには害をおよぼしているかもしれないが、アメリカやヨーロッパの中心部にまだ影響はおよんでいない。第二に、この問題は目立たないし、そもそも目に見えもしない。一般に、二酸化炭素が排出されても目に見えないし、気温変化もまだ感じられない（ロサンゼルスの光化学スモッグにせきこんでいる人たちは、例外かもしれないが）。第三に、地球温暖化がもたらす変化は、比較的緩慢で、劇的でないから、気がつきにくい。第四に、気候変動のどんな悪影響も、今すぐ表面化することはない。ほとんどの人に身近に感じられるようになるのは、はるか遠い先のことだろう（あるいは、気候変動の懐疑論者が唱えるように、ついぞ表面化することはないのかもしれない）。だからこそ、アル・ゴアの映画『不都合な真実』は、おぼれるホッキョクグマなどの生々しい映像を、あれほど多用しているのだ。あれは、わたしたちの感情を利用しようとする、かれなりの試みと言える。

それに言うまでもなく、地球温暖化は、焼け石に水効果の典型例だ。車の利用を控えたり、消費電力の少ない電球に変えたとしても、一人ひとりの行動は、あまりにも小さすぎて、まさに焼け石に水だ。おおぜいの人が少しずつ行動を変えていけば、つもりつもって大きなちがいを生むことはわかってはいるのだが。こんなふうに、多くの心理学的要因が、ことごとくわたしたちの行動を阻止する方向に作用していることを考えれば、非常に大規模でますます深刻化する問題が、わたしたちの周りに山積しているのも当然と言える。この手の問題は、まさにその性質上、どんな感情や意欲もかき立てることがないのだ。

統計的犠牲者の問題を解決するには？

わたしは学生たちに、こうたずねることがある。いったい何をすれば人々に重い腰を上げさせ、何か行動を起こし、お金を出し、抗議の声を上げようという気にさせられるだろう？「情報をたくさん与える」という答えが返ってくることが多い。ことの重大さ、深刻さを伝える多くの情報を与えれば、行動を促せるというのだ。だがここまでの実験を見る限り、それはない。残念ながら、人間の行動を促す要因についてわたしたちがもってい る直感は、どうやらまちがっているようだ。学生たちの言うように、惨事を、おおぜいの人を苦しめている大問題として説明したところで、たぶん行動は起こらず、むしろ逆効果を生じ、思いやりの心が抑えつけられてしまうだろう。

このことは、わたしたちにある重要な問題を突きつける。もしわたしたちが、個別的な、個人と結びついた苦難にしか行動を起こそうとせず、危機がイメージ化できないほど大きくなると、何も感じなくなってしまうのなら、人道上の大きな問題を、自分たちの（または政治家の）力で解決できる望みはないのだろうか？ 次の惨事が起こったとき、放っておいたらみんなが適切な行動をとるはずがないことは、はっきりしている。

今度なにか惨事が起こったら、そのニュースとともに、苦しむものたち――死と隣り合わせで助けを待っている子どもや、おぼれるホッキョクグマなど――の視覚に訴えるイメージをすかさず見せることができればなによりだ（なにより、という言葉はふさわしくないが）。そんな映像や画像が利用できれば、人々の感情をかき立て、行動を促すことができるだろう。だが災害のイメージはたいてい、出てくるのが遅い（ルワンダがそうだった）。そうでなければ、顔の見える人たちの苦しみを表わすようなものではなく、おおぜいの人の苦しみを統計的に表わすものがほとんどだ（たとえばダルフールの例がある）。そして、感情を揺さぶるイメージがようやく公の舞台に出てくるころには、もう行動を起こしても手遅れなことが多い。わたしたちの前に立ちはだかる重大問題の解決を阻む、人間に特有の障壁がこれだけたくさんあることを考えると、わたしたちが大きな苦しみを前にして、絶望感、無力感、無関心を払いのける方法は、はたしてあるのだろうか？

一つの方法は、中毒患者向けの助言を参考にすることだ。どんな中毒でも、克服するための第一歩は、問題を認識することから始まる。危機の規模が大きすぎて、関心どころか無関心を生んでいるのなら、人間の問題に対するわたしたちの考え方やとりくみ方を、変えてみるのも手だ。たとえば今度大地震が起こって、どこかの町が倒壊し、何千人もの命が失われたと聞いたら、苦しんでいる一人の人を、具体的にイメージしてみたらどうだろう。将来お医者さんになることを夢見る少女、はじけるような笑顔の心優しいサッカー好きの少年、亡き娘の子どもをがんばって育てている働き者のおばあさんなど。問題をこんなふうに思い描くことで、感情が呼び覚まされ、何か手だてを打たなければ、という気になる（アンネ・フランクの日記が、あれほど人の心を揺り動かす理由がここにある。あの日記は、失われた数百万人の命を、一人の人間の視点から描いているのだ)。同じように、危機の大きさを頭の中でとらえ直せば、焼け石に水効果を和らげることができる。たとえば、大規模な貧困問題を考えるよりも、五人を飢えから救う方法について考えよう。

考え方を変える方法は、ほかにもある。アメリカがん協会が、資金集めに利用してすばらしい成功を収めた手法をまねるのだ。身近な、目を引く、鮮やかなできごとを優先する人間のバイアスを利用すれば、より幅広い人たちの行動を促すことができる。たとえば心理的近さだ。自分の家族が、がんや多発性硬化症を発症したら、その病気の研究を支援するための募金を呼びかけようという気になるだろう。個人的な知り合いでなくても、著名人は、心理的近さを感じさせる。俳優のマイケル・J・フォックスは、一九九一年にパーキンソン病を発症して以来、研究資金を集めるためにロビー活動を行ない、一般の人にこの病気を知ってもらおうと奮闘している。かれが出演したホームドラマ『ファミリー・タイズ』や映画『バック・トゥ・ザ・フューチャー』が好きだった人は、かれの顔とこの大義とを結びつけ、次第に関心をもつようになる。マイケル・J・フォックスが、自分の運営する財団への支援を篤志家に呼びかけるのを、私腹を肥やしているように思う人がいるかもしれない。でもじつは、パーキンソン病に冒された人たちの支援資金を集める上で、かれの財団はとても役に立っているのだ。

もう一つの方法が、行動指針になるようなルールを定めることだ。わたしたちの心がいつも確実に正しいことをするように促してくれないのなら、感情がかき立てられないときでも確実に正しい行動に導いてくれるような、ルールを作るのがいいかもしれない。ユダヤの伝統には、焼け石に水効果に立ち向かうための「ルール」がある。ユダヤ教の律法タルムードによれば、「一人の命を助ける者は、全世界を助けたものと見なされる」[22]。ユダヤ教信者は、こういうルールが身近にあるおかげで、「どうがんばっても問題のほんの一部分しか解決できないときには、行動を起こさない」という人間の自然な性向を、克服できるのかもしれない。おまけに、ルールが「全世界を助ける」というふうに表現されているおかげで、たとえ一人しか救えなくても、大きなことを成し遂げたと想像しやすくなる。はっきりした道徳的指針を定めるという、このやり方は、明確な人道上の原則があてはまるようなケースにも効果がある。もう一度、ルワンダの大虐殺で起こったことを考えてみよう。このとき国連の対応が遅れたために、虐殺を阻止できなかった。しかも、さほど大規模な介入は必要なかった（じっさい、この地域の国連平和維持軍の司令官だったロメオ・ダレールは、さし迫った大量殺戮を阻止するために、五〇〇〇人の兵員を要請したのに、聞き入れられなかった）。世界中で毎年のように大虐殺やジェノサイドが起こっているが、救援がまにあわないことが多いようだ。だがもし国連が、一定の人命が危険にさらされたとき、ダレール司令官のように状況にくわしい指導者の判断で、当該地域に直ちに監視軍を派遣し、安全保障理事会の会合を要請して、四八時間以内に対応を決定すると明示した法を施行したら、どうなるだろう*? こうして迅速な行動を約束することで、多くの人命を救えるはずだ。

　政府や非営利団体も、この方法で、使命をとらえ直すといい。こうした組織にとっては、世間の関心の高い大義を支援するのが、政治上都合がいいが、そういう大義のほとんどが、すでにある程度資金を集めている。当然受けるべき援助を手に入れられないのは、個人的、社会的、政治的に注目を集めない大義だ。予防的医療は、その最たるものだろう。まだ病気にかかってもいない人、まだ生まれてもいない人を救うことは、一匹のホッキョクグマや一人の孤児の救済ほど、情熱をかき立てない。将来の苦しみとなると、もう雲をつかむような話だ。だが政府やＮＧＯは、感情が行動を促さないような問題に手をさしのべることで、支援の不均衡を是正するのに大きく貢献し、ひいては問題を多少なりとも軽減したり、とり除くことができるかもしれない。

　苦難に手をさしのべるよう人々を促す、ただひとつの有効な手段が、莫大な支援が必要だという客観的な情報を与えることではなく、むしろ感情に訴えることだというのは、いろいろな点でとてもやりきれない話だ。しかし、これにはよい面もある。わたしたちは、感情が呼び覚まされさえすれば、とてつもなく親身になれる。苦難にだれかの顔を結びつけることができれば、人助けをしたいという気もちが大いに高まる。そして、経済学が合理的、利己的で利益の最大化しか考えない代理人《エージェント》に期待する行動をはるかに超える、大きなことができるのだ。こんなふうに、よい面、悪い面の両方があることを考えると、わたしたちは、遠くで起こる、見知らぬおおぜいの人が関わる大規模な問題に、単に関心を払うようにできていないだけだということがわかる。感情の気まぐれを自覚し、思いやりのバイアスが働くしくみを理解すれば、もっと合理的な決定を下せるようになるだろう。そして、井戸にはまった人だけでなく、そのほかの人たちにも、手をさしのべられるようになるかもしれない。

＊多くの政治団体のように、国際連合も無気力で、腰が引けている。安全保障理事会の常任理事国五ヶ国が、ほぼすべての重要な国連決定に対して、拒否権をもっていることも厄介の種だ。だが国連は理論上は、人々の感情が燃えさかっていないときにも、重要な問題を解決する手段になり得る。

第9章のまとめ

- 人はおおぜいの苦しみより、一人の苦しみの方に心を動かされるようにできている（顔のある犠牲者効果）。
- 心理的に近い存在、鮮明なできごと、自分の行動が大きなちがいを生むという確信が、感情のスイッチを入れ、人助けの行動を促す。
- 合理的思考は感情移入を阻害する。
- ただし感情に動かされた行動が、必ずしも適切とは限らない。

第10章　短期的な感情がおよぼす長期的な影響

なぜ悪感情にまかせて行動してはいけないのか

感情とは、幸か不幸か、はかないものだ。交通渋滞にいらついたり、贈り物に喜んだり、つま先をぶつけて思わず悪態をついたりしても、いらいらや、喜びや、腹立ちは、そう長くは続かない。ところが、感情にまかせて衝動的に行動すると、その行動をあとあとまで後悔するはめになる。上司に怒りのメールを送ったり、大切な人にひどいことを言ったり、分不相応なものを買ったりすると、衝動が薄れたとたん、なんてことをしてしまったんだろうと悔やむ（だからこそ、世間では決断を下す前に「一晩寝て考えろ」とか、「一〇まで数えて落ち着け」、「頭を冷やせ」などと言うのだ）。わたしたちは感情、とくに怒りに駆られて理性を失ったあとで、ふと我に返って、ひたいをぴしゃりと叩き、「何考えてたんだ、俺？」と思う。この、はっと我に返り、考えこみ、後悔する瞬間には、こう考えて気を紛らわせようとする。「何があってもあんなことは二度とやらない」

しかし、ついカッとなってやってしまった行動を、本当に繰り返さずにいられるのだろうか？

わたし自身がキレたときの話をしよう。ＭＩＴの一介の助教になって二年めの年に、わたしは大学院生のクラスに意思決定に関する講義を行なっていた。この講座は、ＭＩＴのスローン経営大学院と工学研究科の共同学位である、システム設計・管理プログラムの一環として設けられていたものだ。学生たちは（いろいろな意味で）好奇心旺盛だったから、教えがいがあった。ところが学期が半分ほどすぎたころ、七人の学生が相談にやってきた。講義が重なって、困っているというのだ。

学生たちは、たまたまファイナンスの講義をとっていた。ファイナンスの教授は――仮にポールと呼ぼう――平常授業を何度か休講にしていて、その埋め合わせとして、補講を何度か入れた。まずいことにその補講は、わたしの三時間の講義の後半部分と、もろにかち合っていた。学生たちはすでに、スケジュールのバッティングについて、失礼にならないようにポールに相談していたが、自分で優先順位を決めろと言って、追い払われたらしい。しかも、ポールはこう言ったのだという。意思決定の心理なんていう、わけのわからない講座より、ファイナンスの方が重要なのは明らかだろう、と。

わたしは当然むかついた。ポールと面識はなかったが、とても高名な教授で、むかし学部長を務めていたことも知っていた。わたしは大学ではほんの下っ端だったから、発言力もほとんどなかったし、どうすればいいかわからなかったが、できる限り学生の力になってやりたかった。そこでファイナンスの講義に間に合うように、わたしの講義が始まって一時間半したら、退室していいことにして、翌朝逃した部分を教えてやることに決めた。

一週め、話し合いのとおり、七人は講義が半分すぎたところで立ち上がって、教室を出ていき、翌日わたしの研究室に集まって、講義内容をおさらいした。講義が中断され、余分な仕事が増えるのはおもしろくなかったが、かれらのせいじゃない。それに、これが一時的な措置だということもわかっていた。だが三週めに、一団がファイナンスの講義のために教室を去ると、わたしは一息入れようと、クラスに申しわたした。トイレに向かいながら、中断されてむしゃくしゃしていたのを覚えている。ちょうどそのとき、開け放たれたドアから、わたしの教室を出て行った学生たちの姿が見えた。教室をのぞきこむと、当のファイナンス教授がいた。熱弁をふるって、何かを示すように手を宙に伸ばしていた。

突然、わたしは猛烈に腹が立った。この無神経な男は、わたしと学生の時間を尊重しなかった。かれがわたしを露骨にコケにしてくれたおかげで、わたしは休講にすらしていない講義の補講に時間をとられているのだ。

わたしが何をしたかって？　まあなんというか、不当な扱いに憤《いきどお》ったわたしは、学生たちが呆然と見つめるなか、かれにつかつかと歩み寄って、こう言い放ったのだ。

「ポール、わたしの講義に補講をぶつけてくるなんて、ひどいじゃないですか」

ポールは面食らったようだった。こいつはだれで、いったい何のことを言っているんだ？

「いまは講義の最中なのだよ」と、かれはふきげんそうに言った。

「わかってます」わたしは言い返した。「でも、わたしの講義の時間に補講を入れるべきじゃなかったことを、わかってほしかったんです」

わたしはちょっと黙った。ポールはまだ、わたしがだれなのか考えているようだった。

「言いたかったのは、それだけです」とわたしは続けた。「わたしの気もちは伝えましたから、もうこの話はなかったことにして、これっきり話題にしないようにしましょう」この恩着せがましい結論をぶつけると、わたしはくるりと背を向けて、教室を出ていった。外に出たとたん、気がついた。やってはいけないことをやってしまった。でも、気分はだいぶよくなった。

その夜、学部の先輩教員で、わたしがそもそもＭＩＴで働く決め手になった、ドレーゼン・プレレクから電話があった。学部長のディック・シュマレンシーがドレーゼンに電話をかけてきて、あの立ち回りのことを教えたらしい。学部長は、わたしが全校の前でかれに謝罪する見こみはあるだろうかと、聞いてきたそうだ。「その見こみはほとんどないんじゃないですか、と言っておいたぞ」とドレーゼンは言った。「だが、学部長からの電話を覚悟しておくんだな」突然、子どものころ校長室に呼ばれたときの思い出が、まざまざとよみがえった。

はたして次の日さっそくディックから電話があり、すぐ会いに行った。「ポールはカンカンに怒っている」と学部長は教えてくれた。「講義の最中にずかずか入ってこられ、クラス全員の前で問いつめられ、自分のなわばりを踏み荒らされたように感じているんだ。きみに謝罪を求めている」

わたしは学部長に言い分を聞いてもらった。そのうえで、怒りにまかせてポールの授業に入っていって、かれを非難したのは、たぶんまずいことだったんだろうと折れた。だがわたしは、ポールも謝罪すべきだと言った。気もちの上ではわたしもかれに、授業を三度も妨害されたのだ。学部長は、わたしが「すみません」を言うつもりがないことを、すぐに悟ったようだ。

おまけにわたしは、この状況がいかに学部長のためになるかという、講釈まで垂れた。「いいですか」とわたしは言った。「あなたは経済学者でしょう。評判というものがいかに大切か、ご存じのはずだ。いまや、わたしを怒らせるとこわいという評判ですよ。たぶんもうだれも、わたしを二度とこんな目にあわせようとはしないでしょう。つまり、あなたは今後こういう状況に対処する必要が、いっさいなくなる。それって、いいことじゃないですか？」かれの表情からは、わたしの戦略的思考を好意的に評価している様子は読みとれなかった。かれはただ、ポールと話をしてほしいと言うだけだった（ポールとの話し合いも、このときと同じ、双方に不満の残る結果に終わった。かれはただ、わたしに何らかの対人障害があるとほのめかし、だれかに礼儀作法を教わった方がいいとまで言った）。

さて、強情な学者たちについて、長々と話をしたのには、わけがある。一つには、わたしにも、ついカッとなって不適切な行動をとる場合があることを、正直に認めたかった（それに、まさかと思うだろうが、もっと過激な行動に出たこともある）。だがそれよりさらに大事なことに、このできごとは、感情のしくみの重要な側面を、よく表わしているのだ。もちろんわたしは、スケジュールのバッティングを初めて知った時点で、ポールに電話を一本入れて、この問題を話し合ってもよかった。でもそうしなかった。なぜか？ 第一に、こういう場合、ふつうどうするものか知らなかったし、それほど気にもしていなかったからだ。研究に明け暮れていたわたしは、学生が教室を出ていき、翌朝補講のために研究室にやって来るときを除けば、ポールのことなんかすっかり忘れていたし、スケジュールのバッティングのことさえ、頭になかった。それなのに、自分の学生が教室を出ていくのを見たとたん、次の日に余分な講義をしなくてはならないことを、はっと思い出した。そして、かれらがポールの講義に出ているのを見たとき、すべてが合流して、史上最悪の嵐が吹き荒れたのだ。わたしは感情に流されて、ついつい、やってはいけないことをやってしまった（それに正直な話、へそを曲げてなかなか謝れないことも多いのだ）。

決定 ⟹ **感情** ⟹ ***決定（長期）***

感情と決定

感情はたいていの場合、跡形もなく消えてしまうように思われる。たとえばあなたは車で通勤途中、むりやり割りこみされた。むっとするが、深呼吸してやり過ごそうとする。そのうちに、あなたの考えは、道路や、ラジオから流れる歌や、夜行く予定のレストランに戻っていく。こういうときのあなたは、意思決定（図中の二つの「決定」）を下すための自分なりの大まかな手法をもっているから、一時的な怒りの感情は、ほかの似たような、現在進行中の決定には、何の影響もおよぼさない（この図で、「感情」の両端にある「決定」は、斜体で書かれている。これは、感情が一時的で、あなたの意思決定戦略が揺るぎないことを表わしている）。

しかしエドゥアルド・アンドラーデ（カリフォルニア大学バークレー校准教授）とわたしは考えた。感情はそれでも長い間にわたって、決定に影響を与え続けるのではないか。つま先をぶつけたり、ずうずうしいドライバーに割りこまれたり、教授の身勝手に振り回されるといったできごとが引き起こした、もとの感情は、薄れた後も、わたしたちの下す決定に、長い間にわたって影響をおよぼし続けるのではないだろうか。

わたしたちが考えた大まかな理屈は、こんな感じだ。たとえば何か、あなたを幸せで寛大な気分にするようなできごとが起こったとする。そう、ひいきのチームが、ワールドシリーズで優勝したとしよう。その夜、たまたま義理の母の家にお呼ばれしていた。ごきげんなあなたは、その場の勢いで、花を買っていくことに決める。ひと月後、チームが栄冠に輝いたときの高揚感も、サイフの中身も、尽きかけているが、そろそろまた義母のごきげん伺いのころあいだ。よくできた娘婿としては、何をすべきだろう？　記憶をたどってみると、そういえば前に訪ねた時は、花を買うという気の利いたことをしたんだっけ、と思い出す。そこで、今度も同じことをする。そしてその後何度も繰り返すうちに、しまいにはそれが習慣になるのだ（それに一般的にいって、これは悪い習慣ではない）。最初にとった行動の根底にあった理由（優勝の歓喜）は、とうのむかしに消えているのに、あなたは過去の行動を基準として、次にどんな行動をとるべきかということや、自分がどういうタイプの娘婿なのか（義母に花を買っていくタイプ）を判断する。こんなふうにして、当初の感情が、その後も延々と決定に影響をおよぼし続けるのではないだろうか。

なぜこんなことが起こるのか？　わたしたちは食べるものや着るものを決めるとき、人のまねをすることが多いが、それと同じように、いわばバックミラーで自分自身を見てまねをするのだ。なにしろ、よく知りもしない他人のまねをするくらいなのだから（「ハーディング」と呼ばれる横並び行動）、自分が一目置いている人物、つまり自分自身のまねをする可能性は、ずっと高いのではないか？　いったん何かを決定するやいなや、それが適切な決定だと思いこみ（不適切なはずがないじゃないか？）、したがって繰り返すのだ。このプロセスを、「自己ハーディング」と呼ぶ。人と横並びで行動するのに似ているが、横並びの対象は自分自身なのだ。*

では次に、感情まかせの決定がどんなふうにして自己ハーディングのよりどころになるのか、考えてみよう。あなたはコンサルティング会社に勤めていて、もろもろの仕事のほかに、週に一度のスタッフ会議の運営を任されている。毎週月曜日の朝、プロジェクトリーダーを全員集めて、前週からの進捗状況と、今週の目標を報告してもらう。各チームが一同に現状を伝えると、あなたはチームが協働できる機会を模索する。だがこの週例スタッフ会議は、全員が顔を合わせる唯一の機会でもあるから、なごやかな歓談や冗談（まあ、コンサルタントの間で冗談としてとおっているもの）で盛り上がることが多いのだ。

ある月曜の朝、あなたはスタッフ会議の一時間前に出社して、届いていた郵便物の山に目をとおしている。そのうちの一通を開いたとたん、子どもの陶芸教室の申しこみを逃し

*自己ハーディングは、そのほかの点でも、わたしたちに影響をおよぼしている。くわしくは、『予想どおりに不合理』の2章を読んでほしい。

てしまったことに気づいた。自分に嫌気がさすし、奥さんにも、どうしてそう忘れっぽいのと、ねちねち文句を言われる（おまけにこれから口論のたびにしつこくむし返される）にきまっている。そんなこんなで、あなたはきげんが悪くなる。

それから何分かして、まだ虫の居所の悪いあなたが会議室に入っていくと、みんなが楽しそうに、どうでもいい話をぺちゃくちゃ喋っている。いつもならべつに気にならないし、むしろ多少のおしゃべりは、職場の士気を高めるのに役立つとさえ思っている。でも、今日はいつもと同じ一日じゃない。ふきげんの影響を受けているあなたは、**決定**を下す（「**決定**」と太字なのは、感情的要素を強調するためだ）。いつもはちょっとした冗談で会議の口火を切るのに、この日にかぎって、むっつりした顔でこう切り出した。「今日は、能率を上げ、時間を有効活用することの大切さについて話したい。時は金なりだ」あなたが一分間にわたって、効率の重要性をこんこんと説くうちに、社員の顔から笑顔は消えていく。会議はさっそく本題に入った。

その夜帰宅すると、意外にも奥さんはとても物わかりがよく、あなたを責めもしなかった。もともと、子どもたちは習い事が多すぎるのよ。そんなわけで、もとの心配ごとは、あっさり解消した。

しかし、あなたは気づかないかもしれないが、「会議でむだ話をしない」という**決定**は、あなたの今後の行動に、前例を作ってしまった。あなたは（ほかのみんなと同じで）自己ハーディングするタイプの生きものだから、過去の決定をよりどころにして、今後の行動を決定する。そんなわけで、あなたはスタッフ会議のたびに、雑談をさえぎり、冗談もいっさい抜きで、いきなり本題に入る。陶芸教室の申しこみを逃したことで感じたもとの感情は、とうのむかしに消えている。それなのに、あなたの決定は、会議の雰囲気にも、部長としてのあなたの行動にも、末永く影響を与え続けるのだ。

もしわたしたちが完璧な存在なら、自分が浅はかなふるまいを決定したときの感情を、いつまでも忘れずにいるだろう。だが現実には、自分が以前どんな気分でいたかなんて、すぐ忘れてしまう（こないだの水曜の午後三時三〇分にどんな気分だったか、覚えているだろうか?）。それなのに、自分のとった行動のことだけは、覚えている。そんなわけで、同じ決定を（たとえもとは感情まかせの決定だったとしても）、何度も下し続けるのだ。要するに、いったん感情にまかせて行動することを選び、行きあたりばったりの決定を下すと、そのせいで長い間にわたって決定に影響がおよぶ場合があるということだ。

エドゥアルドとわたしは、これに「感情の連鎖」という呼び名をつけた。あなたのことはわからないが、わたしは感情が消え去った後も、長い間にわたって決定が感情にとらわれ続けるというこの考えを、そら恐ろしく感じる。自分がふきげんにまかせて、軽はずみな決定を――完全にさめた「合理的」な自分なら、絶対に下さないような選択を――して

決定 ⟹ 感情 ⟹ 決定(短期) ⟹ 決定(長期)

しまったと自覚することはある。だがこういった感情が、長い、長い間にわたって自分に影響をおよぼし続けることは自覚していないかもしれないのだ。

最後通牒ゲーム

感情の連鎖という考えについて調べるために、エドゥアルドとわたしは三つの重要なことをする必要があった。まず第一段階として、実験協力者をいらだたせるか、幸せな気分にさせる。このつかの間の感情が、第二段階の地ならしとなる。第二段階では、実験協力者がこの感情にさらされている間に、決定を下してもらう。第三段階では、感情が弱まったころあいを見はからって、別の決定を下してもらい、もとの感情が、その後の選択に長期にわたる影響を与えたかどうかを調べる、という手順だ。

実験協力者には実験の一環として、経済学で言う「最後通牒ゲーム」をやってもらい、そこで決定を下してもらった。このゲームは、「送り手」と「受け手」の二人のプレーヤーで行なう。ふつうのやり方だと、二人は別々の部屋にいて、相手がだれかは知らされない。まず最初に、実験者が送り手にお金をわたす。仮に二〇ドルとしよう。送り手はこのお金を、相手とどのように分けるかを決める。分け方は自由で、一〇ドルずつ山分けにしてもいいし、自分の取り分を多くして、一二ドルと八ドルに分けてもいい。とくべつ太っ腹な気分なら、受け手の方を多くして、八ドルと一二ドルに分けてもいいし、身勝手な気分なら、とんでもなく不公平に、一八ドルと二ドルや、一九ドルと一ドルに分けたってかまわない。こんなふうにして、送り手が分割を提案すると、受け手はその提案を受け入れることも、拒否することもできる。受け手が受け入れたら、二人はそれぞれ提案された金額を受けとる。だが拒否すれば、お金は全額実験者に没収され、二人とも、びた一文もらえない。

これからわたしたちの実験でやった、ちょっと変わった最後通牒ゲームについて説明するが、その前に少し時間をとって、プレーヤーが二人とも、完全に合理的な決定を下したらどうなるか、考えてほしい。実験者が送り手に二〇ドル与え、あなたは受け手になるとしよう。とりあえずここでは、送り手は自分が一九ドル、あなたが一ドルもらう、一九対一の分割を提案したとする。完全に合理的なあなたは、心の中でこんなふうに考えるにちがいない。「なんだっていいさ。一ドルは一ドルじゃないか。相手はだれだかわからないし、二度と会うこともないだろう。腹立ちまぎれに、自分の損になるようなことをしてどうなる？　申し出を受け入れて、一ドル金持ちになろうじゃないか」合理的な経済学原理からいくと、これこそが、つまり、自分の富を増やすものならどんな提案でも受け入れることが、あなたのとるべき行動だ。

もちろん、人がときに公平感や正義感をもとに決定を下すことは、行動経済学のさまざまな研究によって裏づけられている。人は不公平に怒りを覚え、不当な提案をした相手を罰するためなら、自分が損をすることもいとわない（第5章「報復が正当化されるとき」を参照のこと）。こういった研究報告を受けて、脳画像の研究が行なわれ、最後通牒ゲームで不当な提案をされた人は、脳の前島と呼ばれる部位の活動が活発になることがわかった。この部位は、脳の中のネガティブな感情体験に関わる部分だ。おまけに、前島の活動が活発な人たちは、不当な提案を拒否することが多かった(23)。

不当な提案に対するわたしたちの反応は、あまりにも基本的で予想どおりなので、不合理な決定が下される現実の世界では、送り手はこういう提案に相手がどんな反応を見せるか、だいたい予想できる（たとえば、あなたがわたしに九五ドル対五ドルの分割を提案したら、わたしはどう反応するだろう？）。なにしろ、だれだって不当な提案をされた経験はある。だから、だれかに一九ドル対一ドルの分割を提案されたら、侮辱されたような気がして、こう言うにきまっている。「なんだよ、この#$%＊&$#！」不当な提案が、どういう感情や行動を相手から引き起こすかを知っているからこそ、最後通牒ゲームではほとんどの人が、一二ドル対八ドルのような、そこそこ公平な分割を提案し、相手はそれをほぼ必ず受け入れるのだ。

一つ断っておくが、「公正に配慮する」というこの一般原則には、一つだけ興味をそそる例外がある。それは、経済学の研究者と学生だ。この手合いは、人間というものは合理的で利己的な行動をとるものだと教えこまれている。だから最後通牒ゲームをするとき、経済学徒の送り手は、一九ドル対一ドルの分割を提案することが、正しい行動だと考える。そして経済学徒の受け手は、合理的な行動こそ正しいと考えるよう訓練されているから、なんとこの提案を受け入れるのだ。だが経済学者が、経済学者でない人とゲームをすると、不公平な提案を拒否されて、がっくりくる。このちがいを頭に入れておけば、完全に合理的な経済学者と遊ぶときにはどんなゲームをするべきか、不合理な人間とはどんなゲームをするべきかがわかるだろう。

ではいよいよ、わたしたちがやったゲームを説明しよう。最初の金額は、一〇ドルだった。二〇〇人ほどの実験協力者には、送り手と受け手のどちらかを担当してもらうと説明した。だがじっさいは、送り手はいつもエドゥアルドとわたしで、毎回七ドル五〇セント対二ドル五〇セントの、不公平な分割を提案した（なぜそうしたか？　提案をすべて同じ、不当なものにするためだ）。さてあなたは、だれだかわからない人に、こんな取引をもちかけられたら、受け入れるだろうか？　それとも、相手に七ドル五〇セント失わせるために、自分の二ドル五〇セントをあきらめるだろうか？　答える前に、ちょっと考えてほしい。またもしわたしがあなたの頭に、心理学で言う「偶発的感情」を、あらかじめつめこんでおいたら、あなたの反応はどう変わるだろう？

たとえばあなたが、「怒れる」条件で、実験に協力したとする。実験の最初に、『海辺の家』という映画のワンシーンを見せられる。ケヴィン・クライン扮する建築家が、しゃくに障る上司に、二〇年間勤め上げた会社をいきなり首にされる。怒り心頭に発したかれは、野球のバットをとって、会社のために作ったすてきなミニチュアの建築模型をたたき壊すのだ。かれに同情せずにはいられない。

上映が終わると、今見たシーンと似たような経験について書いてくださいと言われる。そう言えば一〇代のころ、コンビニでバイトをしていたとき、レジから金を盗んだと、店長にぬれぎぬを着せられたことがあったな。それに職場では、自分の手柄を同僚に横取りされたこともあったぞ。あなたは（実験者の思惑どおり、不愉快な思い出に歯がみしながら）経験を書き終えると、別室に移動する。そこで大学院生から、最後通牒ゲームの説明を受ける。席について、だれだかわからない送り手からの提案を待つ。何分かすると、七ドル五〇セント対二ドル五〇セントの提案がやって来る。ここであなたは、心を決めなくてはならない。二ドル五〇セントを受け入れるか、それとも提案を拒否して、何も受けとらないことにするか。向こう側の欲張り者を相手に恨みを晴らしたら、さぞやスカッとするだろう。

あるいは、あなたは「幸せな」条件のグループに入れられたとする。このグループの実験協力者はラッキーだった。というのも、最初に見せられたのが、ホームコメディ『フレンズ』のワンシーンだったからだ。この五分間のビデオクリップでは、フレンズの総勢が、新年の抱負を立てる。それが、とてもおかしくて、とうてい守れそうにないものばかりなのだ（たとえばチャンドラー・ビングは、「友人をおちょくらない」という誓いを立てた直後に、仲間のロスが「エリザベス・ホーンスワグル」という、およそありえない名前の女性とつき合っていることを知って、思わず誓いを破ってしまう）。このグループも上映後に、似た経験について書かされる。あなたにとって、こんなのは朝飯前だ。新年になるたびに、どう考えても無理な、おかしな誓いを立てる友だちにはこと欠かないのだから。それが終わると別室に連れていかれ、ゲームのやり方を説明される。一、二分すると、提案がやってくる。「受け手が二ドル五〇セント、送り手が七ドル五〇セント」あなたは受ける、それとも受けない？

それぞれの条件で、実験協力者はわたしたちの提案に、どう反応しただろう？　たぶん予想どおりと思うが、多くの人が、自分のもうけをふいにしてでも、不当な提案を拒否した。しかし、実験の目的にもっと関連のあるところでいうと、『海辺の家』を見て憤りを感じた人たちの方が、『フレンズ』を見た人たちに比べて、不当な提案を拒否する確率がずっと高かったのだ。

一般に感情がおよぼす影響を考えれば、自分を不当に扱った相手に報復するのは、ごく自然なことに思える。しかし報復反応を引き起こすのは、提案が不当かどうかということだけではないことが、実験結果からわかった。ビデオクリップを見ることで呼び覚まされた感情のなごりも、何らかの影響をおよぼしていたのだ。映像への反応は、最後通牒ゲームとは、まったく異質な体験だったし、何の関係もなかったのに、その無関係な感情が、ゲームでの決定に飛び火して、状況を左右していたのだ。

おそらく「怒れる」条件の実験協力者は、自分の抱いている悪感情の原因を、誤解したのではないだろうか。たぶん、こんなふうに思ったのだろう。「今ほんとにムカついている。それは、このしみったれた提案のせいだ。だから拒否してやる」同じように、「幸せな」条件の実験協力者は、よい感情の原因を誤解した。きっとこう考えたにちがいない。「いま気分がいいのは、ただでお金がもらえるっていう、この提案のせいだろう。もちろん、受け入れるさ」こうやって、それぞれのグループの人たちは、自分の（ゲームとは無関係な）感情にまかせて、決定を下したというわけだ。

わたしたちの実験からわかったのは、こういうことだ。感情は、決定を決定に変えることをとおして、わたしたちに影響をおよぼす（これは前からわかっていた）。そして、まるで無関係な感情でさえ、決定を左右するのだ。だがエドゥアルドとわたしが本当に調べたかったのは、感情が、弱まってからもなお、影響力をおよぼし続けるかどうかということとだった。「幸せな」実験協力者や、「怒れる」実験協力者が下した決定は、長期にわたる習慣の土台になるのだろうか？　実験のいちばん肝心な部分は、まだこれからだった。

だがそのために、待たなくてはならなかった。つまり、ビデオクリップがかき立てた感情が消えるまでだ（確実に感情が消えたことを確かめた）。それから実験協力者に、さらに不当な分割を提案した。では、いまや冷静で、感情が鎮まった実験協力者は、どう反応しただろう？　このときは、クリップによってかき立てられた感情が消えてから、ずいぶん時間がたっていたのに、感情が燃えさかっていたときと同じ決定のパターンが見られた。哀れなケヴィン・クラインの扱いに憤慨した人たちは、最初提案を拒否する確率が高かったのだが、怒りの感情がなくなってからも、同じ決定を下した。同様に、『フレンズ』のたわいのないやりとりをおかしがった人たちは、ほのぼのした感情をもっている間は、提案を受け入れる確率が高かったが、そのような感情が消え去ってからも、同じ決定を下した。このときかれらが、その日早くに（無関係な感情に影響を受けていたときに）やったゲームの記憶を、判断のよりどころにしていたのは、明らかだった。だからこそ、当初の感情状態から引き離されてからずいぶんたっていたのに、前と同じ決定を下したのだ。

自己ハーディングが起きるしくみ

エドゥアルドとわたしは、実験をもう一歩進めることにした。今度は、協力者の役割を逆転させて、受け手と送り手の両方の役割をやってもらったのだ。だいたいこんな手順だ。まず実験協力者に、二つのビデオクリップのどちらか一方を見せて、意図したとおりの感情を引き起こした。次に、ゲームで受け手の役をやってもらい、不当な提案を受け入れるか、拒否するかを選んでもらった（つまりこのときは、クリップが引き起こした感情に影響されて、**決定**を下した）。それから時間を置いて、感情が消えるのを待った。そしてここからが、実験の要となる部分だ。もう一度最後通牒ゲームをやってもらったのだが、このとき受け手ではなく、送り手役をやってもらったのだ。送り手は、別の実験協力者（受け手）に、どんな分割を提案することもでき、受け手はそれを受け入れて、提案された分け前を受けとるか、拒否して、二人とも何も受けとらないかの、どちらかを選んだ。

なぜこんなふうに、役割を逆転させたのか？　そうすることで、自己ハーディングがわたしたちの決定に長い間にわたって魔法をかけるしくみを、もっとよく理解できるのではないかと考えたからだ。

その前にちょっと説明しておこう。自己ハーディングは、基本的に次の二つの方法で作用する。

特定型　このタイプの自己ハーディングは、過去に自分がとった特定の行動を覚えていて、それを漫然と繰り返すことで起きる（「この前、アリエリー家で夕食をごちそうになったときは、ワインを買っていったから、今回もそうしよう」)。この種の、過去の決定をよりどころにした意思決定は、「この前やったことをやれ」という、ごく単純な意思決定方法だ。ただしこれが働くのは、状況が前とまったく同じ場合に限られる。

一般型　もう一種類の自己ハーディングは、過去の行動を、次にやるべきことの大まかな指針と見なし、それをもとにして似たような行動パターンをとるものだ。このタイプの自己ハーディングでは、何か行動を起こすとき、過去に自分が下した決定のことを思い出す。だがこのときは、前にやったことをただ自動的に繰り返すのではなく、自分の決定をもっと幅広く解釈する。つまり決定を、自分の大まかな性格や好みを表わすものと見なして、それにならった行動をとるのだ(「道ばたの物乞いにお金をあげたわたしは、思いやりのある人間にちがいない。だから、炊き出し所でボランティアを始めよう」)。つまりこの手の自己ハーディングでは、自分の過去の行動を振り返って、自分が大まかにどんな人間なのかを知り、それにふさわしい方法で行動するのだ。

さて、ちょっと考えてもらいたい。なぜ役割を逆転させることが、二種類(特定型と一般型)の自己ハーディングのどちらがわたしたちの実験で重要な役割を果たしたかを理解する助けになったのだろうか。あなたはまず受け手をやり、次に送り手になったとする。

そして、ケヴィン・クライン演じる哀れな人物が、虫けらのような扱いを受けたことに腹を立てて、野球のバットでミニチュアハウスをたたき壊す映像を見る。これに影響されたあなたは、受け手として不当な提案を拒否する。あるいは、あなたは『フレンズ』のクリップを見てクスクス笑い、その影響で、不当な提案を受け入れたとする。どちらにしても、その後時間が過ぎて、映画クリップが呼び覚ました、もとの憤りやほのぼのした気もちが消えてしまった。しかも今度は、送り手という、まったく新しい役割を演じるのだ（ここからちょっと話がこみ入ってくるので、心するように）。

もし最初の実験で作用していたのが、特定型の自己ハーディングだったなら、今回の実験では、受け手をやったときに感じていた、もとの感情が、その後送り手として下した決定に、影響を与えたはずがない。なぜかって？　あなたは送り手になったがために、「この前やったことをやれ」型の意思決定方式に、単純に従うわけにはいかなくなったからだ。なにしろあなたは、今まで送り手になったことがない。だから、今の状況を新鮮な目で見て、今までになかったタイプの決定を下すことになる。

逆に、このとき一般型の自己ハーディングが作用していたとしよう。あなたは「怒れる」条件に置かれたら、自分にこう言い聞かせるだろう。「そういや、前に逆の立場だったとき、むかついたなあ。あのとき、七ドル五〇セント対二ドル五〇セントの分割を拒否したのは、不公平だと思ったからだ」（別の言い方をすると、あなたは自分が提案を拒否した原因を、怒りの感情のせいではなく、提案が不当だったせいだと勘ちがいしている)。「いま自分が分割を提案している相手は、たぶん自分みたいなやつだろう。きっと、不当な提案を拒否するはずだ。だからもっと公正で、自分が相手の立場でも受け入れるような分割を提案しよう」

その反対に、もし前に『フレンズ』のクリップを見て、そのせいで(やはり自分の反応を、クリップのせいではなく、提案のせいだと誤解して)不当な提案を受け入れていた場合はどうだろう。送り手になったいま、あなたはこう考える。「あのとき、七ドル五〇セント対二ドル五〇セントの分割を受け入れたのは、べつに問題ないと思ったからだ。いま自分が分割を提案する相手も、たぶん自分と似たような考えから、この手の提案を受け入れるだろう。だから、七ドル五〇セント対二ドル五〇セントの分割を提案するぞ」これが、一般型の自己ハーディングが作用する一例だ。自分の行動を思い起こし、それをより大まかな原則に結びつけ、その原則に沿った行動をとるのだ。おまけに、相手が自分と同じように行動するとまで、思いこんでしまう。

実験の結果、一般型の自己ハーディングの方に、軍配が上がった。もとの感情は、かなり時間がたってからも、しかも役割が逆転していたのに、影響をおよぼした。「怒れる」条件の送り手は、対等に近い分割を受け手に提案したし、「幸せな」条件の送り手は、不当な分割を提案したのだ。

以上の実験結果から、感情が決定に特有の影響をおよぼすということだけでなく、現実の生活では、おそらく一般型の自己ハーディングの方が、大きな役割を果たしていることもわかる。もし作用しているのが、特定型の自己ハーディングだけなら、その影響は、何度も繰り返すタイプの決定に限られるはずだ。しかし、じっさいには一般型の自己ハーディングが作用しているため、わたしたちが一時的な感情に流されて行なう**決定**もまた、下されてからかなり時間がたってからも、似たような選択や、ほかの領域での決定に、なお影響をおよぼし得ることがわかる。ということはつまり、わたしたちは新しい状況に身を置いて、のちに自己ハーディングのよりどころになりそうな決定を下すときには、本当に気をつけなくてはいけないということだ。いま下す決定は、いま起きていることだけに影響を与えるのではない。将来下すであろう、たくさんの似たような決定にも、影響をおよぼし続けるかもしれないのだ。

男を怒らせるな

わたしたちはどんな実験を行う場合でも、男女の差があるかどうかを調べる。でもじっさいのところ、性差が見られることはほとんどない。

だからといって、意思決定を下す方法には性差がない、とはもちろん言っていない。もしかしたら、非常に基本的なタイプの決定では（わたしが研究している決定のほとんどがこのタイプだ）、性はそれほど大きな影響をおよぼさないのかもしれない。しかしこれからますます複雑な決定に関する研究を進めるようになれば、実験でも何らかの性差が見られるようになるだろうとは思っている。

たとえば、最後通牒ゲームをさらに複雑にしたとき、男性と女性とでは、不当な提案に反応する方法に、興味深いちがいがあることが、たまたまわかった。

たとえばあなたはゲームの受け手で、一六ドル対四ドルの不当な分割を提案されたとする。これまでのゲームと同じように、提案を受け入れて、四ドルをもらってもいいし（相手は一六ドル受けとることになる）、拒否して、あなたも相手も取り分ゼロにしてもいい。しかし今度の実験では、受け手にはこの二つのほか、次の二つの選択肢がある。

1. 三ドル対三ドルの取引を選ぶ。つまり、二人とも当初の提案より取り分が減るが、送り手の方が失う額が大きい（もともと提案された分割は、一六ドル対四ドルだったから、あなたの取り分が一ドル減るのに対し、相手は一三ドルも減ってしまう）。おまけに、この三ドル対三ドルの取引を選ぶことで、公正が大切だという教訓を、相手に教えてやれる。
2. 〇ドル対三ドルの取引を選ぶ。つまり、自分の取り分は（もとの取引より一ドル少ない）三ドルになってしまうが、相手を取り分ゼロにして罰することができる。これで、不利な取引の反対側に回ったときの気分を、相手に味わわせてやれる。

このとき、性差という点では、どんな結果が出ただろう？　大まかに言うと、「怒り」と「幸せ」のどちらの条件でも、不当な提案を受け入れた人の割合は、男性が女性の一・五倍だった。そして、追加の選択肢のどちらを選んだかを調べると、がぜんおもしろくなった。「幸せな」条件では、大して見るべきものはなく、女性は、三ドル対三ドルの対等な提案を選ぶ傾向がやや高かった。また〇ドル対三ドルの、復讐に燃えた提案を選ぶ傾向には、性差は見られなかった。ところが、『海辺の家』のクリップを見てから、自分の人生に起こった、似たような経験を書かされた人たちは、感情が激高した。そして、「怒れる」条件の女性が、対等な三ドル対三ドルの分割を選んだのに対し、男性はほとんどの場合、報復的な〇ドル対三ドルの分割を選んだのだ。

これらの結果を考え合わせると、こういうことになる。女性はもともと不当な分割を拒否する傾向が強いが、そこには前向きな意図がある。女性は〇ドル対三ドルよりも、三ドル対三ドルの分割を選ぶことをとおして、平等と公正が大切だという教訓を、相手に与えようとしていたのだ。つまり、模範を示すことで、相手にこんなメッセージを伝えていた。「お金を山分けした方が、気分がいいでしょう？」これに対して男たちは、三ドル対三ドルの分割より、〇ドル対三ドルの分割を選んだ。要は、相手に「くたばれ！」と言っていたのだ。

カヌーを漕げる？

さて以上の結果から、何を学べるだろうか？　感情は、決定にやすやすと影響をおよぼすこと、しかも、決定自体とは何の関係もない感情でも同様だということだ。もう一つは、感情の影響が、感情そのものより長続きして、将来の決定に長期にわたって影響をおよぼし続けるということだ。

そして次が、いちばん実生活に役立ちそうな発見だ。何かの感情にとらわれている間は何もしなければ、短期的、長期的に害がおよぶことはない。ところが、感情にまかせて決定を下すと、その直接の結果に苦しめられるだけでなく、そのことで長期的な決定のパターンができあがってしまい、長い間にわたって、誤った方向に導かれるおそれがある。それから最後の教訓として、自己ハーディングは、同じ決定に限らず、「類似の」決定を下すときにも、活発に作用するということだ。

また、この実験のビデオクリップが感情におよぼした影響が、わりあい軽微で、恣意的なものだったことを、忘れてはいけない。怒れる建築家の映画を見ることは、現実の世界で配偶者や子どもとケンカしたり、上司に叱られたり、スピード違反でパトカーに車を止められたりすることとは、比べものにならない。それを考えると、わたしたちが実生活でむかついたりいらいらしたとき（や嬉しいとき）に下す決定は、将来の決定に、さらに大きな影響をおよぼすかもしれないのだ。

感情の連鎖がもたらす危険の、いちばんわかりやすい例が、夫婦関係ではないだろうか（もちろん一般的な教訓は、どんな関係にもあてはまる）。夫婦が、お金や子ども、夕飯の献立といった、さまざまな問題に対処するために話し合う（どなり合う）とき、じつは目の前の問題について話し合っているだけではない。こういうことをとおして、「行動のレパートリー」を生み出し、このレパートリーが、その後長い間にわたって、二人の関わり方を方向づけるのだ。感情は――どれほど無関係なものでも――こういった話し合いの中に、いやおうなく忍びこみ、コミュニケーションのパターンを変えてしまうことがある。その感情にとらわれている、短い間だけでなく、長期にわたってだ。そして、もうわかるだろう。こういうパターンは、いったんできあがると、なかなか変えられないのだ。

たとえばこんな例を考えてみよう。ある女性が、職場でいやなことがあって、トラック一台分もの悪感情を抱えて帰宅する。家の中はとっちらかり、夫婦二人とも腹がへっている。それなのに、玄関のドアを開けると、夫がテレビの前の安楽椅子にどっかりと腰を下ろしたまま、首を回してたずねるのだ。「おや、帰りがけに、何か夕飯を買ってくるんじゃなかったの？」」

いらっとした彼女は、声を荒げて言う。「ねえ、今日は一日中、打ち合わせだったのよ。先週わたしたお買い物リストのこと、覚えてる？　あなたったら、トイレットペーパーを買い忘れたし、チーズの種類もまちがえたじゃない。いったいどうやってチェダーチーズで、ナスのパルメザン焼きを作れって言うのよ？　あなたが出かけて、何か買ってきてちょうだい」これをきっかけに、すべてが坂道を転がり落ちるように、悪い方向に向かう。二人はさらに激しい口論に突入し、険悪なムードのまま眠りについた。その後、彼女のつんけんした態度は、より一般的な行動パターンに変わっていく（「あなたがゆっくり車線変更させてくれなかったから、道をまちがえちゃったじゃない！」）。そしてこの悪循環は、延々続くのだ。

決定に関係のある感情であれ、無関係な感情であれ、その影響を完全に回避することはできない。それなら、こんなふうに関係が悪化していくのを防ぐ方法はないのだろうか？　でもわたしの簡単なアドバイスは、こういう悪循環が起こりにくい相手を選ぶことだ。でもどうやって？　星占いからデータをもとにしたものまで、いくらでもある相性テストを利用してもいいが、わたしのやり方なら、川と、一艘のカヌーと、二本のパドルさえあればできる。

カヌーに乗りに行くたび、カップルが浅瀬に乗り上げたり、岩にひっかかったりして、ののしり合っているのを見かける。カヌー乗りは、一見簡単だからこそ、あれほどあっけなく戦争勃発の危機を招くのだろう。わたしはよくカップルと飲みにいったり、家に夕食に呼ばれたりするが、そんなとき、口論はめったに起こらない。それはべつに、二人がお行儀よくしようとしているからだけではない（それに、川の上にいるからといって、お行儀よくしない理由はない）。それは、人がふだんの日常的な活動について、きまった行動パターンをもっていることと関係があるような気がする（よそ様のいる食卓で激しく言い争うのは、ほとんどの家庭で「いけないこと」とされている）。

だが川の上にいるというシチュエーションは、ほとんど前例のない状況だ。そこにははっきりした作法というものは存在しない。川の流れは予測できないし、カヌーはあっというう間に流されて、思ってもみなかった方向に曲がっていく（この状況は、人生にそっくりだ。人生も、初めて経験する予想外のストレスや障害物だらけだ）。それにカヌーでは前の人と後ろの人（専門用語では、バウマンとスターンマン）の役割分担もはっきりしない。この状況は、まったく新しい行動パターンが生まれる機会や、それを観察する機会に満ち満ちている。

あなたが、カップルの片割れだったとして、カヌー乗りに行ったら、何が起こるだろう？　あなたたち二人は、カヌーが言うことを聞かないたびに、責任をなすりつけ合うだろうか（「ちょっとお、あの岩が見えなかったの？」）。大げんかになって、どちらかが川に飛びこんで岸まで泳ぎ、一時間も口をきかないような事態に陥るだろうか？　それとも岩にぶつかったときには、お互い何をやるべきかを話し合って、できるだけなごやかに乗り切ろうとするだろうか？*

要するに、こういうことだ。だれかと長い関係を誓う前に、二人がはっきりした社会的なきまりごとがないような環境に置かれたときどうなるかを、まず調べてみよう（たとえばカップルは結婚する前に、結婚式の計画を一緒に立てて、それでもお互いを好きでいられたら、そのままゴールインすればいいのではないだろうか）。それに、行動パターンが悪化していないか、つねに気を配ることも大切だ。初期の危険信号に気づいたら、まずい関わり方のパターンができあがってしまう前に、すばやく行動を起こして、望ましくない方向に行かないように軌道修正することだ。

最後の教訓はこれだ。カヌーでも、人生でも、行動を決定する前に、必ずちょっと時間をおいて、頭を冷やそう。それを怠ると、決定がこの先ずっと影響をおよぼし続けるかも

＊カヌー乗り相性診断の有効性を検証するための実験をまだやっていないから、はっきりしたことは言えないが、予測精度は高いと自負している（それにそう、「過信バイアス」のこともちゃんと計算に入れている）。

しれない。そして最後に、わたしの講義に補講をぶつけようなどという、ふとどき者がいたら、この前わたしがどんな対応をとる**決定**を下したか、思い出してもらいたい。もちろん、またあんなことをするとは言わないが、感情に流されたときどうなるか、そればかりはわからないだろう?

第10章のまとめ

- 感情はすぐ消えるが、いっときの感情にまかせた決定が、長い間にわたって行動を左右することがある。
- まったく無関係な感情でさえ、決定に影響をおよぼす。
- 強い感情にとらわれている間は、何も決定を下さないのが賢明だ。

第11章 わたしたちの不合理性が教えてくれること

なぜすべてを検証する必要があるのか

わたしたちは、人間が客観的、合理的で、しかも論理的な存在だと考えたがる。人間が理性をもとに決定を下すという「事実」を、誇りにしている。お金を投資したり、家を買ったり、子どもの学校を選んだり、治療法を決めたりするときには、たいてい自分の選択が正しいものと思いこんでいる。

たしかに正しいときもある。だが認知バイアスのせいで、誤った方向に導かれることもある。とくに、重大で、困難で、苦しみに満ちた選択をしなければならないときがそうだ。これを説明するために、わたし自身がいろいろなバイアスと格闘した、個人的な体験について話させてほしい。この体験は大きな決定につながり、その結果はいまも日々わたしに影響を与えているのだ。

もうご存じのように、わたしは事故にあって、かなりひどいケガをした。体のあちこちが黒こげになり、右手の一部は、骨が見えるまで焼けてしまった。病院に運びこまれて三日めに、医師の一人が病室に入ってきて、突然こう宣言した。きみの右腕はひどく腫れていて、手への血流が悪くなっている。腕を万に一つでも残すためには、今すぐ手術をする必要がある。医師はいきなり何十本もあるかと思われる手術用メスを、トレーの上にきちんと並べ始めた。そして圧力を弱めるために、皮膚を切り裂いて浸出液を取り除き、炎症を抑えるのだと説明した。しかも、心臓と肺の機能が低下しているから、なんと麻酔をかけずに手術するというのだ。

続いて行なわれたのは、中世時代の治療法といってもとおるような手術だった。看護師の一人が、わたしのむき出しの左腕と左肩を動かないようにしっかり固定し、もう一人が全身の体重をかけて右肩と右腕を押さえこんだ。メスがいきなり皮膚に食いこみ、肩からひじまでゆっくり切り裂くのを見た。まるで切れ味の悪い、さびついた園芸用のくわで、裂き開かれているような感じだった。想像を絶する痛みに、息もできなかった。あまりの痛みに、死ぬかと思った。そして二度目がやって来た。今度は、肘から始まって、手首までだ。

わたしは絶叫して、やめてくれと泣きついた。「そんなことをしたら、死んでしまう！」何を言っても、どんなに頼みこんでも、やめてくれなかった。「もう耐えられない！」何度も何度も叫んだが、さらに強く押さえつけられただけだった。わたしには、どうすることもできなかった。

やっと医師が、もうほとんど終わった、あとはすぐすむよと言ってくれた。そしてわたしに、苦しみに耐えるための方法を教えてくれた。それは、数えることだった。耐えられる限界までゆっくりと、一〇まで数えるのだ。一、二、三……なんだか時間の流れが遅くなったような気がした。痛みに圧倒されて、ただゆっくり数えることしかできなかった。四、五、六……もう一度医師に切り裂かれ、痛みが体のあちこちに動くのを感じた。七、八、九……あのときのことは、絶対に忘れない。肉を切り裂かれる感覚、激烈な痛み、そして……極限までがまんしながら待っていたあの時間のことを。とうとう絶叫した。「一〇！」

医師は切るのをやめた。看護師は押さえつけていた体を離した。八つ裂きにされる苦しみを雄々しく乗り越えた、いにしえの戦士のような気分だった。もうボロボロだった。「よくがんばった」と医師は言った。「腕を肩から手首まで、四ヶ所切開したよ。あと何ヶ所か切れば、それで本当におしまいだからね」

頭の中の戦士は、もろくも敗れ去った。全力をふり絞って、極限まで耐えるのだと、それまで自分に言い聞かせていた。一〇まで数えれば、終わりが来ると思っていた。ほんの数秒前は、まだがまんできたのに、新しい痛みが迫っていることを知って、猛烈な恐怖に襲われた。いったいどうやって、またあれに耐えろというのだ？

「お願いだ、何でもするから、もうやめて！」泣きついたが、わたしには何の決定権もなく、さらにがっちり押さえこまれただけだった。「待って、待って、待ってくれよ」もう一度だけ懇願したが、医師はそのまま、指の一本一本に切れ目を入れ始めた。その間ずっと今度は一〇から一まで逆に数え、一に来るたび絶叫した。何度も繰り返し数えたところで、ようやく医師は切るのをやめた。手は信じられないくらい敏感になり、痛みはいつまでも続くように思われた。それでも意識はあり、わたしは生きていた。血を流し、泣き叫びながら、わたしはやっと放免されたのだった。

当時のわたしは、この手術がどれほど重要なのかもわかっていなかったし、苦痛に耐える人にとって、数を数えることがどれほど救いになるのかも知らなかった*。手術をしてくれた外科医は、ほかの医師の助言を押し切って、わたしの右腕を救うために手を尽くしてくれた。そうすることで、あの日わたしに並々ならぬ苦しみを与え、その記憶は、のちのちまでずっと消えなかった。だがかれのおかげで、わたしは腕を失わずにすんだのだ。

何ヶ月かして、今度は別の医師団がやって来た。そして、あれほどの痛みに耐えてまで温存した腕の様子が思わしくないから、ひじから下を切断するのがいちばんいいと言った。

この案にはただもうゾッとして、頭から拒絶したが、冷徹で合理的な根拠を突きつけられた。腕を切断してかわりにフックをつければ、日々感じている痛みが嘘のようにおさまるし、手術を受ける回数も減るというのだ。フックは案外ぐあいのよいもので、慣れてしまえば、ケガをした手よりずっと役に立つ。キャプテン・フックのように見えない、義肢をつけてもいいが、使い勝手は劣るという。

これは、本当にむずかしい決断だった。わたしは日々不自由と痛みに耐えていたが、それでも、どうしても腕を失いたくなかった。腕がない人生がどんなものなのか、想像もつかなかった。フックや肌色のプラスチックの義肢に、どうやって慣れればいいのだ。悩み抜いた末に結局、このみじめで不完全な、骨が突き出た腕を温存して、なんとかがんばっていくことに決めた。

時は流れて、二〇一〇年。これまでの二〇年を超える年月の間に、学術論文を中心に、山ほど文書を書いてきたが、長時間のタイプ打ちは肉体的に無理だ。一日にタイプ打ちなら一ページ、それに何通かの電子メールに短い文章で返事を返すくらいはできる。でもそれ以上やろうとすると、手に鋭い痛みを感じて、それから何時間も、ときには何日間も、

＊何年もたってから、わたしはスポーツ選手を対象に実験を行なった。その結果、数えることで痛みに耐える能力が増すこと、また逆に数えることがとくに効果が高いことがわかった。

痛みに苦しむことになる。指を上げたり、伸ばしたりすることもできない。無理にやろうとすると、関節が抜けるような痛みを覚える。だが明るい面を見れば、有能なアシスタントの力を大いに借りることを覚えたし、音声認識ソフトにも頼って、毎日の痛みを抱えながら生きていく方法を、多少なりとも編み出してきた。

今の自分には、腕を残すことがはたして正しい選択だったのか、よくわからない。右腕を使ってできることは限られている。あれからひどい苦痛を経験したし、いまだに痛みに苛まれている。それに誤った意思決定がどういうものかもよくわかった。すべてを考え合わせると、腕を残したことは、費用便益的には失敗だったのかもしれない。

わたしには、いったいどんなバイアスが作用していたのだろう。まず、わたしが医師たちの提案をどうしても受け入れられなかったのは、「授かり効果」と「損失回避」と呼ばれる、二つの関連し合う心理要因が大きかった。わたしたちはたいてい、この二つのバイアスのせいで、自分のもっているものを過大評価し、それを失うことを損失と見なす。損失は心理的な苦痛を伴うから、何かを手放すには、かなりの踏ん切りが必要だ。授かり効果のせいで、わたしは自分の腕を過大評価した。なぜならそれは自分の腕だし、愛着があったからだ。そして損失回避のせいで、どんなに理にかなっていたとしても、腕を手放す気にはなれなかった。

二つめの不合理な影響は、「現状維持バイアス」と呼ばれるものだ。一般的にいって、わたしたちはものごとをそのままにしておきたいと考える傾向がある。変化はつらく、痛みを伴うものだから、できることなら何も変えずにいたい。わたしの場合、何も行動を起こさずに(変化を起こすという決定を後悔するのを恐れたからでもある)、どんなに損傷していようと、自分の腕とともに生きていく方がましだった。

わたしに影響をおよぼしていた三つめの人間特有のおかしなクセは、決定の不可逆性と関係がある。なにしろ、ふつうの選択をすることでさえむずかしいのだから、もとに戻せない決定とくればなおさらだ。家を買ったり、仕事を選んだりするときに、長い時間をかけて一生懸命考えるのは、将来がどうなるかについて、ほとんど情報が得られないからだ。だがもし自分の決定が石に刻みこまれ、仕事や家を二度と変えられないとわかっていたら、どうだろう？　この先ずっと、その決定の結果を背負って生きていかなくてはならないと思うと、どんな選択をするのも怖くなる。わたしの場合、いったん手術をしたら、自分の手が永久に失われてしまうという考えに苦しんだ。

そして最後に、前腕と手を失ったらどうなるだろうと考えたとき、はたして自分が順応できるか不安だった。フックや義肢を使うって、どんな感じがするものだろう？　人にどんな目で見られるだろう？　握手をしたり、メモを取ったり、セックスしたりするとき、どうなるんだろう？

さて、もしわたしが完全に合理的な、計算高い人間で、自分の腕に愛着のかけらももっていなかったなら、授かり効果や損失回避、現状維持バイアス、それに決定の不可逆性に悩まされはしなかっただろう。また義手をつけたら将来どうなるかを、正確に予測できたはずだから、医師と同じ目で自分の現状を見ることができただろう。そこまで合理的だったら、たぶん医師の助言に従い、やがて新しい装具にも慣れていたことだろう（第6章「順応について」で学んだとおりだ）。だがわたしは、そんなに合理的ではなかった。だから腕を温存し、その結果、度重なる手術や不自由、頻繁な痛みに苦しむことになった。

こんなことを言うと、なんだか年寄りじみた繰り言に聞こえる（東欧なまりで、ゆっくりこう言ってみよう。「いま知ってることを、あのころ知ってたら、ちがう人生になっていたかもしれんなあ」）。それに、あなたの聞きたいことはわかっている。「腕を残す決定があやまっていたというなら、なぜいま切断手術を受けないのか？」そうだろう？

これについても、そうしたくない不合理な理由が、いくつかある。第一に、わたしはどんな治療や手術のためであっても、病院に戻ると考えただけで、深く落ちこんでしまう。じっさい今でも、だれかを見舞うために病院に行くと、あのにおいを嗅いだだけで、むかしのことがまざまざと思い起こされ、それとともに大きな精神的苦痛がよみがえってくるほどだ（わかってもらえると思うが、わたしのいちばんの心配の種の一つが、長期間入院させられることなのだ)。第二に、わたしは自分の決定に、いくつかのバイアスがからんでいることを知っているし、それを分析することもできるのに、それでもまだバイアスに影響されている。いつになっても影響を完全に遮断することはできない(これは、よりよい意思決定を下すために、忘れてはいけないことだ)。第三に、わたしは手をうまく使えるようになるために、これまで莫大な時間と労力を費やし、日々苦痛に耐え、こうした制約と折り合う方法を模索してきたが、そのせいで、今度はいわゆる「埋没費用の誤謬《ごびゅう》」にとらわれるようになった。これまでにかけた労力を思い返すと、それをかなぐり捨てて、決定をくつがえそうという気にはとてもなれない。

四つめの理由は、ケガから二十数年たった今になって、自分の決定をいくらか正当化できるようになったことだ。前にも言ったが、人間というものは、驚くべき正当化能力をもっている。わたしの場合、自分の決定がなぜ正しかったかという物語を、いくつも自分に語り聞かせられるようになった。たとえばわたしは右腕をさわられると、腕の奥にチクチクする痛みを感じるのだが、この独特の感覚が、触覚の世界を味わうすばらしい方法なのだと、自分を納得させている。

そして最後に、腕を残すことには、合理的な理由がある。長年の間にいろんな変化が起こり、わたし自身も変わった。一〇代のころの、事故にあう前の自分には、さまざまな進路が開かれていた。でもケガをしてからは、自分の限界や能力にそこそこ合った生活や、恋愛や、仕事を選びながら、生きていく方法を手探りで模索してきた。もし一八歳のわたしが、腕をフックと換える決断を下していたなら、わたしの限界や能力は、またちがったものになっていただろう。たとえばの話、顕微鏡を扱えるようになって、生物学者になっていたかもしれない。だがこれまで自分の人生を軌道に乗せようとがんばってきたことを思うと、中年にさしかかった今になって、状況をガラリと変えるような決定を下すことは、前よりずっとむずかしいのだ。

この話の教訓? 本当に重大な、人生を変えるほどの大きな決断を下すのは、とてもむずかしいということだ。それはなぜかと言えば、わたしたちがみな、数々の厄介な意思決定バイアスの影響にさらされているからだ。わたしたちが自覚している以上にたくさんのバイアスが存在し、わたしたちが認める以上に頻繁に影響をおよぼしている。

聖書とヒルが教えてくれる教訓

ここまでの章で、不合理がわたしたちの生活のいろいろな側面におよぼす影響について考えてきた。たとえば習慣や、デート相手の選び方、仕事意欲、寄付のしかた、ものやアイデアへの愛着、順応能力そして報復願望など。わたしたちはいろいろと不合理な行動をとるが、それはつきつめれば二つの大まかな教訓と、一つの結論の形に要約できると思う。

1. わたしたちには、不合理な傾向がたくさんある。
2. わたしたちは、こうした不合理性が自分におよぼす影響を、自覚していないことが多い。つまり、自分が何に駆られて行動しているのか、よくわかっていない。

だからこそわたしたちは——つまりあなたも、わたしも、企業も、政策決定者も——自分の直感を疑ってかかる必要がある。「まあ、いつもこんなふうにしてきたから」という理由で、直感や世間の流れに身をまかせ、いちばん手っとり早い、習慣的なことをやり続ければ、これからもあやまちを犯し続け、せっかくの時間、努力、心労、お金が、おなじみの（往々にしてまちがった）『不思議の国のアリス』の「ウサギの穴」に吸いこまれてしまう。しかし、自分自身に問いかけることを学び、自分の思いこみを疑ってかかることを繰り返せば、自分がいつどんなふうにしてまちがうのかを明らかにし、恋愛や生活、仕事に新しい方法でとりくみ、新しいやり方をとり入れ、人を管理し、動かすことができるようになるかもしれないのだ。

では、どうしたら自分の直感に疑問を投げかけられるのか？　これをやる、むかしながらの絶対確実な方法が一つある。じっさい、聖書と同じくらい古くからある方法だ。旧約聖書の第七の書、士師記《ししき》の第六章で、ギデオンという男が、神と短い会話を交わす。だがギデオンは疑り深い男で、自分が話している相手が、本当に神なのか、それとも頭の中で聞こえる想像上の声なのか、わからなかった。そこで、目に見えないものに向かって、羊毛の上に少し水をまいてほしいと頼む。「あなたが前におっしゃったように、もしわたしの手でイスラエルを救おうというおつもりでしたら、麦打ち場に羊一頭分の毛を置きます。もし露《つゆ》が羊の毛の上だけにあって、地面がすべて乾いていれば、あなたがおっしゃったように、わたしの手によってイスラエルを救おうとされていることが、わかるでしょう」

ギデオンがここで持ちかけているのは、実験だ。もし自分の話している相手が本当に神なら、かれ（彼女かも）はほかの地面は乾いたまま、羊の毛だけを濡らすことができるはずだ。さて、何が起こったか？　翌朝目を覚ましたギデオンが見てみると、羊の毛が濡れていて、それをしぼると、鉢が水でいっぱいになった。だがギデオンは、抜け目のない実験主義者だった。いま起こったことが、ただの偶然なのか、こういう濡れ方はよくあることなのか、それとも羊の毛を一晩地面に置いておくと必ず起こる現象なのか、わからなかった。ギデオンに必要なのは、対照群だ。そこで神にもう一度、お願いをする。ただし今度は、別の形で実験をやってみるのだ。「そしてギデオンは神に言った。『わたしに向かって、お怒りを燃やさないでください。いま一度だけ言わせて下さい。もう一度だけ、この羊の毛で試させてください。今度はこの羊の毛だけが乾いていて、ほかの地面全体に露が降りるようにしてください』」ギデオンの対照群は成功した。驚くなかれ、地面全体に露が降りていたのに、羊の毛だけは乾いていたのだ。こうしてギデオンは必要な証しをすべて手に入れ、そしてとても大切な、研究スキルを身につけたとさ。

　ではギデオンの注意深い実験から変わって、今度は医療が何千年もむかしからどのように実践されてきたかについて考えてみよう。医療は長い間、古来の知恵の職業だった。大むかしの医師は、自分の直感や代々受け継いできた知恵を頼りに仕事をしていた。こういう医師の草分けたちは、自分の培った知識を、また将来の世代へと伝えていった。当時の医師は、直感を疑ったり、実験をするようには訓練されていなかったし、ほとんどの知識を師から教わった。そして修行期間が明けるころには、自分の知識にこの上ない自信をもっていた（いまだにこの慣行を守っている医師の、何と多いことか）。こんなふうにして医師たちは、疑わしい証拠を目の前に突きつけられようと、同じことを何度も何度も繰り返し続けた。*

　むかしから伝わる医療の知恵が失敗に終わった例に、ヒルの医療利用がある。ヒルは何百年もの間、瀉血《しゃけつ》に使われていた。瀉血は、ヒポクラテスのいわゆる四体液（血液、粘液、黒胆汁、黄胆汁）のバランスを取り戻すのに有効な処置と考えられていた。そんなわけで、

＊とはいえ、医療の専門家が長年のうちにすばらしい治療法を発見してきたことを、否定しているわけではない。わたしが言いたいのは、十分な実験をしなければ、効果のない治療法や危険な治療法を、長く続けるはめになるということだ。

あの吸血性のナメクジに似た生きものが、頭痛から肥満、痔疾、喉頭炎、眼疾患、精神疾患まで、あらゆる病気を治してくれるとして、ありがたがられていたのだ。一九世紀には、ヒル取引がさかんに行なわれ、フランスはナポレオン戦争中、やつらを何百万匹も輸入した。じっさい、医療用ヒルの需要が高まりすぎたために、ヒルは絶滅寸前にまで追いこまれたほどだ。

さてあなたが、一九世紀フランスの、かけだしの医者だったとしよう。あなたはヒルが効くことを「知って」いる。何百年も前から、治療が「成功」しているからだ。あなたの知識は、別の医師によって裏づけられる。かれも、自分の経験や古来の知恵から、ヒルが効くことを「知って」いるのだ。さて、記念すべき患者第一号がやって来た。この男は、膝が痛いといっている。そこであなたは圧力をやわらげるために、ぬらぬらとしたヒルを、男の膝上にまとわせる。ヒルは男の血を吸って、関節にかかる圧力を取り除く（とあなたは信じている）。処置が終わると、男を家に帰し、一週間の休養を命じる。男が症状を訴えなくなれば、ヒル治療は成功というわけだ。

あなたにとっても、患者にとっても残念なことに、当時は現代の科学技術の恩恵にあずかれなかったから、本当の原因が半月板の損傷だということはわからない。それに、休養をとることの効果や、白衣の人に治療してもらったことの心理的効果、その他いろんな形のプラセボ効果（『予想どおりに不合理』にくわしく書いた）に関する研究も、まだ進んでいなかった。もちろん医師は悪い人たちではないし、むしろ善人で、思いやりがあるといってもいい。ほとんどの医師が、人々を健康的で幸せにしたいという思いから、医師という職業を選んでいる。だが皮肉にも、かれらは善人で、患者一人ひとりの力になりたいと願っているからこそ、実験のために、患者の健康状態を多少とも犠牲にすることに、強烈な抵抗を感じるのだ。

さてあなたは一九世紀の医師で、ヒル治療の有効性を、本気で信じているとしよう。あなたは自分の信念を検証するために、わざわざ実験をしようと思うだろうか？　そのような実験の代償として、患者にどれほどの苦痛を与えることになるだろう？　実験環境を十分に制御するためには、ヒル治療を受けているおおぜいの患者を、（たとえば、ヒルに見かけが似ていて、ヒルのように痛いが、血を吸わない何かを使うなどする）対照群にふり分けなければならない。自分の患者を対照群に割りふって、ヒルという有効な治療の機会を奪おうとする医者が、どこにいるだろう？　おまけに、治療の苦痛はもれなくついてくるのに、有効と思われている部分だけを省いた対照条件を考える医者が、いったいどこにいるだろう？　しかもその目的ときたら、単にその治療法が自分の思っているとおり有効かどうかを調べるだけなのだ。

要は、医療のような分野で訓練を積んだ人にとっても、実験を行なうことに伴う犠牲を引き受けるのは、とても不自然に感じられるということだ。自分が実践していることや提唱していることが、有益だと強く確信している人にとってはなおさらだ。さてここで、アメリカ食品医薬品局（ＦＤＡ）の出番となる。ＦＤＡは医薬品の安全性と有効性を示す証拠を要求する。これは面倒で高くつく、複雑な手続きだが、管轄の組織に実験を行なうよういまも求める政府機関は、ＦＤＡしかない。こういう実験のおかげで、いまでは子ども用咳止め薬には、リスクが効果を上回るものがあるとか、腰痛の手術にはほとんど効果がないだとか、心臓血管形成術やステントは延命効果に乏しいとか、スタチンはコレステロール値を下げはするが、心臓病予防には効果がない、といったことがわかっている。ますます多くの治療法に、当初期待されたほどの効果がなかったことが、理解されるようになっている。*もちろん、ＦＤＡのことで文句を言うのは勝手だし、じっさいに不満の声も上がっているが、それでも企業が対照実験を義務づけられているおかげで、わたしたちが大いに恩恵を受けていることを示す証拠が、続々と明らかになっているのだ。

何が本当に役に立つのか、立たないのかを知る、最善の手段の一つとして、実験が重要だということには、議論の余地がないように思われる。第六感や直感を大切にしたいから、科学的実験なんかいっさいやめてしまおうという人には、これまで会ったことがない。とはいえ、とくに企業方針や公共政策の重要な決定に関わる問題で、実験の重要性があまり広く認識されていないことに、わたしはいつも驚かされる。正直言って、ビジネスマンや政治家がたてる憶測があまりにも大胆なことに、啞然とすることが多い。しかもかれらは、自分たちの直感こそが正しいという、絶対的な信念をもっているようなのだ。

しかし、政治家やビジネスマンとて一介の人間だ。つまり、だれもがもっている意思決定バイアスに影響されるし、かれらが下す決定にも、医療上の決定と同じで、判断ミスが起きやすい。ここまでくれば、ビジネスや政策にも、やはり系統立った実験が欠かせないことが、はっきりしないだろうか?

もしわたしが企業に投資するなら、事業の基本的前提条件を、系統立った方法で検証している企業を、当然選びたい。企業が顧客の怒りを受けとめ、顧客への真摯な謝罪がいらだちをやわらげることを心から理解したら、どんなに収益性が高まるか考えてほしい（第5章「報復が正当化されるとき」で見たとおりだ）。それに、企業の上層部が、仕事に誇りをもつことの大切さを理解したら、従業員の生産性がどれほど高まるだろう（第2章「働くことの意味」）。企業が重役に法外なボーナスを支払うのをやめ、報酬と業績の関係をもっと真剣に考えたら、（莫大な宣伝効果が見こめることはもちろん）どれほど効率的な経営ができるだろう（第1章「高い報酬は逆効果」）。

＊医療の幻想に関する優れた本として、ノーティン・ハドラーの *Stabbed in the Back*（うしろから斬りつけられて）と *Worried Sick*（思い煩う）の二冊をお勧めする。

より実験的なアプローチをとる必要は、政府の政策についても言える。政府はろくに実験も行なわずに、銀行救済から低所得者向け断熱改修プログラムまで、アグリビジネスから教育まで、すべてを同じ包括的な方針で網羅しようとしているように思える。だが七〇〇〇億ドルの銀行救済策は、弱体化した経済のテコ入れ策として、最もふさわしいのだろうか。学生の好成績や、授業への出席、好ましい授業態度などに報酬を与えるのは、学習意欲を高める適切な方法なのだろうか。メニューにカロリーを表示すれば、健康によい食事を選ぶよう促すことができるのだろうか（これまでのデータは、そうでないことを示している）。

これらの問いにははっきりした答えはない。だが、自分の判断に自信や信頼をもっていても、直感は直感にすぎないことを自覚することができたらいいと思わないだろうか。そして公共政策や公的機関をよりよくするには、人間がじっさいにどのような行動をとるかに関する、実験データを収集する必要があることを認めるのだ。有効性が疑わしい計画に、何十億ドルも費やす前に、まず小規模な実験や、場合によっては大規模な実験をいくつかやってみる方が、ずっと賢明なやり方だとわたしは思う。

シャーロック・ホームズも、こう言っている。「データを得る前に理論を立てるのは、重大なあやまちだ」と。

　もし人間が超合理的なミスター・スポックと、気まぐれなホーマー・シンプソンの間のどこかに位置するなら、わたしたちは自分が思っている以上にホーマー・シンプソンに近いことを、わかってもらえただろうか。それに、不合理のよい面にも気がついてもらえたなら嬉しい。こういった不合理な側面には、わたしたちをきわめて人間らしくしているものもあるのだ（たとえば仕事に意義を見いだし、自分の作品やアイデアにほれこみ、他人を進んで信頼し、新しい環境に慣れ、他人を思いやる能力など）。こういう視点から不合理性をとらえ直すと、見えてくるものがある。まず、完全に合理的であろうとするよりも、自分のためになる不完全な面を大切にし、克服すべき面を明らかにする必要があるということ。そしてそのうえで、わたしたちのとてつもない能力を活用するとともに、限界を克服するような方法で、身の回りの世界を設計すべきだということだ。わたしたちは、事故から身を守るためにシートベルトを締めたり、体を冷やさないようにコートを着たりする。それと同じで、自分の思考力や判断力についても、限界を知っておかなくてはならない。とくに個人として、また企業の重役、官僚として、重要な決定を下すときがそうだ。自分のあやまちを発見し、それを克服する方法を見つける、最善の方法の一つが、実験を行ない、データを収集して注意深く調べ、実験条件と対照条件の影響を比較して、そこに潜むものを見抜くことだ。アメリカ大統領フランクリン・デラノ・ルーズヴェルトも、かつてこう言った。「この国は、大胆でねばり強い実験を必要としているし、わたしがこの国の気質を誤解していないとすれば、それを求めてもいる。何か一つの方法を選んで、それを試すのは当然のことだ。たとえ失敗しても、あやまちを素直に認めて、別の方法を試せばいい。しかしとにかく何かやってみなければ、何も始まらないのだ[24]」

この本を楽しんでもらえたなら嬉しい。あなたが自分の直感に疑いをもち、よりよい決定を下すために、自分なりの実験をやってくれることを、心から願っている。問題を提起しよう。調べてみよう。岩をひっくり返してみよう。自分の行動や、それに自分の会社や従業員、よその会社、政府機関、政治家、政府などの行動に、疑問を投げかけよう。そうすることで、自分の限界をいくらかでも克服する方法が、見つかるかもしれない。それこそが、社会科学の大きな希望なのだ。

終わり

追伸――いや、じつはこれで終わりではない。これは、わたしたちの不合理な面を探るための、はじめの一歩でしかない。刺激的な旅は、これからまだまだ続くのだ。

不合理なあなたの
ダンより

謝辞

研究生活のいちばんすばらしいことの一つが、プロジェクトごとに、共同研究者を選べることだ。これに関しては、だれよりもすばらしい選択をしていると、自負している。わたしは長年にわたって、きら星のような研究者や友人たちと仕事ができるという、とてつもない幸運に恵まれてきた。このすばらしい仲間たちの情熱や不屈の精神、創造性、そして友情と惜しみない心に、深く感謝している。この本で紹介した研究の大部分が、かれらの努力のたまものだ（このあとで、優秀な共同研究者たちを紹介する）。ただし、本文中に誤りや不備があれば、すべてわたしの責任だ。

じかに手をさしのべてくれた共同研究者に加えて、心理学、経済学、経営学、そして社会科学全般の幅広い研究者の集団にも、感謝申し上げたい。このような大きな課題の一環として、自身の研究を行なえることを、とても光栄に思っている。社会科学の世界は、刺激的な場だ。そこでは絶えず新しいアイデアが生まれ、データが収集され、理論が修正されている（ほかより頻繁に修正されるものもある）。このようなとりくみは、人間の本質への理解を深めることに情熱を燃やす、才気あふれるあまたの人々の、たゆまぬ努力の成果だ。研究仲間からは日々、新しいことを学ばせてもらい、自分がどれだけものを知らないかを、いつも思い知らされている（参考文献と関連文献の一部を、巻末に載せておく）。

この本を書きながら、自分にいかに文才がないかを改めて痛感した。執筆を手伝ってくれたエリン・アリンガム、わたしの目を開かせてくれたブロンウィン・フライアー、全体像を見失わないように手を貸してくれた、編集者にはめずらしくユーモアのセンスにあふれるクレア・ワクテルには、心の底から感謝している。ハーパー・コリンズのチームにも、ありがとうと言いたい。キャサリン・ベイトナー、キャサリン・ベイカー、マイケル・シーバート、エリオット・ビアード、リン・アンダーソンのおかげで、本書の執筆は和気あいあいとした、やりがいのある、楽しいとりくみになった。次の方たちからは、有益な意見や提案を頂いた。アリーン・グリューナイセン、アニア・ヤクベック、ホセ・シルヴァ、ジャレド・ウルフ、カーリ・クラーク、レベッカ・ウェーバー、ジェイソン・ビセイだ。またソフィア・クイおよび広告代理店マッキニーの友人たちは、貴重かつ独創性あふれる意見を与えてくれ、リヴァイン・グリーンバーグ・リテラリー・エージェンシーのみなさんは、いつもそばにいて、陰になり日向になり支えてくれた。とくに、わたしの目の回るほど多忙な生活を、なんとか成り立たせてくれている、ミーガン・ホガティに感謝したい。
最後に最愛の妻スミに、大きな感謝の気もちを捧げたい。わたしはむかしから、自分は一緒に暮らすのが楽な相手だと、ずっと思っていた。でも年を追うごとに、自分と暮らすのはどんなに大変なことだろうと、またその反対に、きみと暮らすのはなんてすてきなことだろうと、ますます思うようになった。スミ、今夜家に帰ったら、切れた電球をとり替えるよ。いやほんと言うと、たぶん帰りが遅くなるから、明日必ずやるよ。まあ、週末には必ずやるって。約束だ。

愛をこめて
ダン

共同研究者

エドゥアルド・アンドラーデ（Eduardo Andrade）

エドゥアルドとは、スタンフォード大学高等研究センターの夏期研究プログラムで知り合った。あの夏は、研究の面でも、社交の面でも、魔法のような夏だった。研究室が隣り合わせだったから、しょっちゅう一緒に丘を散策しては、話に花を咲かせたものだ。エドゥアルドは感情を主な研究対象としていて、夏の終わりまでには、意思決定と感情に関連したいくつかの着想を得て、二人でとりくみ始めた。エドゥアルドはブラジル人で、肉料理とドリンクを作る腕は、ブラジルの誇りだ。エドゥアルドは現在、カリフォルニア大学バークレー校の准教授を務めている。

ラチェリ・バーカン（Racheli Barkan）

ラチェリ（改まった呼び方ではレイチェル）とはずいぶん前、二人がまだ大学院生だったころ、友だちになった。長いつき合いの中で、いろんな研究プロジェクトを始めようという話はあったが、本気でとりくみ始めたのは、彼女が一年間の予定でデューク大学にやって来たときだ。その結果、考えを行動に移すには、コーヒーが欠かせないことがわかった。彼女がここにいた間、ほんとに楽しかったし、いろんなプロジェクトを大いに進めることができた。ラチェリは信じられないほど博識で、聡明で、洞察力に富む人だから、できるならもっと一緒にすごしたかった。ラチェリは現在、イスラエルのベングリオン大学で上級講師を務めている。

ゾーイ・チャンス（Zoë Chance）

ゾーイは、創造力と優しさのかたまりだ。彼女と話をするのは、遊園地にいる感じにちょっと似ている。ワクワクして、楽しくなることはわかっているのだが、彼女の意見がどんな方向に進むかは、ちょっと予測がつかないのだ。生への執着と博愛をあわせもつ彼女は、研究者と友人の理想的な融合だ。ゾーイは現在、ハーバード大学博士課程で学生をしている。

ハナン・フレンク（Hanan Frenk）

学部生のとき、ハナンの脳生理学の授業をとった。大学で初めてとったこの授業が、わたしの人生を大きく変えた。わたしが研究者を志すようになったのは、授業の内容はもちろんのこと、ハナンの研究に対する姿勢や、質問を積極的に受け入れようとする態度に触れたことがきっかけだった。かれの研究や人生に対する考え方は、まだわたしの中に残っていて、今も人生の指針となっている。わたしにとっては、ハナンこそが理想の先生だ。ハナンは現在、イスラエルのテルアビブ大学で教授を務めている。

ジーナ・フロスト（Jeana Frost）

ジーナはわたしがＭＩＴメディアラボで初めて教えた大学院生の一人だ。独創的でこだわりのない彼女は、幅広い関心と能力をもっていて、それをどこからともなくひょいととり出してくる。ジーナとは、情報システムやオンラインデート、意思決定支援など、いろいろなプロジェクトを手がけ、その過程で設計者の思考、実験、発見の手法について学ばせてもらった。ジーナは現在、大きなくくりでいうとインターネット起業家だ。

アイエレット・ニージー（Ayelet Gneezy）

アイエレットに会ったのは何年も前、共通の友人が企画したピクニックでのことだ。初対面の印象もとてもよかったが、時とともにますます彼女のよさがわかるようになった。

アイェレットは人間としても、友人としても、すばらしい人だ。なのに、わたしたちが共同研究に選んだテーマが、不信と報復だったのは、何だかおかしな気がする。何がきっかけでこうしたテーマを研究しようと思い立ったのかはともかく、この研究は結果的に、研究面でも私生活でも、とても役に立った。アイェレットは現在、カリフォルニア大学サンディエゴ校で助教を務めている（ちなみに、この共同研究者のリストにもう一人、ニージー姓がいるが、それはよくある苗字だからではない）。

ユーリ・ニージー（Uri Gneezy）

ユーリはわたしがこれまで会った人の中でも、とくに辛口で独創的な人物だ。この二つの才能をあわせもっているからこそ、重要で有用な研究を、やすやすと手早く世に送り出すことができるのだ。何年か前、ユーリをバーニングマンのイベントに連れて行ったことがある。ユーリはすっかり雰囲気にとけこんでいた。帰り道、賭けに負けたせいで、ユーリは一ヶ月の間毎日一個ずつだれかに贈り物をするはめになった。残念ながら文明世界に戻ってからは、そうできなくなったが。ユーリは現在カリフォルニア大学サンディエゴ校で、教授を務めている。

エミール・カメニカ（Emir Kamenica）

エミールとはドレーゼンの紹介で知り合い、その幅広い能力と深遠な経済学的思考にただちに感銘を受けた。エミールと話していると、一八世紀ヨーロッパの哲学者と会話しているような気分になる。急がずゆったりと、議論そのものを楽しむ。議論に一種の純粋さがあると言ったらいいだろうか。エミールはもう大学院生ではないから、たぶん今はちょっとちがう人生を歩んでいるのだろうが、今でもかれと交わした議論を大事に胸にしまっている。エミールは現在、シカゴ大学で准教授を務めている。

レナード・リー（Leonard Lee）

レナードは、電子商取引について研究するために、ＭＩＴの博士課程に入学した。わたしたちは二人とも、長時間研究に没頭していたから、そのうち夜遅くに一緒に休憩をとるようになり、自然のなりゆきで、いくつかの研究プロジェクトを共同で進めることになった。レナードとの共同研究は、すばらしいのひと言に尽きる。あくことのない精力と情熱を傾けて、ふつうなら一学期かけなければできないほどの実験を、一週間でやすやすとやってのける。おまけにレナードは、これまでに会った中でも飛び抜けて感じのいい人間で、話し相手としても研究仲間としても楽しい。レナードは現在、コロンビア大学の准教授を務めている。

ジョージ・ローウェンスタイン（George Loewenstein）

ジョージは、いちばん古くからの、大好きで、つき合いの長い研究仲間の一人だ。わたしが模範と仰ぐ存在でもある。ジョージは、行動経済学者の中でも、とびきり創造的で多才な研究者だと思う。周りの世界を観察して、人間の本質や政策を理解するカギとなる、行動のニュアンスをつきとめるという、とてつもない能力をもっている。ジョージは現在、カーネギーメロン大学のハーバート・A・サイモン経済心理学教授を務める。

ニーナ・メイザー（Nina Mazar）

ニーナはもともと、自分の研究のために意見をもらう目的で、ほんの数日のつもりでMITに来たのだが、結局五年も滞在することになった。その間、一緒に研究を楽しんだし、とても世話になった。どんな妨げにも負けず、大変な仕事にも喜んでとりくもうとする、その姿勢のおかげで、インドの農村地域でとくにむずかしい実験を行なうことができた。どうかMITを離れる決心をしないでほしいと、ずっと願い続けていたが、悲しいかな、その時が来てしまった。彼女は現在、トロント大学で助教を務めている。そしてもう一つの現実世界では、イタリアのミラノで、高級ファッション・デザイナーをしている。

ダニエル・モション（Daniel Mochon）

ダニエルは、知性、創造力、それに実行力の三拍子揃った、たぐいまれな能力のもち主だ。ここ何年かにわたって、一緒にいくつかのプロジェクトにとりくんできたのだが、かれの洞察と才能にはいつも脱帽している。かれが課程を終了するのを待たずに、わたしがMITを去ってしまったことだけが心残りだ。もっと話をして、一緒に研究できる機会があればよかった。ダニエルは現在、カリフォルニア大学サンディエゴ校で博士研究員をやっている。

マイク・ノートン（Mike Norton）

マイクは才気と謙遜、そして皮肉っぽいユーモアのセンスをあわせもつという、興味深い性格をしている。独特の人生観をもっていて、ほとんどどんな話題にも関心を示す。わたしは研究プロジェクトを、よく旅行のようなものと考えるのだが、マイクと一緒だったおかげで、ほかの人とは絶対できないような冒険ができた。マイクは歌い手としてもピカ一だ。機会があったら、ぜひエルヴィスの『好きにならずにいられない』をリクエストしてほしい。マイクは現在、ハーバード大学で准教授を務めている。

ドレーゼン・プレレク（Dražen Prelec）

ドレーゼンは、わたしがこれまでに会ったなかでも、いちばんかしこい人の一人で、わたしがMITで働く決め手になった人物でもある。わたしはドレーゼンを、学問の世界の王族だと思っている。いつも堂々としていて、手に触れるものをみな黄金に変えてしまう。ドレーゼンのような立ち居振る舞いや奥深さを、いつか身につけたいものだと思っていたが、研究室が隣り合わせというだけでは無理だったようだ。ドレーゼンは現在、MITの教授を務めている。

スティーヴン・スピラー（Stephen Spiller）

スティーヴンは、ジョン・リンチ教授に師事する学生として、研究者の道を歩み始めた。ジョンは、わたしの博士課程時代の指導教官でもあったから、スティーヴンは、学問の世界では親戚のような存在で、いつも弟のように思ってきた（背はずっと高いが）。聡明で独創的なスティーヴンが、学問という冒険を果敢に歩んでいくのを見るのは、本当に嬉しいことだ。スティーヴンは現在デューク大学の博士課程の学生だが、もしデュークの指導教官たちに決定権があるなら、絶対にかれを手放しはしないだろう。

（肩書きは二〇一〇年刊行当時）

訳者あとがき

本書の著者ダン・アリエリーの第一作、『予想どおりに不合理――行動経済学が明かす「あなたがそれを選ぶわけ」』（早川書房）が出たのは、二〇〇八年。この年は、行動経済学にとって最高の年だったと、アリエリーは言う。サブプライム問題をきっかけに、世界的な金融融解《メルトダウン》が起こり、わたしたちは高いツケを払わされた。金融機関や政府、そして市場に対する不信感が広がった。なにしろ、市場の神様とあがめられたグリーンスパンFRB（連邦準備制度理事会）前議長その人が、「金融機関が自己利益を追求すれば、株主を最大限に守ることができると考えていた」と、市場原理主義のあやまちを認める、ショッキングな発言をしたほどだ。人間は自己利益の最大化を求めて行動する合理的経済人《ホモ・エコノミクス》ではないし、市場は必ずしも非合理性を淘汰するわけではない――そのことがいやでも浮き彫りにされた。人間の不合理な部分を解き明かすことで、社会をよい方向に変えることをめざす「ソーシャル・ハッカー」を名乗るアリエリーにとっては、まさに時機到来ということだろう。

そんな流れの中で、前作はたいへんな反響を呼んだ。本国のアメリカや日本をはじめ、世界中でベストセラーになり、各種メディアに幅広く取り上げられ、行動経済学ブームを巻き起こしたのはもちろんのこと、著者のもとには、本を読んで自分の生活や人生がいかに変わったかという、読者からの手紙やメールが、山のように寄せられ続けている。読者が「まるで二〇時間も議論を交わした仲間のように」著者である自分を身近に感じ、本で紹介した話にいろいろな経験を重ね合わせ、考えを深めてくれたことに、アリエリーはとても報われたと語っている。

本書『不合理だからうまくいく』（原題 *The Upside of Irrationality: The Unexpected Benefits of Defying Logic at Work and at Home*）は、こうした読者の反応に勇気づけられて、個人的な経験について、前作以上に踏みこんで書いているのが特徴だ。いつもながらに軽快で、ついつい笑ってしまうような話もあれば（こんな大学の先生がほかにいるだろうか？）、生々しくて読むのがつらくなるような、重苦しい体験談もあり、戸惑われた読者も多いかもしれない。だがこの本をぜひ「鏡」として使ってほしいと、アリエリーは言う。他人の行動を知ることで、自分の行動をふり返ることができる。自分が同じような立場におかれたらどうするか、自分の不合理な面をどう役立てるか、それを考えることはとてもためになる。じっさい、本書の実生活での役立ち度は、とても高いと思う。子どもにやる気をもたせるには？　試験で実力を発揮するには？　感情に駆られてとんでもない前例を作らないためには？　自分にぴったりの恋人を探すには？　日々のちょっとした幸せを長続きさせるには？　……そんなヒントが、本書にはいっぱいつまっている。

前作の翻訳をされた熊谷淳子氏に、軽妙な訳文で先鞭をつけていただいたことに、この場をお借りして感謝申し上げる。そして最後に、早川書房編集部の東方綾氏には大変お世話になった。もともと大ファンだった著者の新作を訳す機会を与えてくださったうえ、明晰な頭脳で訳者を数々のまちがいから救って下さったことに、御礼申し上げる。

＊

本書は二〇一〇年一一月に早川書房から刊行されたが、このたびハヤカワ・ノンフィクション文庫として再刊行されることになった。文庫化にあたっては、旧訳をほぼ踏襲したが、気になった点について若干修正を加え、さらに読みやすくした。編集作業でお力添えを頂いた、早川書房編集部の山田玲実氏に感謝したい。

以上

原　注

1. Adam Smith, *An Inquiry into the Nature and Causes of the Wealth of Nations* (Chicago: University of Chicago Press, 1977), 44–45.
2. George Loewenstein, "Because It Is There: The Challenge of Mountaineering... for Utility Theory," *Kyklos* 52, no. 3 (1999): 315–343.
3. Laura Shapiro, *Something from the Oven: Reinventing Dinner in 1950s America* (New York: Viking, 2004).
4. www.foodnetwork.com/recipes/sandra-lee/sensuous-chocolate-truffles-recipe/index.html
5. Mark Twain, *Europe and Elsewhere* (New York: Harper & Brothers Publishers, 1923).
6. http://tierneylab.blogs.nytimes.com
7. Richard Munson, *From Edison to Enron: The Business of Power and What It Means for the Future of Electricity* (Westport, Conn.: Praeger Publishers, 2005), 23.
8. James Surowiecki, "All Together Now," *The New Yorker*, April 11, 2005.
9. www.openleft.com/showDiary.do?diaryId=8374, September 21, 2008.
10. プレゼンテーションの全部は、以下で読むことができる。www.danariely.com/files/hotel.html
11. Albert Wu, I-Chan Huang, Samantha Stokes, and Peter Pronovost, "Disclosing Medical Errors to Patients: It's Not What You Say, It's What They Hear," *Journal of General Internal Medicine* 24, no. 9 (2009): 1012–1017.
12. Kathleen Mazor, George Reed, Robert Yood, Melissa Fischer, Joann Baril, and Jerry Gurwitz, "Disclosure of Medical Errors: What Factors Influence How Patients Respond?" *Journal of General Internal Medicine* 21, no. 7 (2006): 704–710.
13. www.vanderbilt.edu/News/register/Mar11_02/story8.html

14. www.businessweek.com/magazine/content/07_04/b4018001.htm
15. http://jamesfallows.theatlantic.com/archives/2006/09/the_boiledfrog_myth_stop_the_l.php#more
16. Andrew Potok, *Ordinary Daylight: Portrait of an Artist Going Blind* (New York: Bantam, 2003).
17. T. C. Schelling, "The Life You Save May Be Your Own," in *Problems in Public Expenditure Analysis*, ed. Samuel Chase (Washington, D.C.: Brookings Institution, 1968).
18. See Paul Slovic, " 'If I Look at the Mass I Will Never Act': Psychic Numbing and Genocide," *Judgment and Decision Making* 2, no. 2 (2007): 79–95.
19. James Estes, "Catastrophes and Conservation: Lessons from Sea Otters and the *Exxon Valdez*," *Science* 254, no. 5038 (1991): 1596.
20. Samuel S. Epstein, "American Cancer Society: The World's Wealthiest 'Nonprofit' Institution," *International Journal of Health Services* 29, no. 3 (1999): 565–578.
21. Catherine Spence, "Mismatching Money and Need," in Keith Epstein, "Crisis Mentality: Why Sudden Emergencies Attract More Funds than Do Chronic Conditions, and How Nonprofits Can Change That," *Stanford Social Innovation Review*, spring 2006: 48–57.
22. Babylonian Talmud, Sanhedrin 4:8 (37a).
23. A. G. Sanfey, J. K. Rilling, J. A. Aronson, L. E. Nystrom, and J. D. Cohen, "The Neural Basis of Economic Decision-Making in the Ultimatum Game," *Science* 300 (2003): 1755–1758.
24. Franklin D. Roosevelt, Oglethorpe University commencement address, May 22, 1932.

参考文献

以下の文献は、各章のもとになった論文である。また、それぞれのトピックに興味をもった方のために、関連の文献も紹介した。

序章　先延ばしと治療の副作用からの教訓

関連文献

George Akerlof, "Procrastination and Obedience," *The American Economic Review* 81, no. 2 (May 1991): 1–19.

Dan Ariely and Klaus Wertenbroch, "Procrastination, Deadlines, and Performance: Self-Control by Precommitment," *Psychological Science* 13, no. 3 (2002): 219–224.

Stephen Hoch and George Loewenstein, "Time-Inconsistent Preferences and Consumer Self-Control," *Journal of Consumer Research* 17, no. 4 (1991): 492–507.

David Laibson, "Golden Eggs and Hyperbolic Discounting," *The Quarterly Journal of Economics* 112, no. 2 (1997): 443–477.

George Loewenstein, "Out of Control: Visceral Influences on Behavior," *Organizational Behavior and Human Decision Processes* 65, no. 3 (1996): 272–292.

Ted O'Donoghue and Matthew Rabin, "Doing It Now or Later," *American Economic Review* 89, no. 1 (1999): 103–124.

Thomas Schelling, "Self-Command: A New Discipline," in *Choice over Time*, ed. George Loewenstein and John Elster (New York: Russell Sage Foundation, 1992).

第１章　高い報酬は逆効果

もとになった文献

Dan Ariely, Uri Gneezy, George Loewenstein, and Nina Mazar, "Large

Stakes and Big Mistakes," *The Review of Economic Studies* 76, vol. 2 (2009): 451–469.

Racheli Barkan, Yosef Solomonov, Michael Bar-Eli, and Dan Ariely, "Clutch Players at the NBA," manuscript, Duke University, 2010.

Mihály Csíkszentmihályi, *Flow: The Psychology of Optimal Experience* (New York: Harper and Row, 1990).『フロー体験　喜びの現象学』今村浩明訳／世界思想社, 1996.

Daniel Kahneman and Amos Tversky, "Prospect Theory: An Analysis of Decision under Risk," *Econometrica* 47, no. 2 (1979): 263–291.

Robert Yerkes and John Dodson, "The Relation of Strength of Stimulus to Rapidity of Habit-Formation," *Journal of Comparative Neurology and Psychology* 18 (1908): 459–482.

Robert Zajonc, "Social Facilitation," *Science* 149 (1965): 269–274.

Robert Zajonc, Alexander Heingartner, and Edward Herman, "Social Enhancement and Impairment of Performance in the Cockroach," *Journal of Personality and Social Psychology* 13, no. 2 (1969): 83–92.

関連文献

Robert Ashton, "Pressure and Performance in Accounting Decision Setting: Paradoxical Effects of Incentives, Feedback, and Justification," *Journal of Accounting Research* 28 (1990): 148–180.

John Baker, "Fluctuation in Executive Compensation of Selected Companies," *The Review of Economics and Statistics* 20, no. 2 (1938): 65–75.

Roy Baumeister, "Choking Under Pressure: Self-Consciousness and Paradoxical Effects of Incentives on Skillful Performance," *Journal of Personality and Social Psychology* 46, no. 3 (1984): 610–620.

Roy Baumeister and Carolin Showers, "A Review of Paradoxical Performance Effects: Choking under Pressure in Sports and Mental Tests," *European Journal of Social Psychology* 16, no. 4 (1986): 361–383.

Ellen J. Langer and Lois G. Imber, "When Practice Makes Imperfect: Debilitating Effects of Overlearning," *Journal of Personality and Social Psychology* 37, no. 11 (1979): 2014–2024.

Chu-Min Liao and Richard Masters, "Self-Focused Attention and Performance Failure under Psychological Stress," *Journal of Sport and*

Exercise Psychology 24, no. 3 (2002): 289–305.

Kenneth McGraw, "The Detrimental Effects of Reward on Performance: A Literature Review and a Prediction Model," in *The Hidden Costs of Reward: New Perspectives on the Psychology of Human Motivation*, ed. Mark Lepper and David Greene (New York: Erlbaum, 1978).

Dean Mobbs, Demis Hassabis, Ben Seymour, Jennifer Marchant, Nikolaus Weiskopf, Raymond Dolan. and Christopher Frith, "Choking on the Money: Reward-Based Performance Decrements Are Associated with Midbrain Activity," *Psychological Science* 20, no. 8 (2009): 955–962.

第2章　働くことの意味

もとになった文献

Dan Ariely, Emir Kamenica, and Dražen Prelec, "Man's Search for Meaning: The Case of Legos," *Journal of Economic Behavior and Organization* 67, nos. 3–4 (2008): 671–677.

Glen Jensen, "Preference for Bar Pressing over 'Freeloading' as a Function of Number of Unrewarded Presses," *Journal of Experimental Psychology* 65, no. 5 (1963): 451–454.

Glen Jensen, Calvin Leung, and David Hess, " 'Freeloading' in the Skinner Box Contrasted with Freeloading in the Runway," *Psychological Reports* 27 (1970): 67–73.

George Loewenstein, "Because It Is There: The Challenge of Mountaineering... for Utility Theory," *Kyklos* 52, no. 3 (1999): 315–343.

関連文献

George Akerlof and Rachel Kranton, "Economics and Identity," *The Quarterly Journal of Economics* 115, no. 3 (2000): 715–753.

David Blustein, "The Role of Work in Psychological Health and Well-Being: A Conceptual, Historical, and Public Policy Perspective," *American Psychologist* 63, no. 4 (2008): 228–240.

Armin Falk and Michael Kosfeld, "The Hidden Costs of Control," *American Eco-nomic Review* 96, no. 5 (2006): 1611–1630.

I. R. Inglis, Björn Forkman, and John Lazarus, "Free Food or Earned Food? A Review and Fuzzy Model of Contrafreeloading," *Animal Behaviour* 53, no. 6 (1997): 1171–1191.

Ellen Langer, "The Illusion of Control," *Journal of Personality and Social Psychology* 32, no. 2 (1975): 311–328.

Anne Preston, "The Nonprofit Worker in a For-Profit World," *Journal of Labor Economics* 7, no. 4 (1989): 438–463.

第3章 イケア効果

もとになった文献

Gary Becker, Morris H. DeGroot, and Jacob Marschak, "An Experimental Study of Some Stochastic Models for Wagers," *Behavioral Science* 8, no. 3 (1963): 199–201.

Leon Festinger, *A Theory of Cognitive Dissonance* (Stanford, Calif.: Stanford University Press, 1957).

Nikolaus Franke, Martin Schreier, and Ulrike Kaiser, "The 'I Designed It Myself' Effect in Mass Customization," *Management Science* 56, no. 1 (2009): 125–140.

Michael Norton, Daniel Mochon, and Dan Ariely, "The IKEA Effect: When Labor Leads to Love," manuscript, Harvard University, 2010.

関連文献

Hal Arkes and Catherine Blumer, "The Psychology of Sunk Cost," *Organizational Behavior and Human Decision Processes* 35, no. 1 (1985): 124–140.

Neeli Bendapudi and Robert P. Leone, "Psychological Implications of Customer Participation in Co-Production," *Journal of Marketing* 67, no. 1 (2003): 14–28.

Ziv Carmon and Dan Ariely, "Focusing on the Forgone: How Value Can Appear So Different to Buyers and Sellers," *Journal of Consumer Research* 27, no. 3 (2000): 360–370.

Daniel Kahneman, Jack Knetsch, and Richard Thaler, "Anomalies: The Endowment Effect, Loss Aversion, and Status Quo Bias," *Journal of Economic Perspectives* 5, no. 1 (1991): 193–206.

Daniel Kahneman, Jack Knetsch, and Richard Thaler, "Experimental Tests of the Endowment Effect and the Coase Theorem," *The Journal of Political Economy* 98, no. 6 (1990): 1325–1348.

Jack Knetsch, "The Endowment Effect and Evidence of Nonreversible

Indifference Curves," *The American Economic Review* 79, no. 5 (1989): 1277–1284.

Justin Kruger, Derrick Wirtz, Leaf Van Boven, and T. William Altermatt, "The Effort Heuristic," *Journal of Experimental Social Psychology* 40, no. 1 (2004): 91–98.

Ellen Langer, "The Illusion of Control," *Journal of Personality and Social Psychology* 32, no. 2 (1975): 311–328.

Carey Morewedge, Lisa Shu, Daniel Gilbert, and Timothy Wilson, "Bad Riddance or Good Rubbish? Ownership and Not Loss Aversion Causes the Endowment Effect," *Journal of Experimental Social Psychology* 45, no. 4 (2009): 947–951.

第4章　自前主義のバイアス

もとになった文献

Zachary Shore, *Blunder: Why Smart People Make Bad Decisions* (New York: Bloomsbury USA, 2008).

Stephen Spiller, Rachel Barkan, and Dan Ariely, "Not-Invented-by-Me: Idea Ownership Leads to Higher Perceived Value," manuscript, Duke University, 2010.

関連文献

Ralph Katz and Thomas Allen, "Investigating the Not Invented Here (NIH) Syndrome: A Look at the Performance, Tenure, and Communication Patterns of 50 R&D Project Groups," *R&D Management* 12, no. 1 (1982): 7–20.

Jozef Nuttin, Jr., "Affective Consequences of Mere Ownership: The Name Letter Effect in Twelve European Languages," *European Journal of Social Psychology* 17, no. 4 (1987): 381–402.

Jon Pierce, Tatiana Kostova, and Kurt Dirks, "The State of Psychological Ownership: Integrating and Extending a Century of Research," *Review of General Psychology* 7, no. 1 (2003): 84–107.

Jesse Preston and Daniel Wegner, "The Eureka Error: Inadvertent Plagiarism by Misattributions of Effort," *Journal of Personality and Social Psychology* 92, no. 4 (2007): 575–584.

Michal Strahilevitz and George Loewenstein, "The Effect of Ownership

History on the Valuation of Objects," *Journal of Consumer Research* 25, no. 3 (1998): 276–289.

第５章　報復が正当化されるとき

もとになった文献

Dan Ariely, "Customers' Revenge 2.0," *Harvard Business Review* 86, no. 2 (2007): 31–42.

Ayelet Gneezy and Dan Ariely, "Don't Get Mad, Get Even: On Consumers' Revenge," manuscript, Duke University, 2010.

Keith Jensen, Josep Call, and Michael Tomasello, "Chimpanzees Are Vengeful but Not Spiteful," *Proceedings of the National Academy of Sciences* 104, no. 32 (2007): 13046–13050.

Dominique de Quervain, Urs Fischbacher, Valerie Treyer, Melanie Schellhammer, Ulrich Schnyder, Alfred Buck, and Ernst Fehr, "The Neural Basis of Altruistic Punishment," *Science* 305, no. 5688 (2004): 1254–1258.

Albert Wu, I-Chan Huang, Samantha Stokes, and Peter Pronovost, "Disclosing Medical Errors to Patients: It's Not What You Say, It's What They Hear," *Journal of General Internal Medicine* 24, no. 9 (2009): 1012–1017.

関連文献

Robert Bies and Thomas Tripp, "Beyond Distrust: 'Getting Even' and the Need for Revenge," in *Trust in Organizations: Frontiers in Theory and Research*, ed. Roderick Kramer and Tom Tyler (Thousand Oaks, Calif.: Sage Publications, 1996).

Ernst Fehr and Colin F. Camerer, "Social Neuroeconomics: The Neural Circuitry of Social Preferences," *Trends in Cognitive Sciences* 11, no. 10 (2007): 419–427.

Marian Friestad and Peter Wright, "The Persuasion Knowledge Model: How People Cope with Persuasion Attempts," *Journal of Consumer Research* 21, no. 1 (1994): 1–31.

Alan Krueger and Alexandre Mas, "Strikes, Scabs, and Tread Separations: Labor Strife and the Production of Defective Bridgestone/Firestone Tires," *Journal of Political Economy* 112, no. 2 (2004): 253–289.

Ken-ichi Ohbuchi, Masuyo Kameda and Nariyuki Agarie, "Apology as Aggression Control: Its Role in Mediating Appraisal and Response to Harm," *Journal of Personality and Social Psychology* 56, no. 2 (1989): 219–227.

Seiji Takaku, "The Effects of Apology and Perspective Taking on Interpersonal Forgiveness: A Dissonance-Attribution Model of Interpersonal Forgiveness," *Journal of Social Psychology* 141, no. 4 (2001): 494–508.

第6章　順応について

もとになった文献

Henry Beecher, "Pain in Men Wounded in Battle," *Annals of Surgery* 123, no. 1 (1946): 96–105.

Philip Brickman, Dan Coates, and Ronnie Janoff-Bulman, "Lottery Winners and Accident Victims: Is Happiness Relative?" *Journal of Personality and Social Psychology* 36, no. 8 (1978): 917–927.

Andrew Clark, "Are Wages Habit-Forming? Evidence from Micro Data," *Journal of Economic Behavior & Organization* 39, no. 2 (1999): 179–200.

Reuven Dar, Dan Ariely, and Hanan Frenk, "The Effect of Past-Injury on Pain Threshold and Tolerance," *Pain* 60 (1995): 189–193.

Paul Eastwick, Eli Finkel, Tamar Krishnamurti, and George Loewenstein, "Mispredicting Distress Following Romantic Breakup: Revealing the Time Course of the Affective Forecasting Error," *Journal of Experimental Social Psychology* 44, no. 3 (2008): 800–807.

Leif Nelson and Tom Meyvis, "Interrupted Consumption: Adaptation and the Disruption of Hedonic Experience," *Journal of Marketing Research* 45 (2008): 654–664.

Leif Nelson, Tom Meyvis, and Jeff Galak, "Enhancing the Television-Viewing Experience through Commercial Interruptions," *Journal of Consumer Research* 36, no. 2 (2009): 160–172.

David Schkade and Daniel Kahneman, "Does Living in California Make People Happy? A Focusing Illusion in Judgments of Life Satisfaction," *Psychological Science* 9, no. 5 (1998): 340–346.

Tibor Scitovsky, *The Joyless Economy: The Psychology of Human Satisfaction*

(New York: Oxford University Press, 1976).
関連文献
Dan Ariely, "Combining Experiences over Time: The Effects of Duration, Intensity Changes and On-Line Measurements on Retrospective Pain Evaluations," *Journal of Behavioral Decision Making* 11 (1998): 19–45.
Dan Ariely and Ziv Carmon, "Gestalt Characteristics of Experiences: The Defining Features of Summarized Events," *Journal of Behavioral Decision Making* 13, no. 2 (2000): 191–201.
Dan Ariely and Gal Zauberman, "Differential Partitioning of Extended Experiences," *Organizational Behavior and Human Decision Processes* 91, no. 2 (2003): 128–139.
Shane Frederick and George Loewenstein, "Hedonic Adaptation," in *Well-Being: The Foundations of Hedonic Psychology*, ed. Daniel Kahneman, Ed Diener, and Norbert Schwarz (New York: Russell Sage Foundation, 1999).
Bruno Frey, *Happiness: A Revolution in Economics* (Cambridge, Mass.: MIT Press, 2008).
Daniel Gilbert, *Stumbling on Happiness* (New York: Knopf, 2006).『明日の幸せを科学する』熊谷淳子訳／早川書房, 2013.
Jonathan Levav, "The Mind and the Body: Subjective Well-Being in an Objective World," in *Do Emotions Help or Hurt Decision Making?* ed. Kathleen Vohs, Roy Baumeister, and George Loewenstein (New York: Russell Sage, 2007).
Sonja Lyubomirsky, "Hedonic Adaptation to Positive and Negative Experiences," in *Oxford Handbook of Stress, Health, and Coping*, ed. Susan Folkman (New York: Oxford University Press, 2010).
Sonja Lyubomirsky, *The How of Happiness: A Scientific Approach to Getting the Life You Want* (New York: Penguin, 2007).『幸せがずっと続く12の行動習慣』渡辺誠監修, 金井真弓訳／日本実業出版社, 2012.
Sonja Lyubomirsky, Kennon Sheldon, and David Schkade, "Pursuing Happiness: The Architecture of Sustainable Change," *Review of General Psychology* 9, no. 2 (2005): 111–131.

第7章　イケてる？　イケてない？
もとになった文献

Leonard Lee, George Loewenstein, James Hong, Jim Young, and Dan Ariely, "If I'm Not Hot, Are You Hot or Not? Physical-Attractiveness Evaluations and Dating Preferences as a Function of One's Own Attractiveness," *Psychological Science* 19, no. 7 (2008): 669–677.

関連文献

Ed Diener, Brian Wolsic, and Frank Fujita, "Physical Attractiveness and Subjective Well-Being," *Journal of Personality and Social Psychology* 69, no. 1 (1995): 120–129.

Paul Eastwick and Eli Finkel, "Speed-Dating as a Methodological Innovation," *The Psychologist* 21, no. 5 (2008): 402–403.

Paul Eastwick, Eli Finkel, Daniel Mochon, and Dan Ariely, "Selective vs. Unselective Romantic Desire: Not All Reciprocity Is Created Equal," *Psychological Science* 21, no. 5 (2008): 402–403.

Elizabeth Epstein and Ruth Guttman, "Mate Selection in Man: Evidence, Theory, and Outcome," *Social Biology* 31, no. 4 (1984): 243–278.

Raymond Fisman, Sheena Iyengar, Emir Kamenica, and Itamar Simonson, "Gender Differences in Mate Selection: Evidence from a Speed Dating Experiment," *Quarterly Journal of Economics* 121, no. 2 (2006): 673–697.

Günter Hitsch, Ali Hortaçsu, and Dan Ariely, "What Makes You Click?– Mate Preferences in Online Dating," manuscript, University of Chicago, 2010.

第８章　市場が失敗するとき

もとになった文献

Jeana Frost, Zoë Chance, Michael Norton, and Dan Ariely, " People Are Experience Goods: Improving Online Dating with Virtual Dates," *Journal of Interactive Marketing* 22, no. 1 (2008): 51–61.

Fernanda Viégas and Judith Donath, "Chat Circles," paper presented at SIGCHI Conference on Human Factors in Computing Systems: The CHI Is the Limit, Pittsburgh, Pa., May 15–20, 1999.

関連文献

Steven Bellman, Eric Johnson, Gerald Lohse and Naomi Mandel, "Designing Marketplaces of the Artificial with Consumers in Mind: Four Approaches to Understanding Consumer Behavior in Electronic

Environments," *Journal of Interactive Marketing* 20, no. 1 (2006): 21–33.

Rebecca Hamilton and Debora Thompson, "Is There a Substitute for Direct Experience? Comparing Consumers' Preferences after Direct and Indirect Product Experiences," *Journal of Consumer Research* 34, no. 4 (2007): 546–555.

John Lynch and Dan Ariely, "Wine Online: Search Costs Affect Competition on Price, Quality, and Distribution," *Marketing Science* 19, no. 1 (2000): 83–103.

Michael Norton, Joan DiMicco, Ron Caneel, and Dan Ariely, "Anti-GroupWare and Second Messenger," *BT Technology Journal* 22, no. 4 (2004): 83–88.

第９章　感情と共感について

もとになった文献

Deborah Small and George Loewenstein, "The Devil You Know: The Effects of Identifiability on Punishment," *Journal of Behavioral Decision Making* 18, no. 5 (2005): 311–318.

Deborah Small and George Loewenstein, "Helping a Victim or Helping *the* Victim: Altruism and Identifiability," *Journal of Risk and Uncertainty* 26, no. 1 (2003): 5–13.

Deborah Small, George Loewenstein, and Paul Slovic, "Sympathy and Callousness: The Impact of Deliberative Thought on Donations to Identifiable and Statistical Victims," *Organizational Behavior and Human Decision Processes* 102, no. 2 (2007): 143–153.

Peter Singer, "Famine, Affluence, and Morality," *Philosophy and Public Affairs* 1, no. 1 (1972): 229–243.

Peter Singer, *The Life You Can Save: Acting Now to End World Poverty* (New York: Random House, 2009).

Paul Slovic, "Can International Law Stop Genocide When Our Moral Institutions Fail Us?" *Decision Research* (2010; forthcoming).

Paul Slovic, " 'If I Look at the Mass I Will Never Act': Psychic Numbing and Genocide," *Judgment and Decision Making* 2, no. 2 (2007): 79–95.

関連文献

Elizabeth Dunn, Lara Aknin, and Michael Norton, "Spending Money on

Others Promotes Happiness," *Science* 319, no. 5870 (2008): 1687–1688.
Keith Epstein, "Crisis Mentality: Why Sudden Emergencies Attract More Funds than Do Chronic Conditions, and How Nonprofits Can Change That," *Stanford Social Innovation Review*, spring 2006: 48–57.
David Fetherstonhaugh, Paul Slovic, Stephen Johnson, and James Friedrich, "Insensitivity to the Value of Human Life: A Study of Psychophysical Numbing," *Journal of Risk and Uncertainty* 14, no. 3 (1997): 283–300.
Karen Jenni and George Loewenstein, "Explaining the 'Identifiable Victim Effect,' " *Journal of Risk and Uncertainty* 14, no. 3 (1997): 235–257.
Thomas Schelling, "The Life You Save May Be Your Own," in *Problems in Public Expenditure Analysis*, ed. Samuel Chase (Washington, D.C.: Brookings Institution, 1968).
Deborah Small and Uri Simonsohn, "Friends of Victims: Personal Experience and Prosocial Behavior," special issue on transformative consumer research, *Journal of Consumer Research* 35, no. 3 (2008): 532–542.

第10章　短期的な感情がおよぼす長期的な影響

もとになった文献

Eduardo Andrade and Dan Ariely, "The Enduring Impact of Transient Emotions on Decision Making," *Organizational Behavior and Human Decision Processes* 109, no. 1 (2009): 1–8.

関連文献

Eduardo Andrade and Teck-Hua Ho, "Gaming Emotions in Social Interactions," *Journal of Consumer Research* 36, no. 4 (2009): 539–552.
Dan Ariely, Anat Bracha, and Stephan Meier, "Doing Good or Doing Well? Image Motivation and Monetary Incentives in Behaving Prosocially," *American Economic Review* 99, no. 1 (2009): 544–545.
Roland Bénabou and Jean Tirole, "Incentives and Prosocial Behavior," *American Economic Review* 96, no. 5 (2006): 1652–1678.
Ronit Bodner and Dražen Prelec, "Self-Signaling and Diagnostic Utility in Everyday Decision Making," in *Psychology of Economic Decisions*, vol. 1, ed. Isabelle Brocas and Juan Carrillo (New York: Oxford University Press,

2003).

Jennifer Lerner, Deborah Small, and George Loewenstein, "Heart Strings and Purse Strings: Carryover Effects of Emotions on Economic Decisions," *Psychological Science* 15, no. 5 (2004): 337–341.

Gloria Manucia, Donald Baumann, and Robert Cialdini, "Mood Influences on Helping: Direct Effects or Side Effects?" *Journal of Personality and Social Psychology* 46, no. 2 (1984): 357–364.

Dražen Prelec and Ronit Bodner. "Self-Signaling and Self-Control," in *Time and Decision: Economic and Psychological Perspectives on Intertemporal Choice*, ed. George Loewenstein, Daniel Read, and Roy Baumeister (New York: Russell Sage Press, 2003).

Norbert Schwarz and Gerald Clore, "Feelings and Phenomenal Experiences," in *Social Psychology: Handbook of Basic Principles*, ed. Tory Higgins and Arie Kruglansky (New York: Guilford, 1996).

Norbert Schwarz and Gerald Clore, "Mood, Misattribution, and Judgments of Well-Being: Informative and Directive Functions of Affective States," *Journal of Personality and Social Psychology* 45, no. 3 (1983): 513–523.

Uri Simonsohn, "Weather to Go to College," *The Economic Journal* 120, no. 543 (2009): 270–280.

第11章　わたしたちの不合理性が教えてくれること

関連文献

Colin Camerer and Robin Hogarth, "The Effects of Financial Incentives in Experiments: A Review and Capital-Labor-Production Framework," *Journal of Risk and Uncertainty* 19, no. 1 (1999): 7–42.

Robert Slonim and Alvin Roth, "Learning in High Stakes Ultimatum Games: An Experiment in the Slovak Republic," *Econometrica* 66, no. 3 (1998): 569–596.

Richard Thaler, "Toward a Positive Theory of Consumer Choice," *Journal of Economic Behavior and Organization* 1, no. 1 (1980): 39–60.

本書は、二〇一〇年一一月に早川書房より刊行された『不合理だからすべてがうまくいく』を改題・文庫化したものです。

予想どおりに不合理

——行動経済学が明かす「あなたがそれを選ぶわけ」

Predictably Irrational

ダン・アリエリー
熊谷淳子訳

ハヤカワ文庫NF

行動経済学ブームに
火をつけたベストセラー！

「現金は盗まないが鉛筆なら平気で失敬する」「頼まれごとならがんばるが安い報酬ではやる気が失せる」「同じプラセボ薬でも高額なほうが利く」——。どこまでも滑稽で「不合理」な人間の習性を、行動経済学の第一人者が楽しい実験で解き明かす！

ずる
―嘘とごまかしの行動経済学

The (Honest) Truth About Dishonesty

ダン・アリエリー
櫻井祐子訳

ハヤカワ文庫ＮＦ

正直者の小さな「ずる」が大きな不正に？
不正と意思決定の秘密を解き明かす！

子どもがよその子の鉛筆をとったら怒るのに会社から赤ペンを失敬したり、ゴルフボールを手で動かすのはアンフェアでもクラブで動かすのは許せたり。そんな心理の謎を読み解き不正を減らすには？　ビジネスにごまかしを持ちこませないためのヒントも満載の一冊

ファスト&スロー（上・下）
——あなたの意思はどのように決まるか？

Thinking, Fast and Slow
ダニエル・カーネマン
村井章子 訳
友野典男 解説
ハヤカワ文庫NF

心理学者にしてノーベル経済学賞に輝く
カーネマンの代表的著作！

直感的、感情的な「速い思考」と意識的、論理的な「遅い思考」の比喩を使いながら、人間の「意思決定」の仕組みを解き明かす。私たちの意思はどれほど「認知的錯覚」の影響を受けるのか？　あなたの人間観、世界観を一変させる傑作ノンフィクション。

マシュマロ・テスト

——成功する子・しない子

The Marshmallow Test

ウォルター・ミシェル
柴田裕之訳

ハヤカワ文庫ＮＦ

目の前のご馳走を我慢できるかどうかで子どもの将来が決まる？ 行動科学史上最も有名な実験の生みの親が、半世紀にわたる追跡調査からわかった「意志の力」のメカニズムと高め方を明かす。カーネマン、ピンカー、メンタリストＤａｉＧｏ氏推薦の傑作ノンフィクション。解説／大竹文雄

あなたの人生の科学

（上）誕生・成長・出会い
（下）結婚・仕事・旅立ち

The Social Animal
デイヴィッド・ブルックス
夏目 大 訳
ハヤカワ文庫NF

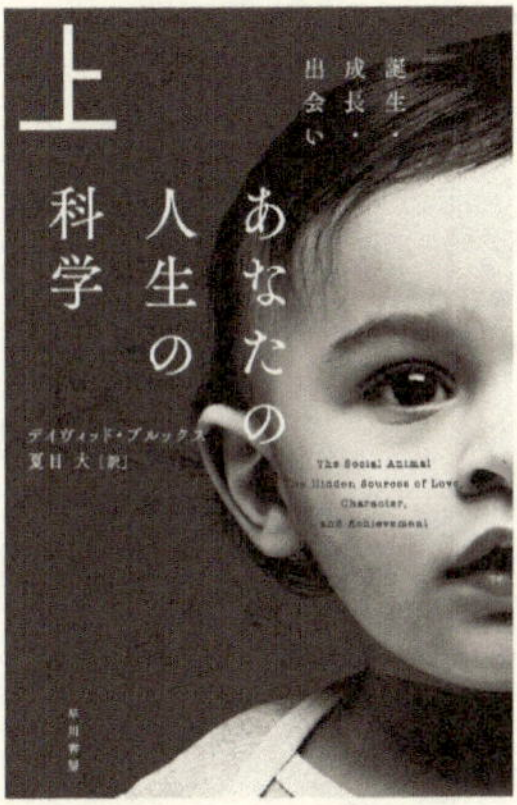

全米No.1ベストセラー

男女は異性のどこに惹かれる？　IQが高いと年収も高い？　遺伝子と環境、性格を決めるのは？　ある架空の男女の一生をたどり、意思決定のしくみを先端科学の成果を使い物語風に解明。あなたの人間観を覆す傑作ノンフィクション。（『人生の科学』改題）解説／松原隆一郎

〈数理を愉しむ〉シリーズ

偶然の科学

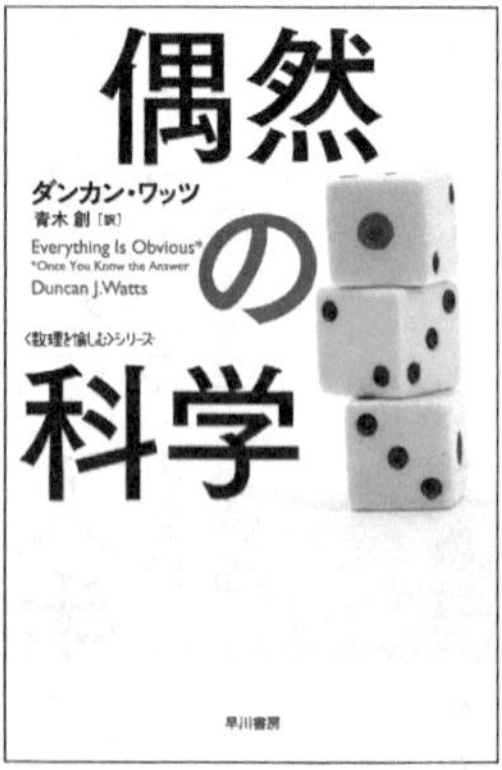

Everything Is Obvious
ダンカン・ワッツ
青木 創訳
ハヤカワ文庫NF

世界は直感や常識が意味づけした偽りの物語に満ちている。ビジネスでも政治でもエンターテインメントでも、専門家の予測は当てにできず、歴史は教訓にならない。だが社会と経済の「偶然」のメカニズムを知れば、予測可能な未来が広がる。スモールワールド理論の提唱者がその仕組みに迫る複雑系社会学の決定版。

訳者略歴　翻訳家。京都大学経済学部卒。オックスフォード大学院で経営学修士号を取得。訳書にアリエリー『ずる』、マグレッタ『〔エッセンシャル版〕マイケル・ポーターの競争戦略』、アセモグル他『自由の命運』（以上早川書房刊）、フリウビヤ他『BIG THINGS』など多数。

HM=Hayakawa Mystery
SF=Science Fiction
JA=Japanese Author
NV=Novel
NF=Nonfiction
FT=Fantasy

不《ふ》合《ごう》理《り》だからうまくいく
行動経済学で「人を動かす」

〈NF405〉

二〇一四年三月二十五日　発行
二〇二五年七月二十五日　八刷
（定価はカバーに表示してあります）

著者　ダン・アリエリー
訳者　櫻《さくら》井《い》祐《ゆう》子《こ》
発行者　早川　浩
発行所　株式会社　早川書房
郵便番号　一〇一 - 〇〇四六
東京都千代田区神田多町二ノ二
電話　〇三 - 三二五二 - 三一一一
振替　〇〇一六〇 - 三 - 四七七九九
https://www.hayakawa-online.co.jp

乱丁・落丁本は小社制作部宛お送り下さい。
送料小社負担にてお取りかえいたします。

印刷・製本　株式会社 DNP 出版プロダクツ
Printed and bound in Japan
ISBN978-4-15-050405-2 C0133

本書は活字が大きく読みやすい〈トールサイズ〉です。